李健信 陳志華 著

U0061356

香港鐵路 百年蛻變
（第三版）

中華書局

　　鐵路與大家生活息息相關。香港十八區均有鐵路到達，無論大家居住於港九新界各地，也有機會接觸到鐵路。鐵路在香港已有超過百年的歷史，港島的山頂纜車、電車相繼在 1888 年及 1904 年投入服務。上世紀初，九廣鐵路在尖沙咀誕生，途經九龍中部，北至新界，遠達深圳邊陲。及至上世紀七十年代，地下鐵路更令本港鐵路發展進入了一個新時代，由地面至地底、由近郊至通勤。隨着香港經濟起飛，鐵路像雨後春筍，四通八達，先後有機場鐵路、西鐵、尖沙咀支綫、馬鞍山綫、九龍南綫、港島西延綫、南港島綫、觀塘延綫、廣深港高鐵和沙中綫等項目相繼落成通車。

　　鐵路網絡的發展拉近人和人之間的距離，以前由新界到市區，猶如長征，花上數小時才可達至。今天，新界往返市區時間縮短，大家乘搭鐵路不到一小時便可達至市區。鐵路推動了新界各區的發展，西北有屯門、元朗和天水圍等；東有沙田、大埔、粉嶺和上水等。當然，當鐵路出現故障時，大家便苦不堪言，沒有這位交通好友，回家或上班也困難重重。

1888 年是本港鐵路之始，現在已超過百年，因此這次修訂主要是補充近年的鐵路發展。除此之外，我們也發現了一些新的資料，增擴了原有的內容，令大家更能全面認識本港的鐵路發展。研究鐵路發展樂趣真多，除了了解本港的交通發展外，更可從中明瞭本港的區域發展。如西鐵出現後，對屯門、元朗和天水圍等地發展的影響等；鐵路與物業發展、物業價格、商場發展等也有千絲萬縷的關係。昔日，大家去郊遊才至天水圍，今天居於其中，與濕地公園為鄰，鐵路發展改變了地區面貌。

　　為編寫本書，我倆走訪港九新界各地，進行訪問、搜集資料和拍攝照片等。在此，感謝各方好友提供不少寶貴資料及照片。當然，這書得以修訂出版，承蒙中華書局（香港）有限公司慨允支持，我倆在此深表謝意。本書的撰寫力求謹慎和認真，唯學陋才疏，見識淺拙，書中或有疏漏不當之處，懇請專家學者，不吝雅正。

陳志華　李健信

香港‧2020 年 6 月

　　鐵路一詞，在狹義上是指一種具有輪對的車輛沿軌道運行，以達至載運乘客或貨物的陸上運輸模式；而在廣義上，尚包括磁懸浮列車、纜車、索道等沿特定軌道運行的運輸工具。據記載，早於二千年前的希臘已有利用軌道作運輸用途，而首條肩負客貨運重任的鐵路——英國史達克頓－達靈頓鐵路（Stockton-Darlington Railway, UK），亦於 1825 年 9 月 27 日開始營運。

　　放眼祖國，中國第一條商用鐵路——吳淞路，1876 年 7 月於上海開通。鐵路由英國人興建，以「路」之名為隱瞞清政府修築鐵路之實，最後被購回並拆毀。中國首條毋需外國協助的京張鐵路則建於 1909 年，由有「中國鐵路之父」之稱的中國首位鐵路總工程師詹天佑負責修建。京張鐵路的成功建造，不僅為中國近代工程史揭開重要的一頁，亦對掀起籌建鐵路風氣的中國起了催化作用。

　　回首 19 世紀末，作為英屬殖民地的香港，山頂纜車、有軌電車、九廣鐵路相繼建成，本港百年鐵路史正式展開，

為香港的鐵路服務揭開序幕。九廣鐵路更一直肩負起內地與香港兩地經濟活動往還的重任，由辛亥革命運送物資到內地支持起義的危急關頭，到 1960 至 1970 年代港人身穿數件外衣坐火車回鄉接濟內地親友，繼而演變成今時今日自由行乘火車南下振興香港經濟。這一切一切，足見鐵路對兩地互動連繫的貢獻。

從一些老香港的憶述，火車上的逸事也教人回味！舊日在新界大埔滘、上水等車站的月台上，不時會有小販擺賣當地的土產生果。火車上的乘客並不用下車，只要伸手出外，小販便會遞上食物，然後收費，在火車上甚或有小販叫賣雞腿和冷飲。這種鄉郊情懷如今已不復見，大家只會在便利店購買食物和飲料，享用過後才登上火車踏上旅途。往日閒適的風情、傳統的氣息，大概已沉沒在現今繁華都市的喧囂底下。

以往鄉郊市民乘火車出市區，份屬大事。坐在車廂時，要不就是在火車窗前探頭外望，欣賞沿途景致；要不就與

家人談笑風生，難掩興奮之情。如今坐在火車上，乘客再不用在穿越隧道時趕緊關上車窗，只需待在空調開放的車廂中，靜默低頭地專注在智能手機的屏幕上。乘搭鐵路跨區工作、就學，是城市發展下的金科玉律，也已成現今都市生活的指定動作。

歷史不是獨立無依的。回顧香港鐵路過往逾百年的發展歷史，從中可以細看鐵路發展的演變是如何受到香港經濟、社會變遷及集體運輸系統中各種交通工具的相互影響。回望 1970 年代公共巴士服務的黃金時期，雖然巴士公司不斷引進高載客量車隊，但是也僅能應付龐大的客量需求。後來，地下鐵路也投入交通服務，其空調車廂、班次頻密、載客量高，是巴士服務的強勁對手，縱然巴士服務質素有所提升，亦未能挽回昔日乘客的心。

香港鐵路服務已逾百年，故出版本書饒有意義。為編寫本書，期間翻閱過不少文獻典籍，訪問過不少人士，收集到相當豐富的資料。然而礙於篇幅所限，未能將所有寶

貴資料及珍貴相片——通過本書呈現在讀者眼前。儘管如此，能夠以香港鐵路服務為題，將彌足珍貴的發展歷史及沿革輯錄成書，機會實在難得。

　　本書撰寫力求謹慎及認真，唯學陋才疏，見識淺拙，書中如有疏漏不當之處，懇請專家學者，不吝雅正。

李健信

香港 · 2012 年 10 月

上篇

從有軌電車到地下鐵路

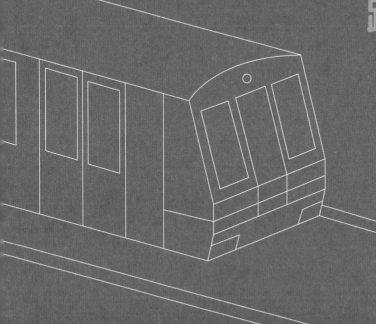

香港早期的鐵路服務

對於香港來說，1842 年是非常重要的一個年頭。滿清政府與英國簽訂《南京條約》，將香港島割讓予英國，英國正式展開對香港長達百多年的殖民統治，亦為現今繁華的香港奠下基石。

　　開埠初年，英國為全香港島進行人口統計，當時島上只有村民約 3,650 人，聚居於二十多條村落。1842 年 10 月 27 日，時為英國全權代表的砵甸乍在香港發出告示，指出「香港乃不抽稅之埠，准各國貿易，並尊重華人習慣」，香港遂逐漸成為中國沿海一個自由貿易的轉口港，吸引到多間英國洋行在港設立，而不少華人亦開始從事與貿易相關的業務。當時，正值 19 世紀中葉的太平天國運動，不少華南商人遷往香港逃避戰亂，香港人口急增。

　　香港島在港英政府的發展下，於西北岸建立了維多利亞城（City of Victoria），城內劃分為「四環」：西環、上環、中環及下環（即今灣仔），並細分為「九約」，「四環九約」的名字亦隨之出現。當時外國人聚居於中環、半山區以至山頂一帶，而華人則聚居在上環一帶，壁壘分明。至於交通工具，外國人大多喜歡以轎子、山兜及人力車等人力交通工具代步。

有軌電車事業條例

　　1880 年代，香港人口已急速增長至 60,400 人。在開埠初年較常用的人力交通工具實在無法應付需求，故急需引進集體運輸系統。1881 年 6 月 13 日，立法局首位華人非官守議員伍廷芳，在立法局會議上率先提出創建車路計劃；而時為香港總商會（Hong Kong General Chamber of Commerce）主席的莊臣（F. B. Johnson）於 7 月 2 日擬出規劃草案，同年 10 月交立法局舉行特別委員會審核。港英政府最終批准興建六條有軌車路，於 1882 年 2 月 9 日正式頒布《有軌電車事業條例》（Professional Tramways Ordinance），並在翌年 11 月 3 日再作出條例修訂。香港有軌車路事業正式交由莊臣（F. B. Johnson）、沙遜（D. Sassoon）、芬梨・史密夫（A. F. Smith）及曉士（W. Kerfoot Hughes）四家商行合組公司承辦。

 山頂纜車

　　當時山頂已成為香港的園林住宅區，雖然人口不多，只有約四十戶，是英國人和其他國富商的聚居地。然而為免住戶會因依賴轎子或山兜上落山而造成不便或危險，港英政府決定首先開闢由蘇格蘭籍商人芬梨・史密夫建議的第六條路綫——

⬇ 在山頂廣場的第四代山頂纜車。

← 山頂纜車自 1888 年便肩負起連接中環半山至太平山頂的交通重任。

即連接中環花園道半山區至太平山爐峰峽的山頂纜車路綫，以緩解該區的交通之急，其餘五條港島北的沿海電車系統路綫則暫緩興建。香港高山纜車鐵路公司（Hong Kong High Level Tramways Company）遂正式成立，並於 1885 年 9 月正式動工興建山頂纜車路綫，動工前亦曾派工程師赴美、加等地考察，參考舊金山、蒙特利爾等城市山頂纜車的建設經驗。

1888 年山頂纜車工程竣工，同年 5 月 28 日進行試車，翌日更開放予市民免費試乘。5 月 30 日上午 8 時，山頂纜車正式投入服務，由當時香港總督威廉德輔爵士（Sir George William Des Voeux）主持剪綵儀式，開始營業載運旅客；首天共接載 600 名乘客，而其首年客流量則達 15 萬人次。山頂纜車除了是香港最早出現的機械化公共交通工具外，也是亞洲第一條同類型的有軌交通工具。山頂纜車由燃煤蒸汽發動機帶動，並採用木製車廂，可載客 30 人。車廂分成三種座位：包括頭等──供英國殖民地官員及太平山居民；二等──供英國軍人及香港警務處人員；三等──供一般人與寵物。車費方面，來回收費分別為港幣 4 角 5 分（頭等）、3 角（二等）及 1 角 5 分（三等）。其後在 1908 至 1949 年期間，車廂首排的兩

↑　第五代山頂纜車正離開白加道站前往山頂。

個座位背後掛上「此座位留座予總督閣下」（Reserved for the Governor of Hong Kong）的銅牌，表示座位是預留予香港總督。路綫方面，山頂纜車以中環花園道美利兵房為起點，中途設有堅尼地站、寶雲道站、梅道站和白蘭特順道站（即今種植道，Plantation Road，纜車站現已改名為白加道站），最後以維多利亞山峽的山頂站為終點，路綫全段長 4,700 英尺（即約 1.4 公里）。值得一提的是，1901 年在山頂纜車站旁建有山頂餐廳，實際是一轎伕站，以便當時居民由山頂纜車站轉乘轎子回家。

1904 年 9 月，英籍猶太商人嘉道理爵士（Sir Elly Kadoorie, K.B.E.）的山頂鐵路有限公司（Peak Tramways Company Limited）倡議興建第二條登山纜車路綫，定例局（即今立法會）亦就《擬築第二條登山火車路綫法例》進行二讀。新路綫由中環炮台里出發，途經下亞厘畢道、堅道、羅便臣道、干德道再到山頂的爐峰峽。

↑　乘坐山頂纜車可飽覽維多利亞港風景。

↑　第五代山頂纜車正通過加道列山道天橋下。

鐵路小百科

中環炮台里

中環炮台里早於 1840 年代開埠初期開拓，因美利炮台而得名；
首兩任香港總督砵甸乍爵士（Sir Henry Pottinger）和戴維斯爵
士（Sir John Francis Davis）的府第莊士敦樓（即今香港終審法院
前身建築物）及聖約翰座堂亦於同期建成，可見炮台里在區內
的重要性。

　　1905 年，山頂鐵路有限公司更向香港高山纜車鐵路公司
購入全數股份，後來易名為山頂纜車有限公司，一直營運至
今。然而，由嘉道理爵士倡建的第二條登山纜車路綫條例議案
在延至 1909 年復議後，最終仍無疾而終。

　　除了第二條登山纜車路綫建議外，1888 年的報刊曾建議
將纜車路綫延展至皇后大道中，但當時受到陸軍部反對，擔心
部分兵房要拆掉。至 1934 年，此事再次復提，有不少外國人
表示贊同。如山頓爵士認為除對山頂居民有利外，更吸引外埠
遊客，因不用經斜坡才可到達車站；當時華人代表周壽臣爵士
也表示同意，但覺得計劃本身較難執行；而陸軍部依舊反對，
擔心兵房被毀。最終，這個構想也沒有實現。

電車

　　根據 1882 年香港總督頒布的《有軌電車事業條例》，獲
准興建的有軌車路雖然有六條，但除山頂纜車於 1888 年通車
外，當時四家商行對其餘五條港島北路綫都不感興趣。最大原
因莫過於山頂纜車在運行初期的營業狀況不佳，致令纜車公司
不欲興辦計劃中的其他有軌路綫。

　　直至 1901 年 8 月 29 日，港英政府提出《有軌電

車事業條例》修正案，並頒布《一九零二年電車條例》（1902 Tramways Ordinance）及《纜車條例》（Peak Tram Ordinance），將電車路綫與山頂纜車分別獨立處理，並鼓勵財團營運港島北的沿海電車系統路綫。翌年 2 月 7 日，香港電綫車公司（英譯：香港電車電力有限公司，Hong Kong Tramway Electric Company Limited）根據 1902 年第十號法例在英國倫敦註冊成立，肩負承辦香港電車系統的承建與營運工作，而在英國成立則有助聘請當地工程顧問。然而有關項目其後被香港電車局（英譯：香港電力牽引有限公司，Electric Traction Company of Hong Kong Limited）所接管。1903 年，由堅尼地城至畢打街郵政總局、畢打街郵政總局至銅鑼灣的兩段單綫路軌鋪設工程正式展開，其後才延長至筲箕灣。

1904 年初，電車以散件形式（Completely Knock Down, CKD）由英國付運到香港裝嵌車身。首批電車共有 26 輛，分別為 10 輛頭等及 16 輛三等，全部為單層設計；車長 29 呎，闊 6 呎 4 吋。外形及內部均沿襲同時代之英式電車，由英國倫敦 Dick Kerr & Company of Preston 公司設計及製造。電車原擬分為三等，後來為方便運作只設頭等和三等。頭等電車採用半密封式設計，車身前、後兩端均設有入口上落，車廂內每邊均設有兩行長椅，載客量 32 人，收費每位 1 角。三等電車則採用全開放式設計，車身兩側採用帆布簾作為遮擋，車廂內設有六排背對背長椅，載客量達 48 人，收費每位 5 仙，小童收費每位 3 仙——當年 5 仙便可夠買到三碗白粥及三條油炸鬼，故乘搭電車可算是十分奢侈的了。同年 7 月 30 日上午十時，時任工務局局長夫人鍾斯太太駕駛首輛電車，由羅素街總廠出發，駛往金鐘軍器廠街，並在車上舉行隆重的雞尾酒會，宣告香港電車正式通車。

1910 年，香港電車局正式改名為香港電車有限公司

（Hongkong Tramways Limited），並向港府申請亦在九龍提供電車服務。雖然港府曾於 1897 年通過電車法例，授權九龍倉在九龍區鋪設運貨的電車路軌，但是次香港電車公司拓展電車服務的申請卻遭到否決。

⬇ 香港電車的款式經歷不少轉變，120 號電車則是
　現時唯一仍然採用 1950 年代的戰後款式。

　　1920 年代，政府曾再次與香港電車公司討論在九龍區開設電車服務，當時的建議路綫曾刊登在 1919 年 5 月的《華字日報》上，詳見下表：

甲綫	由尖沙咀過海碼頭（即天星碼頭）至望角（即旺角）
乙綫	由尖沙咀過海碼頭（即天星碼頭）至庇利工廠以北之九龍城道（即今庇利街位置，當時有一船廠，街名便來自「庇利船廠」（William. S. Bailey & Co.），該船廠佔地六畝。
丙綫	由紅磡至深水埗

　　當時報章記者訪問了香港電車公司主席倫路君，他指出在去年（1918 年）已再次申請在九龍區興建電車，但仍未有結果。隨着內地局勢變化及九龍區巴士發展，電車計劃最終擱置。

↑　戰後款式電車車廂以木製為主。

自鴉片戰爭後，西方列強爭相來華，競利謀益。列強不只設立輪船公司，壟斷沿海和內河航運後，更對陸上交通虎視眈眈，並開始策劃興建鐵路。因鐵路速度快、運量大、成本較其他交通工具低。

早在 1863 年，怡和洋行（Jardine Matheson，前名渣甸洋行）已聘請了一位鐵路專家士蒂文生爵士（Sir Rowland MacDonald Stephenson）至中國，提出一份全中國的鐵路計劃書，唯清朝政府沒有接納這份計劃書。1873 年，怡和洋行成立吳淞道路公司，聲稱修築一條名為吳淞路的道路，但實際上卻是一條由上海至吳淞的鐵路。1876 年，鐵路通車。清政府得知後，便用 28 萬多白銀購回後清拆。1880 年，洋務派才獲得政府准許，興建唐胥鐵路，成為中國第一條以本土資金興建的鐵路。當時，不少人認為鐵路會破壞周邊風水，因此要在中國興建鐵路仍困難重重。

籌建廣州至九龍鐵路

反觀香港，鐵路的發展情況則大大不同。在港英政府管治下，官員深明鐵路發展是既利運貨，亦便載客的快速交通工具。1898 年 5 月 13 日，由香港上海匯豐銀行和怡和洋行組成的中英銀公司與中國鐵路總公司新任督辦大臣盛宣懷達成協議，取得特許權，興建一條由廣州至香港的鐵路。6 月，清朝政府和英國簽訂《展拓香港界址專條》，英國政府得以租借新界 99 年。新界也成為殖民地一部分後，政府當然希望大力發展交通，增強競爭力。

1899 年至 1902 年間先後發生南非波耳戰爭及中國義和團事件，兩件事件皆影響到該公司的財政，以致無法籌集足夠資金去興建鐵路。及至 20 世紀初，列強已在中國張牙舞爪，競爭奪利。當時，連接廣州至漢口的粵漢鐵路尚在修築階段，清朝政府擔心粵漢鐵路有可能落入其他列強之手，如能控制這條鐵路，對發展華南經濟相當有利，並影響香港殖民地利益。

另一方面，港府也認為鐵路要盡快興建，便開始進行和中英銀公司、英國殖民部的談判。最終於 1904 年達成協議，港府負責融資、興建和營運位於香港殖民地範圍的鐵路路段（英段），以羅湖為終點；羅湖至廣州路段（華段）則由中英銀公司代清朝政府透過貸款來籌集資金和負責興建。待興建工程完工後，中英銀公司再交回給清朝政府營運。當時，清朝政府的借款額是 150 萬英鎊，利息是 5 厘。

不同走綫方案考慮

香港作為英國對華貿易的橋頭堡，鐵路走綫設計自然是以最短距離連接內地與香港兩地為大前提，以擴大和鞏固英國的對華貿易。當時，中英銀公司敲定鐵路總站設於尖沙咀，距離

⬇ 九廣鐵路（英段）的東行路綫建議。

深圳

羅湖

粉嶺

大埔墟

新界　　大埔

沙田

九龍

油麻地

九龍

香港

香港殖民地的心臟地帶——中環僅一港之隔。中英銀公司亦對於鐵路走綫有了初步建議：一綫是以森馬威爾‧拉治（P.T. Somerville Large）為代表的東行路綫，沿綫途經油麻地，穿過筆架山到達沙田，再沿海岸綫前往大埔，最後途經粉嶺到達中國邊境羅湖渡（Lo Fu Ferry），路綫全長約 21 哩。另一綫是以時任工務司的漆咸（William Chatham）為代表的西行路綫，沿海岸綫前往荃灣、大欖涌、青山灣，再途經元朗、錦田、新田等地到達羅湖渡，接壤深圳（Shum Chun），路綫全長約 34 哩。

從工程技術而言，東行路綫方案的路程為短，幾乎是筆直地由尖沙咀直指深圳，但要開鑿不少隧道及建築橋樑，工程艱鉅；西行路綫方案沿新界西部而上，要繞一個大圈，路程較長，運行效率大打折扣，亦要面對沿岸大浪的因素，但開山建隧道的問題則相對較少。再從經濟價值考慮，東行路綫方案途經大步墟（即今大埔舊墟）、太和市、石湖墟等，墟市規模亦較大，而且新界東部乃海上貿易中心，接通深圳東部及華北一帶，經濟誘因較大；西行路綫方案途經的荃灣、屯門等墟市的規模相對較小，僅元朗墟比較繁盛，加上沿綫多為疏落的農村農地，人口亦不多，整條鐵路實在無利可圖。

1905 年，港督彌敦爵士（Sir Matthew Nathan）委託工務司署的布魯士（J.C. Bruce）和華比（F.W.W. Valpy）擔任總測量工程師和副測量工程師。經過深入考察及測量後，兩人也認為東行路綫較可取，因路程較短，造價也較便宜，遂決定以東行路綫方案興建。據 1905 年 6 月 19 日《華字日報》所載：「英國公使近告外部言香港政府擬造廣州至九龍鐵路請速與盛大臣商酌，又聞廣州至九龍鐵路本由中英合辦，現英文之意僅允廣州廿五英里之內始作中英合辦。」由此可見，當時有一看法是整條九廣鐵路由中英合辦。其實，從英國外交角度來分析，香

港殖民地內的鐵路權應不會如此處理。又 1905 年 9 月 7 日《華字日報》所載:「外商兩部日前接到粵省岑督電謂九廣鐵路擬與英領事妥商劃界自辦。」由此可見,當時中英決定劃界分別興建鐵路。

九廣鐵路動工

1906 年,港府正式就英段鐵路展開興建工程。鐵路全長 22 英里,中間包括 5 條隧道、48 座橋樑、66 條暗渠等。興建鐵路的工程不僅困難重重,工程師和工人的工作條件亦非常艱苦,工場以至住所也要建於工地上。據 1906 年 7 月 7 日《華字日報》所載:「九廣鐵路工程由大埔內地築長堤甚遠,其工程將至九龍沿途樹木一概斫伐及築長堤由沙田直至大埔之路與海岸。沙田處現搭蓋棚廠四五十座為各工人棲宿,聞滇省意國工程亦有此僱用。」由此可見當時工程鉅大及聘用工人之多。當時,新界租借仍不足十年。不少地方仍是農田,甚至是荒野。一些工人在施工期間患上惡疾,如瘧疾、痢疾、腳氣病等;其中一些工人更因病入膏肓,不幸逝世。除此之外,三位工人因火藥爆炸而死亡,再加上興建期間有數次大颱風襲港,破壞了原本興建的設施。

在眾多工程中,以修建煙墩山鐵路隧道(Beacon Hill Tunnel)最為艱辛。煙墩山的地質乃腐化的花崗岩,需用大量的木材支撐。修築初期須以窄軌鐵路(narrow gauge)協助興建,並將隧道內開鑿得來的石頭以兩輛 Hudswell Clarke 0-4-0T 型軌道機車運往旺角、深水埗、大角咀一帶作填海之用。

鐵路小百科

窄軌鐵路

窄軌鐵路軌距僅 2 呎，較英國標準的 4 英尺 8½ 英吋軌距為窄，特別適合在類似煙墩山鐵路隧道內的狹窄工地上採用。

另一方面，煙墩山工地衛生條件欠佳，瘧疾肆行，連駐工程工地的醫療主任也指出部分工人死得極其突然。據 1906 年 1 月 1 日《華字日報》所載：「高山環繞時有瘴氣，掘地工人每多患病，現鐵路人員正商議保護傭人之衛生，即在山上建築房屋以便工人。」由此可見，建築工程十分艱辛。當時，不少工人篤信風水，認為在煙墩山下工作，會得罪山神。因此，港府聘請工人時十分困難，直至 1908 年，大量在南非礦場工作的工人歸來，情況才有改善。除此之外，香港仍未有興建鐵路的經驗。港英政府更聘請了一些在印度曾參與興建鐵路的工人和在雲南參與興建鐵路的意大利人。全長 3,379 呎的煙墩山鐵路隧道終於 1909 年 5 月 17 日正式貫通，隧道建築工程隨後於 1910 年 2 月 16 日順利竣工，由港督盧吉爵士（Sir Frederick Lugard）主持竣工儀式。

由於地勢緣故，九龍和沙田兩邊進入隧道也是上斜，無論在哪方進入，火車都要先上斜，到隧道中間後便落斜。因此，火車一定要全速開行，故隧道內經常污煙廢氣。蒸汽火車年代，入隧道前，火車會在沙田站和油麻地站停久些，等候火車頭蓄力才行。柴油火車年代，柴油火車一樣要開盡馬力才入隧道，因此進入隧道時，客卡燈也會暗些，因電力供應減弱的關係。

煙墩山隧道

九廣鐵路隧道由劃則師修斐（Frederick Southey）設計出來，他是香港拔萃男書院校友。其中最著名是煙墩山隧道在 1906 年 5 月開始興建，當時稱為二號隧道，因它在四條隧道之中，由九龍起排行第二。當時，本地人相信開鑿隧道會觸怒鬼神，大多反對。最後，負責興建的公司在印度和中國山東聘請人工興建。煙墩山結構複雜，花崗岩大又鬆散，故不可只依靠炸藥爆開，要先炸開少許，然後再用人手開鑿，因此進度頗慢。整個工程困難艱辛，期間共有五十人因工致死。1909 年，隧道駁通。

20 世紀 70 年代，九廣鐵路實行電氣化雙程行車，因此在煙墩山隧道以西，興建新隧道，名為筆架山隧道。1981 年 4 月 24 日，煙墩山隧道停用。4 月 26 日，筆架山隧道正式啟用。

然而，英段鐵路的興建工程進度未如預期般理想。據九廣鐵路報告中指出，工程延誤兩大主因，是疾病及磚塊供應。由於新界路段的橋樑及隧道多以磚塊砌成，在工程開展前已評估本地生產的磚塊不足以應付所需，須在新界沿綫特設的磚窰燒製。另外由於鐵路南段部分橋樑的設計失誤及建築物料問題，以致有關橋樑需要拆卸重建，令建築成本額外增加 9 萬元；另外在加士居道天橋、林村河天橋及深圳河天橋等橋樑的興建工程亦需另外委託 Messrs Leigh & Orange 等專業建築工程公司，參與興建或提供意見以解決工程困難。1909 年，尖沙咀以南的小海灣完成填海工程，由於受此工程進度阻礙，當時英段鐵路預期會在 1910 年 5 月開通，後因工程問題延至 10 月才通車。

如前所述，工程期間曾發生不少導致人命傷亡的意外。

如 1910 年 6 月 20 日大埔附近便發生一宗死亡事件：當晚 12 時有建造機器正在搬移三輛載重車與四輛拖車，其中三架滿載材料煤炭供築堤岸及鐵路之用，第一架忽然有物阻礙前進，於是隨後三車連環相撞。最後一架載有工人 12 人，得知撞車即慌亂地跳車，結果有一人墜於路軌上身首異處，其餘傷者運往大埔醫院，後由士丹利皇家小輪轉運至國家醫院治療。

在英段鐵路通車初期，亦只能以尖沙咀梳士巴利道近天星小輪碼頭及紅磡槍會山下設立臨時火車站。當通車前夕時，1910 年 7 月 30 日的《華字日報》記載：「正式之車共 8 架，其形甚為可觀，裝配電燈極為便利，其中頭等車一架載 32 人，頭等與二等相連之一架載頭等客 24 人、二等客 44 人，二等一架載人 82 人，三等三架每架載 120 人，又三等一架載行李並設一止動機兼載 28 人，每架共重 44 噸，約有 40 架大小不一，能載貨 15 噸至 20 噸。」由此可見，當時車架款式甚多，不同車款可靈活調動，以配合客運及貨運所需。

至於華段方面，清朝在 1905 年向英國借 150 萬鎊。借貸協議包括：一、中國向英國借貸的 150 萬鎊以建成的廣九鐵路抵押給英國；二、中國向英國借貸的每 100 萬鎊，只實收 94 萬鎊；三、中國向英國的借貸年息是 5 厘，由售票日起計算；四、如中國在協議達成的八個月內，未興建鐵路，則協議作廢；五、中國在廣州設立廣九鐵路總局，由廣東省總督委派一名督辦輔助英國工程師與英國總管。

🚦 開幕打通南北　一條巨龍正式誕生

耗資 130 萬英鎊建造的英段鐵路，終在 1910 年 10 月 1 日竣工並舉行開幕典禮，當天下午 3 時在尖沙咀舉行通車儀式，並邀請了不少嘉賓。主禮者是時任輔政司的署理港督梅含

理爵士（Sir Henry May），而其他貴賓包括代表兩廣總督的魏瀚先生（日後華段鐵路公司的總辦）、英段鐵路總經理林賽先生（E.S. Lindsey）等。當時永久的尖沙咀總站仍未興建，由鄰近九龍天星小輪碼頭旁的香港九龍貨倉公司借出部分貨倉作為臨時車站。主禮嘉賓在儀式後登上 Kitson 2-6-4 型蒸汽機車及五節豪華車卡，載同 350 名貴賓首度啟程至羅湖，到達羅湖後享用下午茶點，再乘回程車於晚上 7 時許返回尖沙咀。火車的正常服務則於 10 月 2 日才正式展開，首批共 240 名乘客乘坐由 Kitson 2-6-4 型蒸汽機車帶動的六節車卡，在該天下午 2 時 30 分準時出發。1910 年 10 月 3 日的《孖剌西報》記載了這次的開幕典禮，對這條鐵路充滿期望，指出鐵路將改變香港的命運，會與澳門有頗大的差異。

　　隨着英段鐵路的開通，自南而北的打通了香港的經脈，一條巨龍正式誕生。

⬇　九廣鐵路百年歷史中，其標誌在不同年代的轉變。

03

九廣鐵路（英段）
接通城郊南北 5
啟航

隨着英段鐵路於 1910 年 10 月正式投入服務，城與郊通過火車自南而北連接起來，距離開始拉近。雖然寂靜的農村已響起火車的吼聲，但其實野外鄉郊在英段鐵路通車後的二三十年變化着實不大。

英段鐵路定綫

當時，英段鐵路全綫共設有六個車站，由尖沙咀臨時車站——九龍（Kowloon）出發，途經紅磡（Hung Hom）臨時車站，北行至油麻地（Yaumati），穿過煙墩山鐵路隧道到達沙田（Shatin），再沿海岸綫前往大埔（Tai Po），最後到達粉嶺（Fanling）及中國邊境——羅湖（Lo Wu）臨時車站。通車初期主要由兩輛 Kitson 2-6-4 型蒸汽機車肩負重任，全程行車時間約需 1 小時 30 分，每日僅對開兩班。當時，火車車資並不便宜，頭等車費為 1 元 2 角 5 分，雖然乘客可專享午餐，但大部分乘客都會選擇三等車廂。三等車廂採開放式的設計安排，座位是一排排的長椅。

　　車卡方面，只有八輛客卡（包括一卡頭等、一卡二等、三卡三等、一卡為頭等及二等混合卡、一卡作為郵政車兼三等及行李卡，以及一卡制動控制車兼三等及行李卡）和 50 輛貨卡。客卡和大部分貨卡都是英國製底盤，並在香港裝嵌上黃埔船塢公司承造的車廂，其餘貨卡則採用由英國 Metropolitan Amalgamated Railway Carriage & Wagon Co. Ltd（即後期的 Metro-Cammel, England）所製造的貨卡。

　　收入方面，據 1911 年 4 月 17 日的《華字日報》所載憲報的資料：鐵路公司在通車約半年後共有收入 74,583 元，客腳（客運）有 59,715 元，貨腳（貨運）14,867 元，搭客 156,330 名。由此可見，鐵路頗受歡迎，客運貨運也有需求。可惜，同年 10 月 10 日，辛亥革命爆發。政治形勢急轉直下，影響交通發展。恢復通車後，香港政府仍須撥資支援九廣鐵路。據 1913 年 4 月 18 日的《華字日報》所載，政府定例局敘會上，布政司倡議由本港存款借銀 43,816.30 元以支付給 1913 年建築英界九廣鐵路之費。

⬇　蒸汽火車正駛經沙田大圍，當時此區仍為鄉郊農田。（高添強提供）

⬇ 1911 年 3 月 1 日起實施的九龍鐵路（英段）班次時間表。

No. S. 68.

KOWLOON-CANTON RAILWAY.
(BRITISH SECTION.)

TIME TABLE.

On and after 1st March, 1911, and until further notice. Previous Time Tables cancelled.

Name of Station.	Down Trains. Week days. 1	Week days. 5	Sundays. 3	Sundays. 7	Name of Station.	Up Trains. Week days. 2	Week days. 6	Sundays. 4	Sundays. 8
	a.m.	p.m.	a.m.	p.m.		a.m.	p.m.	a.m.	p.m.
Kowloon,............Departure, ...	8.0	2.30	10.00	3.0	Lowu,............Departure, ...	9.30	4.15	11.50	5.0
Hung Hom,.........Arrival, ...	8.4	2.34	10.4	3.4	Fan Ling, ...Arrival, ...	9.36	4.21	11.36	5.6
Hung Hom,.........Departure, ...	8.5	2.35	10.5	3.5	Fan Ling, ...Departure, ...	9.37	4.22	11.37	5.7
Yaumati, ...Arrival, ...	8.9	2.39	10.9	3.9	Taipo Market,......Arrival, ...	9.46	4.31	11.46	5.16
Yaumati, ...Departure, ...	8.11	2.41	10.11	3.11	Taipo Market,......Departure, ...	9.49	4.35	11.48	5.18
Shatin,............Arrival, ...	8.22	2.52	10.22	3.22	Taipo, ...Arrival, ...	9.53	4.39	11.52	5.22
Shatin,............Departure, ...	8.23	2.53	10.23	3.23	Taipo, ...Departure, ...	10.0	4.46	12.0	5.30
Taipo, ...Arrival, ...	8.36	3.6	10.36	3.36	Shatin,...........Arrival, ...	10.13	4.59	12.13	5.43
Taipo, ...Departure, ...	8.40	3.10	10.40	3.40	Shatin,...........Departure, ...	10.14	5.0	12.14	5.44
Taipo Market,......Arrival, ...	8.44	3.14	10.44	3.44	Yaumati,..........Arrival, ...	10.25	5.11	12.25	5.55
Taipo Market,......Departure, ...	8.50	3.18	10.45	3.45	Yaumati,..........Departure, ...	10.27	5.13	12.27	5.57
Fan Ling, ...Arrival, ...	9.1	3.29	10.56	3.56	Hung Hom,.........Arrival, ...	10.31	5.17	12.31	6.1
Fan Ling, ...Departure, ...	9.2	3.30	10.57	3.57	Hung Hom,.........Departure, ...	10.32	5.18	12.32	6.2
Lowu,............Arrival, ...	9.8	3.36	11.3	4.3	Kowloon,..........Arrival, ...	10.55	5.21	12.35	6.5

For further information apply to

JNO. E. MENAGH,
Traffic Superintendent.

E. S. LINDSEY,
Chief Resident Engineer.

17th March, 1911.

車站基建設施設計簡約

　　英段鐵路是單軌設計，鋪設有英國標準的 4 呎 8½ 吋軌距（即 1,435 毫米）路軌，以便與內地的鐵路接軌；亦由於整段鐵路都是單軌，故只有車站可以有側綫作為避車處。

鐵路小百科

中國境內鐵路軌

英國工程師喬治 · 史提芬遜（George Stephenson）最先提出以軌距 4 呎 8½ 吋作為標準軌距的路軌，並成功游說火車製造商生產有關軌距的機車及車輛，亦令英國國會於 1846 年通過法案，規定將來的鐵路均須使用標準軌。內地早期的鐵路由英國及比利時工程師承建，故此內地大部分鐵路之軌距亦沿用英國標準的標準軌。

1910 年英段鐵路通車，由於當時對終點車站的設計和確實地點仍未有定案，唯有暫租用香港九龍貨倉公司的部分貨倉作臨時總站。此外，更在紅磡槍會山下附近一帶的海傍建設臨時車站，供部分列車停靠；臨時車站位置約為現時香港理工大學鍾士元樓。由於是臨時性車站，因此月台只由幾個木棚所構成，十分簡陋。在使用了約十年後，隨着尖沙咀永久總站正式落成啟用，紅磡臨時車站亦因結構毀壞不堪，終於 1921 年 6 月 13 日停用。

↑ 《華字日報》（1916 年 1 月 6 日）。

當時九廣鐵路亦有一趣聞。據 1916 年 1 月 6 日的《華字日報》所載一名羈留於紅磡囚房的德國囚犯意欲逃脫，早在囚房廁所之下開一隧道向九廣鐵路之下通過。後來，監卒發現。當時，這名囚犯已掘了 40 呎長隧道。可見，囚犯也渴望經過九廣鐵路遠走他方。

其他車站方面，油麻地車站與粉嶺車站率先於 1909 年落成，而沙田車站與大埔車站亦於 1910 年竣工，並趕及在英段鐵路通車同日啟用。車站設計均相當簡約，並採用劃一設計，車站內有一純白色的英式單層建築，設有售票處、站長室、信號控制室等；車站月台為低矮式設計，乘客可輕易由月台走進路軌範圍，越過路軌前往對面月台。月台末端豎立了該站的站牌，兩條白色四方柱托着的白色站牌，站牌中間刻上英文站名，而兩端則刻有中文站名。

大埔墟車站及九龍車站　各具獨特建築風格

1913 年，位處當時大埔最繁盛的市集——太和市的大埔墟（Tai Po Market）車站落成啟用，整個車站斥資 4,570 港元建成。車站按照獨特的中國傳統建築風格，有別於其他車站採用純白色的英式單層建築。無論金字形瓦頂、站前門樓屋脊上的定火珠和雙鰲魚，還是兩旁山牆繪有的蝙蝠、葫蘆、佛手、仙桃及牡丹等吉祥裝飾，均別具中國建築特色：門樓上刻有「大埔墟火車站 TAI PO MARKET」及落成年份「1913」的字樣。車站內部則按實際運作需要而設計，與其他車站同樣設有售票處、站長室、信號控制室等，旁有一間小宿舍，供職員留宿，充滿田園風味。後來，這個火車站多次擴建，範圍包括月台、遮蓋處等。根據 1916 年政務報告記載，大埔墟火車站的落成，有助提升該處居民的生活水平。

↓　門樓的大埔墟火車站刻字之上，更嵌有八仙過海的
　　半浮雕，寓意乘客「各顯神通」。

回說英段鐵路九龍總站，在鐵路通車後翌年，永久車站大樓終選定在尖沙咀天星小輪碼頭旁興建，佔地 16.6 公頃。雖然貴為總站，九龍尖沙咀總站可說是生不逢時—— 1914 年，第一次世界大戰爆發，英國在戰爭前夕，未能將部分總站的器材和裝置依時運至香港。火車總站由馬來西亞政府的建築師 Arthur Benison Hubback 設計，建築工程在 1913 年正式動工，車站月台率先於 1914 年投入服務，而整個九龍火車站大樓終於 1916 年 3 月 28 日落成，並作為歐亞鐵路綫的東方終站。樓高兩層的九龍火車總站大樓，主要以紅磚及花崗岩建成，側面有拱門型結構，輔以羅馬式石柱及尖頂等裝飾，屬於文藝復興式建築，結合古希臘和羅馬時期的建築元素。大樓內除設有車站月台外，亦有車站大堂、售票處、候車大堂等。乘客在車站售票處購買車票時，需按購買頭等、二等或三等車票的種類到不同的售票處窗口排隊購買，而購買直通車票及月票亦會在不同的售票處窗口發售。

尖沙咀火車站建築工程終於在 1921 年竣工，設計別具愛德華時代古典建築的風格。（高添強提供）

┌─────────────────────────────┐
│ ⊤ **鐵路小百科** │
│ │
│ **人性化的設計** │
│ 九龍火車總站月台屬封閉式設計，因此九廣鐵路局特別設月台 │
│ 票，方便到月台為親友送行。 │
└─────────────────────────────┘

　　在九龍火車總站大樓落成之前，車站鐘樓工程早已於 1915 年竣工。車站鐘樓具愛德華時代古典建築的風格，樓高 44 米，方形塔身由紅磚建成，四角則以花崗岩塊築砌。然而鐘樓落成多年卻只能暫借中環畢打街鐘樓拆下來的大鐘，並且只有裝上一面鐘面；其後才得立法局撥款 8,500 港元購買大鐘裝上，大鐘在 1921 年 3 月 22 日下午正式運行，可見當時港英政府為修築英段鐵路已經捉襟見肘。據 1921 年 3 月 23 日的《華字日報》所載，昨早已有參觀者到場觀看九廣鐵路車站新設電力時計，車路總管窩樂君在場為來賓引導，英段總辦工程師及天文台監亦聯袂偕往。此電力時計乃英國利舍士他城邑地公司所製運至九龍，由碧架工程師裝配。時計四面直徑八英尺，機械運動全用電力，其構造巧妙，甚為有趣。站內各處及塔樓之鐘均連接於此時計，而籍其撥動以顯示時間，兼備有機械發光。

　　1930 年 5 月 16 日，英段鐵路增設上水（Sheung Shui）車站，進一步吸納上水石湖墟墟市的潛在客源。然而上水車站屬後期增設的車站，為免影響主綫日常運作，故有別於其他車站，上水車站未有鋪設額外側綫作為避車處，站內亦只設有單軌側式月台。

　　1954 年 2 月，政府決定擴大沙田車站。當時，沙田是一花木青薇，環境幽美的地方。在鄉村中帶有城市風味，假日期

↑ 尖沙咀火車站的候車大堂一隅，可見站內人頭湧湧。（蒙敏生攝）

間，遊客大增。九廣鐵路局更在當時為便利遊客，每逢假日更特增設專班客車行走尖沙咀至沙田站。可惜，當時沙田站地方狹小，來往遊人眾多。每當火車抵達或開出時，大有轉身不得之勢，情形頗為危險。政府計劃在該站附近之空地加以填築，然後加建上蓋。候車室內，會有天然花木以點綴。

鐵路逸事

當時，新界居民大多以耕作為生，甚少離村外出，較少乘火車至九龍市區。相反，從市區乘火車至新界遊玩較多。一

些較富有的人會舉家在假日乘火車至新界旅遊、打高爾夫球等。九廣鐵路局也因此有所配合，1912 年 9 月便曾推出午餐車服務，每逢星期六或日供頭等、二等乘客預訂，但卻只有冷點提供。在星期六，讓由香港島乘搭下午 12 時 55 分及 1 時 05 分天星小輪的乘客在 1 時 25 分午餐車離站前享用午膳。然後，火車頭會將午餐車拖至粉嶺，便留下繼續為遊人服務，火車則繼續駛至羅湖。粉嶺有高爾夫球場，遊人較多。黃昏 6 時 10 分午餐車被拖回尖沙咀。星期日則視乎預訂情況，作出午餐車用膳安排。

昔日，鐵路路軌並沒有欄杆。一些牛群更會走入路軌。行經的火車會減慢速度，讓牛大哥先走過路軌。一些小孩更會在路軌上玩樂，追趕火車。頑皮的小孩更會將大石拋在路軌上，觀看火車如何應付。因此，後期的火車會有推牛器，以擋走一些石頭。當時，一些市民便因擅進路軌而被輾斃，以 1922 年為例，便有三人因此而死。月台方面，新界大埔滘車站、上水車站等月台會有小販出售地方的土產生果和茶水等，乘客不用下車，只要伸手出外，小販便會送上食物或飲料，然後收費。

英段鐵路工程奠下基石

造價高達 130 萬英磅的英段鐵路主綫工程，無疑對當時的香港是一個沉重的負擔。當中英段鐵路的建築成本高達每英里 75,000 英鎊，反而華段鐵路建築成本則只是每英里約 12,500 英鎊。成本昂貴的主因是興建時沿綫已預留土地以便日後拓展為雙軌鐵路；當時，不少論者也認為造價太昂貴。但預留土地方案卻為七十年後英段鐵路雙軌化奠下基石，影響深遠，由此可見港英政府甚有遠見。

由九龍至羅湖火車時間表

		第一次	第三次	第五次	第七次
尖沙咀	開行		8:03	14:30	16:00
紅磡	到步		8:30	14:32	16:03
	開行	5:15	8:38	14:35	16:08
油麻地	到步	5:31	8:44	14:39	16:14
	開行	5:37	8:49	14:40	16:19
沙田	到步	5:47	9:00	14:52	16:31
	開行	5:48	9:06	14:53	16:36
大埔	到步	6:00	9:18	15:05	16:48
	開行	6:05	9:30	15:07	16:58
粉嶺	到步	6:15	9:42	15:19	17:10
	開行	6:20	9:47	15:20	17:15
羅湖	開行	6:30	9:58	15:35	17:24

由羅湖至九龍火車時間表

		第二次	第四次	第六次
羅湖	開行	6:40	11:00	17:35
粉嶺	到步	6:45	11:09	17:45
	開行	6:54	11:14	17:46
大埔	到步	7:06	11:26	17:58
	開行	7:16	11:36	18:08
沙田	到步	7:28	11:48	18:20
	開行	7:33	11:53	18:23
油麻地	到步	7:45	12:05	18:35
	開行	7:50	12:10	18:39
紅磡	到步	7:55	12:15	18:44
	開行	8:00	12:12	18:45
尖沙咀	到步	8:03	12:23	18:47

英段鐵路收入高支出亦高

　　根據九廣鐵路 1920 年報所載，該年收入有 520,176 元。這是自鐵路建成後最高的收入，惟減去各項費用 487,144 元，純利只餘 33,032 元。由此可見，當時經營鐵路絕非易事。市民大眾未必經常乘車往返九龍新界。至於九龍市區內，市民亦未必會等兩至三小時才搭車，或選擇其他交通工具或以步行取代。

縱然英段鐵路於 1910 年 10 月 1 日開通,然而當時有部分英商不太滿意主綫初期只有英段鐵路服務,未能有效發揮他們認為鐵路可帶來的收益。

華段鐵路開通接軌

1910 年 12 月 5 日,華段鐵路的廣州大沙頭至仙村段率先通車;而全段連接廣州至深圳的華段鐵路則緊接於翌年 8 月 17 日開通。廣九直通車服務在 1911 年 10 月 5 日正式通車,接通香港尖沙咀九龍車站至廣州大沙頭火車站。通車典禮在深圳羅湖舉行,香港英段鐵路的典禮由署理輔政司巴恩斯(Warren Delabere Barnes)帶領嘉賓由尖沙咀九龍車站乘火車前往羅湖邊境,而廣州華段鐵路典禮部分則由廣州官員李清芬和陳望真帶領嘉賓由廣州大沙頭火車站乘火車至羅湖邊境。雙方官員到達後,一起步行至羅湖橋上,主持接軌典禮。

當時,廣九直通車的北面終點站設在廣州大沙頭,經吉山、石龍、東莞、樟木頭、深圳至香港尖沙咀九龍總站,

⊕ 隨着廣九直通車的開通，尖沙咀火車總站成為了連接境外的交通樞紐。
（高添強提供）

全長 178.55 公里。通車初期，每天開出兩班，特別快車的行
車時間約 2 小時 55 分鐘，慢車約需 7 小時。

車費方面，詳見下表：

	清銀元	港幣	行李限制
頭等	5 元 4 角	5 元 2 角	132 磅
二等	2 元 7 角	2 元 5 角	100 磅
三等	1 元 3 角半	1 元 2 角半	67 磅

乘客若是結隊乘車或戲班等團體乘搭，便可以另議車費；
乘客更可憑車票免費乘搭天星小輪。

自此之後，乘客可以乘直通車由九龍尖沙咀直達廣州。
直通車初期客量很少，但每逢春節、清明或重陽節，不少香港
人紛紛乘火車回鄉探望鄉親。

在廣九直通車投入服務前，港英政府在羅湖曾設有木頭搭建的臨時車站，邊境則有邊防人員把守。直至廣九直通車服務開通後，港英政府清拆了羅湖臨時車站。兩段鐵路在深圳設有一個分站，作為內地與香港雙方的廣九直通車火車頭交接的地方，港方的蒸汽火車頭推動直通車客卡由尖沙咀九龍車站抵達深圳車站後，會稍作停留，並轉用中方的蒸汽火車頭推動直通車客卡繼續餘下旅程前往廣州，反之亦然。外國旅客乘坐郵輪經維多利亞港抵達九龍尖沙咀，便可轉乘火車至內地。自此之後，火車不再只是香港殖民地境內的交通工具，尖沙咀火車總站更成為連接境外的交通樞紐。

據 1911 年 10 月 12 日《華字日報》所載：「英界九廣鐵路自與華界進車後每日約多收車費 250 元，通車後第一日收 465 元，第二日收 350 元，第三日收 650 元，第四日收 650 元，第五日收 550 元，第六日收 510 元，共六日共收 3,175 元。」由此可見，直通車後有助改善鐵路公司收入。

內地與香港鐵路合作

自中華民國成立後，政治紛爭依舊。如在 1911 年 11 月 19 日，華界鐵路總辦趙慶華和九廣鐵路英人代表於廣州乘專車至深圳視察，便發覺有不少機軌受損有待修理。可見在革命發生後，鐵路交通深受到影響。革命完結後先有袁世凱稱帝事件，後有軍閥割據，民國政府國勢衰弱。如 1923 年 1 月，軍閥陳炯明離開廣州時，有士兵擾亂鐵路，攔截火車，令火車無法正常運作，其中拉科尼亞號火車班次便因此被迫取消。

據 1918 年 6 月 8 日的《華字日報》所載鐵路收入來源之一的客腳（客運）比前年較少，但貨腳（貨運）比前年多。全年之收入共有 428,246.46 元，支出為 337,421.48 元。實際溢

利 90,814.98 元。由此可見，政治動蕩，雖然遊人公幹減少，但貨運不減卻增，這與兩地貿易日趨密切有關。

1927 年，中國政府入不敷支，財政拮据。華段鐵路行駛的蒸汽火車頭已使用多年，更日漸失修，極需要更替。中國政府同意由港方火車頭行走全程直達廣州，而毋須在深圳轉換中方的火車頭。這本是一個暫時性的安排，但實情是中國沒能力購買新的火車頭。1929 年，港英政府決定代中國購買三輛 Kitson Pacific 4-6-0 型蒸汽火車頭，而中國以按月分期形式償還有關費用。這些火車頭在 1930 年運抵香港，後投入直通車服務，由港府營運，直至 1936 年才移交給中國。

據 1931 年 11 月 21 日的《香港工商晚報》所載九廣鐵路加開快車明年始能實行。內文談及九廣鐵路火車，月來忽有遲到之事發生，考其所以致此者，係因有一部分枕木尚未換竣。該路局為此，特向澳洲購買大幫枕木，以為更換，查現在來往省港之快車，須 3 時 15 分始能抵步。若將所有枕木盡數換去，則僅 2 時 05 分可以抵步。

「大埔淑女」號與「廣州淑女」號

1936 年，九廣鐵路局斥資 3,000 港元對一輛備用的 Hall-Scott 自帶動力客車進行改裝，包括在車廂前半部增設吸煙區及酒吧，後半部分則主要給乘客觀景之用，車身採用流線型設計附銀藍色塗裝，並冠名為「大埔淑女」號（Taipo Belle）。「大埔淑女」號逢平日會拖在廣九直通車後，作為一等豪華卡使用；而假日則主要接載乘客至粉嶺高爾夫球場，深受上流人士歡迎。

有了「大埔淑女」號的成功先例，九廣鐵路局遂對另一輛本用作大埔與粉嶺之間的穿梭服務的自帶動力客車進行相同

的改裝工程，車身以銀綠色塗裝，並冠名為「廣州淑女」號（Canton Belle），並被派往廣九直通車服務。1936 年 10 月 14 日，「大埔淑女」號行走廣九直通車服務時，不停站由九龍至廣州只需時 2 小時 15 分，速度不但創下了當時的紀錄，亦成為了廣九直通車的宣傳賣點。

這兩架淑女號車廂內部裝修豪華，前半部是吸煙廂和酒吧，後半部是觀景廂，內部有法式打磨拋光的柚木，配有軟墊座位，車身又有裙腳，減少路途中泥沙對車身的影響。兩架淑女號車上均有侍應隨行，更有包車服務。

鐵路小百科

淑女號

1930 年代，九廣鐵路局為提高效率及提升服務質素，曾引進不同種類的機車作試驗。當時購入的兩輛 Hall-Scott 自帶動力的客車，由柴油引擎推動，以當時來說算是一種嶄新技術；然而受到原有設計局限，引致劣評如潮。「大埔淑女」號和「廣州淑女」號的成功，亦為廣九直通車揭開新的一頁。

據 1935 年 9 月 12 日的《天光報》所載九廣鐵路因經濟不景，為便利一般搭客，決定在 9 月 16 日起，將九龍惠州之聯票價格減低，由九龍至惠州（收港銀）二等位 2 元 8 毫、三等位 2 元 1 毫，由惠州來九龍（收省銀）二等位 4 元 7 毫、三等位 3 元。

當時，香港多次向中國政府追繳有關火車之購買費用。據 1935 年 9 月 13 日的《香港工商日報》載英段為華段購置之三機，至來年則請繳款項，應將該三機交與華段，路局費用則可減輕 33%。由此可見，當時中國政府財政的問題影響鐵路交通發展。

1937 年 1 月 16 日中午，一列由香港開往廣州的廣九直通

車，在駛至石瀝滘與石灘站附近時發生爆炸並起火焚燒。大火引致三節車廂焚毀，並奪去八十多條人命。事件轟動一時，事後查明肇事原因是乘客挾帶的易爆物品受震引起爆炸。

日佔時期的鐵路

1937 年 7 月 7 日，抗日戰爭爆發。同年 8 月 18 日，中國決定建一條九哩的鐵路支綫將廣漢鐵路和九廣鐵路連上，以便將戰爭的主要物資從香港運往中國內地。當時，九廣鐵路的貨運量急升。1937 年 10 月，日軍已開始對華段鐵路進行轟炸，廣九鐵路近石龍段受到日機空襲，幸好未有造成太大的破壞，仍能照常開行提供服務。

1938 年 7 月 14 日，九廣鐵路局與粵漢鐵路商定，每星期對開兩班來往九龍至武昌載客列車，途經郴縣、衡陽、長沙東等地；車費方面，頭等收費港幣 44 元 3 角，二等收費港幣 29 元 5 角半，三等收費港幣 14 元 7 角半，頭、二等設有臥鋪，分別收費港幣 9 元及港幣 6 元。同年 10 月 21 日廣州淪陷失守，香港以北約 15 哩的九廣鐵路遭截斷。

當時，整條九廣鐵路只餘下英段鐵路還可以運作，但由於部份華段鐵路以及粵漢鐵路的蒸汽火車頭卻因為之前已經到港而被迫滯留。為數 15 部的蒸汽火車頭隨後被英段鐵路徵用，由於營運機車過剩，故首批投入服務的 Kitson 2-6-4 蒸汽火車頭在 1939 年被運往中東地區如伊朗、巴勒斯坦、蘇彝士等戰場作為英軍支援。

1940 年 2 月 21 日，三架日本軍機入侵香港領空，投彈轟炸羅湖車站。其中四彈投中車站廣場，二彈投中車站南面 1 哩的位置。結果，車站職員和乘客均無受傷，但 11 名鄉民被炸死；鐵路損失 8,428 元。後來，日方只照數賠償了事。當

時，因內地與香港邊界屢告不靖，民眾逃難頻繁，當年乘客數字高達 1,917,603 人，創出新紀錄。

1941 年 12 月 8 日，日軍展開對香港的侵略。曾號稱可以堅守一個月的醉酒灣防綫只消兩天便告失守，再過兩天英軍更棄守九龍轉戰港島。當英軍撤離時，曾計劃破壞九廣鐵路設施，以阻礙日軍推進，亦免資敵。然而日軍長驅直進新界，英軍也來不及對鐵路進行大型破壞，只能把煙墩山鐵路隧道炸了一部分，但果效不彰。後來日軍作過簡單的修復，但是滲水的問題非常嚴重。

鐵路小百科

日佔時期的九鐵

日軍很重視九廣鐵路對軍事運輸的作用，所以很快便把英軍投降前破壞的設施修復，盡快恢復九鐵的運作。可是日軍政府根本無力應付民生建設，更遑論投放太多資源來維修鐵路。尖沙咀火車總站的時鐘也停頓了。大量的鐵路物資，如火車零件也運入中國內地。

日本攻佔香港後，日軍曾將一些火車頭運至內地，令原有的火車頭潰不成軍。之後由於一些火車車卡被炸毀，因此日軍便將一些內地車卡運至香港，出現混合使用的情況。但因為兩款車卡設計不同，使用時不太協調，甚至因此出現意外。

受到戰爭影響，中斷了一段時間的九龍至廣州鐵路服務，終於 1944 年 1 月 8 日全綫通車。然而，同年 10 月，這條省港之間的鐵路服務又因煤的供應短缺，暫停為市民服務，只作軍用；甚至來往九龍至新界的火車服務也自同年 11 月起，只能提供每兩日開出一班的服務。

1945 年 8 月 15 日，日本政府戰敗投降。英國收復香港

後，鐵路急需進行維修，以回復戰前的水平。收復前期，由英軍負責維修，這個情況一直維持至 1946 年，軍政府管治結束，恢復原有的殖民地管治。為了恢復原有的服務，港英政府在 1946 年至 1947 年間向英國軍部共購入 12 輛 Austerity 2-8-0 型軍用蒸汽火車頭。

根據 1947 年 1 月 31 日《香港工商晚報》所載當時廣九直通車費用為三等 10,700 國幣。當時，1 港幣兌 1,300 國幣。因此在 2 月 1 日再會增加快車車費，三等為 11,600 國幣，二等為 23,200 國幣，頭等 34,800 國幣。慢車原收 8,800 國幣，2 月 1 日改收 9,600 國幣。當時，政局不穩，上下快車仍非常擁擠。

根據 1947 年 1 月 31 日《香港工商晚報》所載，復員以來，由於火車頭缺乏，鐵路交通未能恢復戰前之迅速便利。由九龍至廣州，戰前為三小時即可到達。今天則須五小時；而復員之初，新火車未運抵香港，行車時間更達七小時。

當時，內地的鐵路車輛亦由香港提供。1947 年 2 月 7 日《香港工商晚報》所載九廣鐵路使用的機車及客卡貨卡，向來由中英兩段路局分別負擔、統一調度，但由該月份起，華段路局所需車輛，暫由英段供應，作為租用性質，華方按月付與租值。

1947 年 7 月 18 日《香港工商晚報》所載，九廣鐵路會進一步改善鐵路服務。首先，重光後會由英國運送六具新式火車頭和兩具路軌操縱器到港，令車程減至 2 小時 50 分。車頭氣爐原為燃煤，運港後改裝燃油，蓋燃油比燃煤較廉也。每日來往港穗開之行車班次，有快車六次、慢車兩次及貨車兩次，而運走於新界者，則有十二次。港穗乘客數目，至去年 5 月起，已逐漸增加。當時由港赴穗有 13,000 人，由穗來港耆有 48,000 人；今年 3 月，赴穗者增至 71,000 人，來港者為 92,000 人。三月時之離港人口突增，乃由於清明節回鄉掃墓也。其次，九廣鐵路將用新車廂行走直通漢口綫。計劃中的新

車廂有冷氣裝備，有睡房、餐房、廁所等。

1947 年 7 月 16 日，廣九直通車發生意外。由九龍開出之 88 次慢車將抵車站時，於大沙頭站附近之東山東華路口出軌。經調查發現，當時有一名私梟在火車經過永安坊路上時，將四大包貨物拋下，其中一包不慎被拋落在路軌上，車輪轉動，將貨物捲纏於車軸上，致將車卡墊高，車輪離軌，五輛車卡出軌，五名搭客受傷。另有一些旅客拋下貨物時，為護車路警拘捕，並將預先在該處接貨者一併拘留，認為有走私和破壞鐵路交通之疑。及後，發現貨物為金條，共重二十五兩。

當時，廣九鐵路票價進一步上升。由廣州至香港，三等票價為 60,000 國幣，二等票價 120,000 國幣，頭等票價 180,000 國幣。慢車二等票價為 1,496 國幣，三等票價為 1,156 國幣，四等票價為 884 國幣，五等票價為 680 國幣。

1947 年 8 月 15 日，廣九鐵路工人就要求加薪發起罷工，鐵路服務受到影響。後來，勞資雙方洽談成功後，鐵路服務才得到恢復。

1948 年，九廣鐵路決定三年修建計劃，全部費用為 2,500 萬元。其中包括添置新車卡 34 輛，約 880 萬元，另貨卡 63 輛，約 930 萬元；由尖沙咀總站至深圳間的路軌全部翻新，費用為 370 萬元。另外，政府計劃將尖沙咀總站遷至紅磡，估計費用為 7,000 萬元。

1948 年 7 月 28 日，颱風襲港後引發山泥傾瀉，其中以大埔尤為嚴重。部分九廣鐵路路軌被山泥和大石所阻，導致火車服務受阻；直通車服務亦須暫停。兩天後，服務才漸漸恢復正常。當時，政府加僱 300 名工人日夜開工，加緊修理。火車停駛後，一些行走於新界和九龍的交通須依賴貨車維持；而直通車停止服務後，市民需要乘巴士至文錦渡，並在深圳轉乘火車往廣州。

內地局勢變天 廣九直通車服務暫停

　　隨着抗日戰爭結束，廣九直通車服務得以恢復。可惜，好景不常，緊接着爆發國共內戰，令中國內地局勢不穩。內地人民乘火車到港避禍，此時的 Austerity 2-8-0 型蒸汽火車頭便肩負起這個重要的作用。然而 Austerity 2-8-0 型蒸汽火車頭始終是軍事用的火車頭，猛力雖大但不太耐用，且維修困難。因此，九廣鐵路局在使用不久後便決定購買全新柴油內燃機車取代。

　　1949 年 1 月 21 日的班次如下（刊於 1949 年 1 月 21 日《華僑日報》）：

廣州開	開	到	九龍開	開	到
	0735	1210		0745	1242
	1355	1855		0905	1425
	1540	2027		1530	2016
直通快車	0850	1258	**直通快車**	1440	1848

　　⬇　內地局勢變天，廣九直通車服務被迫暫停，火車只能由尖沙咀開往羅湖邊境。（高添強提供）

　　1949 年 10 月 1 日，中華人民共和國成立，內地局勢發生變化。10 月 14 日，解放軍進駐廣州及石龍，廣九直通車服務被逼暫停，往返兩地的旅客需要在羅湖邊境下車，沿路軌步行跨過深圳河過境，再登上火車車廂繼續餘下旅程。由於政治形勢關係，往返旅客大幅減少。當時，內地經濟處於艱難時期，物資匱乏，不少港人肩挑背負，將一些糧油及衣物帶返鄉間接濟親友。當時，香港鐵路局局長杜利華曾多次與內地洽商，希望重啟直通車，最終也未能成功。

　　1966 年，內地爆發一場重大政治運動——文化大革命，史稱「十年浩劫」。當時，駛往羅湖的火車被紅衛兵掛上毛澤東畫像，更寫上大量的標語，待火車回到香港後，便要進行大清洗；但當火車再駛至羅湖，又再度被掛上毛澤東畫像和寫上標語。因此，工人十分忙碌，更一度醞釀罷洗行動。再加上當時香港亦發生「六七暴動」，於是鐵路局便成立護路隊，不分晝夜地在鐵路旁巡視，以保鐵路安全。

⑧ 廣九直通車復航

　　隨着中國在 1978 年舉行第十一屆三中全會後，開始實行改革開放，本港鐵路出入境的乘客量也急增。1979 年 1 月初，中國政府開始派人與港英政府接觸，商討恢復廣九直通車服務，經過九廣鐵路局與廣州鐵路局共同協商，並獲國務院就「積極進行直通客車的籌備工作，力爭盡快開行」的批示。同年 3 月 20 日，九廣鐵路局和廣州鐵路局的代表正式簽訂通車協議。

　　1979 年 4 月 4 日，廣九直通車服務在停辦近三十年後復航。開行儀式由廣東省革委會辦公廳主任楊立、港督麥理浩爵士（Sir Murray MacLehose）及其夫人主禮。早上 8 時 20 分，以鐵道部副部長耿振林為首發 91 次廣九直通旅客特別快車剪

綵。早上 8 時半，東風 3 型內燃機車 0149 號牽引着由十輛四方廠製 24 型空調客車、一輛發電車、一輛餐車、一輛行李車組成的直通列車由廣州開出。列車上設有小賣部，而餐車上的食物售價也不過由幾角至兩元不等。

　　經過兩小時的車程，新型機車正式首次駛過羅湖橋進入香港境內；在港方的帶道司機指引進入香港路段，也首次開往啟用不足四年的紅磡九龍車站。當時廣九直通車每天開行一對班，廣州開往九龍的 91 次列車，開車時間是上午 8 時半；由九龍開往廣州的 92 次列車，則是下午 1 時出發。列車單程行車時間約 2 小時 54 分，單程票價為港幣 53 元 5 角。

　　隨着廣九直通車復航，火車巨龍再次穿梭於香港與中國內地之間，無遠弗屆。

⬇ 廣九直通車服務在停辦近三十年後復航，由東風 3 型內燃機車牽引車廂來港，途經大學車站。（蒙敏生攝）

↑ 廣九直通車主力由東風 11 型內燃機車牽引 25Z 型客卡，
列車正駛離紅磡北上。

↑ 廣九直通車正途經沙田車站，
前往紅磡。

↑ 近年韶山 8 型（SS8）電力機車加入廣
九直通車行列，穿梭內地與香港兩地。

被遺忘的鐵路——
英段鐵路支綫
5 1 —

1905 年，正當港督彌敦爵士（Sir Matthew Nathan）就英段鐵路的東、西行走綫作研究時，已發現元朗及沙頭角兩地各自的經貿活動頻繁，尤以沙頭角更是通往中國廣東東部的水路交匯處。

 沙頭角支綫計劃　迅速上馬

在英段鐵路主綫敲定以東行路綫方案興建後，彌敦爵士已積極部署在粉嶺修築一條支綫，由粉嶺至沙頭角。當時港英政府已計劃興建一條由沙頭角經粉嶺、新田至元朗的道路，並擬將有關道路拓闊至可容納一條輕軌或窄軌鐵路，以粉嶺作為九廣鐵路的新界中轉站。唯當時港英政府的着眼點，仍希望將資源集中投放在英段鐵路主綫上，其餘輕軌或窄軌鐵路計劃亦需暫時擱置。

直到 1910 年 10 月 1 日英段鐵路主線通車典禮上，大埔
北約理民府官員 S.B.C. Ross 及英段鐵路總經理林賽先生（E.S.
Lindsey）均對興建沙頭角支綫（Sha Tau Kok Branch）表現積極
的態度，以便進一步促進新界東北的交通運輸，S.B.C. Ross 更
表示希望沙頭角支綫日後可連貫新界西部青山、屯門一帶。後
來港督盧吉爵士（Sir Frederick Lugard）更在 1911 年 2 月 3 日
率先把興建支綫的決定帶到行政局，並於同年 4 月展開支綫的
修築工程。當時英國的殖民地部仍未得悉此事，盧吉爵士隨後
派出時任輔政司的梅含里爵士（Sir Henry May）及 S.B.C. Ross
到英廷進行解釋，殖民地部最終在 1911 年 5 月批准項目。

　　沙頭角支綫計劃迅速上馬，並主要利用興建九廣鐵路英
段工程時餘下的大量建築物料建造，包括路軌和枕木；部分材
料則從新加坡購買。當時，沙頭角一帶交通十分不便，不少修
築鐵路所需的物資都要用牛車運送，並在興建途中遷移多座墳
墓。1911 年 12 月 21 日，連接粉嶺至石涌凹一段的沙頭角支
綫工程順利完成並開通，並在翌年 4 月 1 日延伸至沙頭角路段，
整項工程共耗資 57,778 港元。

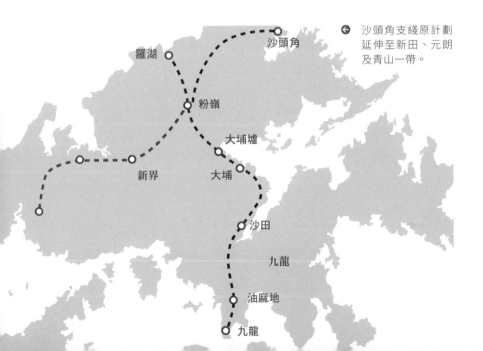

沙頭角支綫原計劃
延伸至新田、元朗
及青山一帶。

連貫粉嶺沙頭角鐵路　低調開通

　　沙頭角支綫的通車儀式未如英段鐵路主綫般盛大，只是在報章《孖剌西報》(Hong Kong Daily Press) 上刊登廣告而已。全長 7.25 哩（約 11.67 公里）的支綫，由主綫的粉嶺車站出發，綫沿梧桐河向東北伸延，沿途設有洪嶺（Hung Leng）、禾坑（Wo Hang）、石涌凹（Shek Chung Au）等車站，最終到達中國邊境沙頭角（Sha Tau Kok）總站；支綫在禾坑站和石涌凹站也設有側綫供調頭之用。

鐵路小百科

窄軌鐵路支綫

由於支綫屬軌距兩英尺的窄軌鐵路，因此規格較低，亦未能與採用標售軌的主綫接軌。

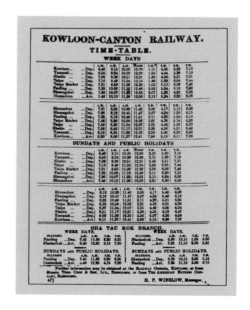

《孖剌西報》上刊載的
班次時間表。

支綫營運初期，列車由兩輛 Hudswell Clarke 0-4-0T 型英國製窄軌蒸汽機車負責牽引，至 1913 年才增購一輛 Orenstein & Koppel 0-4-0WT 型德國製窄軌蒸汽機車以作支援，增強調配彈性；客車車卡則由紅磡工場內的小型車卡改裝而成。客車最初沒有頂蓋，乘客要受盡日曬雨淋之苦，後來才增添帆布頂蓋。支綫每天只有四班列車，約三至四小時一班，主要是配合英段鐵路主綫時間表行駛。火車上設有售票員負責售票。車費方面，當時沙頭角支綫採用分段收費形式，由粉嶺至孔嶺、禾坑、石涌凹和沙頭角的車費分別為 5 分、1 角、1 角 5 分和 2 角。

支綫效率未如理想

支綫初期並不太受歡迎，1912 年乘客量只有 42,940 人次。後來，1914 年的乘客量增至 48,997 人次。1916 年，乘客量進一步增加至 67,608 人次，終出現盈利。1924 年，乘客量再增至 82,505 人次，再一次錄得盈利。這條鐵路路程不算長，車程時間卻要 55 分鐘，效率未如理想。原因何在？一些貨卡需要在農耕收成的季節，不時停車讓剛打好的穀物上載至火車卡上。其次，蒸汽機車設計欠理想，需要在五咪半處旁的小溪取水，補充車旁的小水缸。走綫設計方面，路軌彎多路急，速度不能太快。

1923 年，由於其中一輛 Hudswell Clarke 0-4-0T 型窄軌蒸汽機車的火箱頂部塌下，實不再適宜再用來牽引客卡。九廣鐵路局遂向英國 W.G. Bagnall 廠訂製兩輛 0-4-4T 蒸汽機車，用作更替部分沙頭角支綫的火車頭；兩輛全新機車於 1924 年 7 月抵港，並於同年 9 月投入服務。

1925 年，省港大罷工爆發，這是一場在香港和廣州發生的大規模、長時間大罷工。數以十萬計的香港工人離開工作崗

位。當時，沙頭角支綫的兩位車長和一位司爐沒有參與罷工，他們在 9 月 11 日和平時一樣到沙頭角邊界另一邊飯堂用膳，結果被人擄走。香港警方經過深入調查，並曾與擄匪槍戰。後來，擄匪在五日後決定釋放他們三人。

沙頭角公路間接促成支綫停辦

1924 年，港府落實興建沙頭角公路，並於 1928 年落成啟用。由於公路流動性遠較支綫為大，棄鐵路而轉用公路運輸實在無可厚非，間接促成這條鐵路支綫停辦。鐵路多站多停，效率奇低；公路無站不停，效率較高。相之下，沙頭角支綫實在難以生存下去。1925 年 12 月 28 日的《華字日報》便載：「廣九鐵路粉嶺站原有一支路通往沙頭角，以輕便車卡載運搭路，頃聞該路公司出有布告，自 1916 年元月 1 日起，暫行停走，聞其原因，是因搭客過少。」《華字日報》另載：「前報紀載來往粉嶺沙頭角火車，擬於 1 日停止來往，用長途汽車來往，以利便搭客。茲續查待該處河流急速，途程崎嶇，汽車不能行駛，故為利便計，火車仍繼續行走。」後來，政府派員處理河道問題。結果，沙頭角支綫鐵路服務僅維持了 17 年的時間，於 1928 年 4 月 1 日無聲無息地停止服務。在停止營業前的三個月，載客量只有 5,933 人次。

沙頭角支綫沒有打響港督彌敦的如意算盤，縱然沙頭角當時的人口及商業活動已有一定程度的發展，並作為跨境水路運輸的樞紐，然而支綫並沒有向東伸延與內地鐵路網絡接軌，以及按構想進一步西延至新界西部。支綫的規模太小，加上鐵路運作效率未如理想，相比主綫班次更見疏落，反過來影響了乘客搭乘的意欲，或者這就是是沙頭角支綫短壽的原因。

沙頭角支綫鐵路遺蹟

時代久遠，沙頭角支綫遺蹟已大不可考。現時，支綫唯一仍存的建築物便是洪嶺站，位處沙頭角公路近坪輋路的洪嶺附近，現已列作三級歷史建築。路軌遺址方面，沙頭角公路旁仍有一些鐵路遺軌，最長一段可在塘肚村農田和民居間找到，是一條大約數十米的小型坑道和一條隧道。當清拆沙頭角支綫時，一些沙頭角居民更將舊火車路軌用作電綫杆，並一直沿用至今。現時，大家在中英街和車坪街仍可以找到一些舊沙頭角支綫火車軌的電綫杆。

沙頭角支綫營運後期所使用的其中兩輛 W.G. Bagnall 0-4-4T 型蒸汽機車，停駛後於 1933 年被賣至菲律賓經營甘蔗園的 Victorias Milling Co. Inc.。後來，九廣鐵路在 1995 年購回，其中一輛按 1920 年代的原貌修復後，在香港鐵路博物館作展覽之用；另一輛原存放於火炭何東樓車廠內，並打算在大埔墟車站翻新工程後於該處展出，後因兩鐵合併的關係，最終將之運返英國展覽。有關兩鐵合併詳情將於後文詳述。

沙頭角支綫窄軌蒸汽機車資料

機車編號	製造商	輪軸配置	建造年份	投入服務年份	牽引力 (lbs)	售出日期
1	Hudswell Clarke	0-4-0T	1906	1911	1800	1930
2	Hudswell Clarke	0-4-0T	1906	1911	1800	1929
3	Orenstein & Koppel	0-4-0WT	1912	1913	4338	1933
4	W.G. Bagnall	0-4-4T	1923	1924	5727	1928
5	W.G. Bagnall	0-4-4T	1923	1924	5727	1928

在沙頭角支綫行駛的 W.G. Bagnall 0-4-4T 型窄軌蒸汽機車。

沙頭角支綫中保存得最好的洪嶺車站遺蹟。

和合石支綫　二次大戰後的產物

1945 年 8 月，第二次世界大戰結束，日本戰敗投降，香港三年零八個月苦難日子終告結束。當時，港英政府需要處理大量二戰期間的死者屍體，然而香港島和九龍市區用地需求殷切，遂提出在新界興建公眾墳場。另外，根據政府文件顯示，早於 1941 年，當時大部分華人均葬於九龍七號墳場（即今順利邨），但由於該地的經濟價值很高，故早有計劃將墓地遷離，以騰出土地作為城市發展之用。

當時，通往新界的道路網絡並不完善。新界對外交通除了大埔道和青山道等道路網外，就只有英段鐵路，實在別無他選。鐵路運輸由於有貨運能力，且貫通了沙田、大埔及粉嶺一帶，因此港府決定在新界粉嶺和合石興建公眾墳場，並最終於 1950 年落成。

為配合和合石公眾墳場啟用，九廣鐵路局於 1949 年修築一條和合石鐵路支綫（Wo Hop Shek Branch）連接和合石墳場至大埔墟站與粉嶺站之間的一段英段鐵路。這條支綫在 1951 年投入服務，以方便日常運載棺木往當地的火葬場及墳場，及於每年的清明節和重陽節接載前往當地掃墓的人士。

> **鐵路小百科**
>
> **和合石支綫**
>
> 和合石支綫竣工時，和合石車站是最現代化的車站。當時，第二次世界大戰完結，社會趨向穩定，政府致力改善民生。車站也不再用石磚興建，而改以鋼筋和混凝土來修築。

當時，紅磡有一座永別亭，家屬在這處瞻仰先人後，便送別先人上車。數十副棺木被會放入一輛俗稱「材斗」的特別車

卡，火車徐徐往北行，通過大埔墟站後轉入和合石支綫，運往墓地。隨着和合石支綫開通後，每年清明節也是當年九廣鐵路載客量最高紀錄日。根據《香港年報》，現詳列於下：

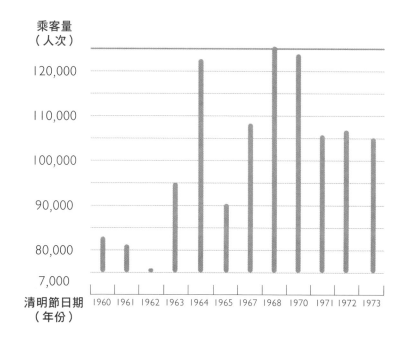

乘客量（人次）

120,000
110,000
100,000
90,000
80,000
7,000

清明節日期（年份）　1960 1961 1962 1963 1964 1965 1967 1968 1970 1971 1972 1973

1952 年，鐵路當局安排九廣鐵路各班火車在清明節期內減價，由 4 月 3 日至 7 日。這個時期的收費是由來往粉嶺與和合石之間，大人 2 毫，小孩 1 毫。

1959 年 4 月 6 日《華僑日報》亦有一報道記載清明節和合石支綫人龍情況。轉乘和石合之乘客，最擠擁為上午 9 時至 12 時左右。長龍沿九龍郵局門前，往停車場方向排，越過漆咸道兵房，直達漆咸道巴士第一個車站，成四行排列。由此可見，清明時節拜山人士眾多，火車服務實在不足。1966 年，和合石月台因不足應付市民所需，曾加長一倍，提升服務質素。

和合石支綫停辦　完成歷史使命

後來，1983 年，隨着英段鐵路全綫電氣化後，和合石支綫也正式完成其歷史使命。隨着和合石支綫停辦，由於粉嶺火車站距離和合石墳場甚遠，因此在隨後的春秋二祭時節，九巴便開辦特別巴士路綫接載孝子賢孫前往和合石墳場，取代原有和合石支綫的鐵路服務。

鐵路小百科

電氣化火車的路綫牌初期掛有和合石的顯示，但實際上從未有電氣化火車駛入和合石支綫。設有和合石的路綫顯示牌是由於在訂購電氣化火車時該支綫仍未停辦，況且和合石支綫未有鋪設電纜，而且月台高度太低亦無法讓乘客上落。而昔日的「材斗」，大多隨着鐵路現代化而被改裝成俗稱「黃搶」的黃色工程車（Engineering Vehicle），並負責一般正常維修工作。

和合石支綫是用作運輸棺木，因此也引起鬼話連篇。當時，死者多數與日軍侵佔香港有關，多死不瞑目。一些市民更指出死者在和合石支綫和車站徘徊。更有一些傳聞，當時支綫的火車太搖晃，甚至將屍體拋出車外，跌在路軌上，被尾隨的

🔽　華明邨現址是昔日和合石支綫的總站。

火車輾過。這些大多是傳聞，沒有實證。為了安心，一些市民會在鐵路旁拋冥鈔，以令死者安息。

和合石支綫有時也有特別功能，便是作為緩衝之用。如1959 年 10 月 5 日《華僑日報》有一段報道，指出警方接獲情報有一架拖返內地運貨的車卡內藏有炸藥，因要進行搜查，便將有關車卡拖至和合石支綫進行檢查。後來，警員沒有任何發現，便安排車卡運返內地。又如 1967 年 8 月 27 日《大公報》有一段報道，指因近日豪雨影響鐵路，交通中斷。後來，交通恢復，大量載豬貨卡來港。結果，五千頭豬運港時在和合石支綫卸下，作為緩衝之用。

這條支綫總站便是今天的華明邨所在的位置。上世紀 70年代，政府開始大力發展北區。發展範圍包括和合石支綫途經的地方，因此和合石支綫被迫拆掉。除在清明節和重陽節期間前往掃墓人數較多，其他日子人數則較少。整體來說，和合石支綫乘客量不多。因此，政府最終決定清拆。

現時，和合石支綫已拆卸，但在東鐵綫粉嶺往羅湖方向左面，近馬會道天橋旁，仍見可看到一個紅色閘門，這便是原本和合石支綫的分支位。然而，或因與迷信有關，故此流傳至今的相片紀錄和文獻記載不多。

🔽 每逢春秋二祭，九巴會提供特別巴士路綫來往和合石墳場至佐敦、藍田地鐵站、粉嶺火車站等，代替原有和合石支綫的鐵路服務。

06

從蒸汽火車
邁向柴油機車年代

火車開行時，嗚嗚的汽笛聲響遍天際，從煙囪排放出來的廢氣連綿千里；這除了是蒸汽火車的標記，同時亦標誌着香港百年鐵路史上重要的一頁。

Kitson 2-6-4 型蒸汽火車頭

英段鐵路主力車種

蒸汽火車頭之所以能夠牽引一列長長的車卡，其運作原理是依靠燒煤、重油或木材產生高溫，將鍋爐中的水加熱，產生蒸汽，推動車輪向前行駛。負責投放煤炭便是火車車長助手司爐，為了令火車頭向前行進，需要投入大量的煤炭至火箱，令鍋爐內的水維持高溫從而產生動力。

> **鐵路小百科**
>
> **火車頭型號**
>
> 蒸汽火車頭型號（如 2-6-4 型）的三組數字解讀，是指「前車軸數目─動力拉桿共帶動車輪數量─後車軸數目」。

⬇ 蒸汽火車頭響起吼聲，牽引着一節節車廂，
穿梭城與郊之間。（高添強提供）

　　在英段鐵路通車初期，火車服務主要依靠兩輛 Kitson 2-6-4
型蒸汽火車頭擔當重任，並編上機車編號 1 及 2；另外有兩
輛原用作為九龍填海工程的 Hudswell Clarke 0-6-0 型蒸汽火車
頭，則為英段鐵路擔任調車工作。後來隨着華段鐵路開通及應
付的運輸量持續增加，九廣鐵路局遂增購了六輛 Kitson 2-6-4
型蒸汽火車頭，機車編號 3 至 8。為提高機車安全性，這八
輛 Kitson 2-6-4 型蒸汽火車頭先後於 1913 年至 1934 年間將原
有的蒸汽剎車系統（steam brake）換成威士汀公司（Westing
House）所製造的空氣剎車系統（air brake）。

　　據 1922 年 2 月 7 日的《華字日報》載：「九廣鐵路前在
美國定造之摩托客車經已到港。前日晨由九龍開車首次載客往
新界各站，西人乘之往粉嶺打球者俱稱譽其優美安適表滿意，
此車拖以 150 匹馬力之摩托機因隨快車之後不能開盡速，率連

在大埔站停車 10 分鐘、沙田站停車 5 分鐘、油麻地站停車數分鐘。是日由九龍至上水站共需時 55 分鐘，聞該車曾一度試驗如無別車阻礙由九龍往深圳行車 39 分鐘便可到站。」由此可見，鐵路公司一直不斷改善鐵路服務，提升質素。

1923 年，九廣鐵路局趁 1 號機車因意外而需要進行大修時，在車上加裝了燒油裝置，測試以石油作為燃料的效能。後來，鐵路局又為其中兩輛蒸汽火車頭進行改裝，令蒸汽火車頭在行駛途中也能直接從後面加掛的數節煤水車取水，以便牽引直通車時能夠不停站直駛廣州，加強營運效率。1932 年，1、2 號蒸汽火車頭終退下火綫，接替 Hudswell Clarke 0-6-0 型蒸汽火車頭進行調車工作。由於蒸汽火車頭在燃煤過程中會產生大量的廢氣，並經由車中的煙囪排放出來，為了減少空氣污染對附近居民的影響，鐵路局並為兩車加置煤煙過濾器，減少黑煙的排放。

鐵路小百科

Loco for the Queen

Kitson 2-6-4 型蒸汽火車頭直到 1956 年才全數退役。1952 年，九廣鐵路局為慶祝英女皇伊利沙伯登基，特意為當時唯一僅存的 Kitson 2-6-4 型蒸汽火車頭（6 號機車）粉飾一番，更冠名「Loco for The Queen」。

持續引進蒸汽火車頭　配合服務需要

1924 年，九廣鐵路局增購四輛 Kitson 4-6-4 型蒸汽火車頭（機車編號 9 至 12），以便牽引更加重型的車卡。新火車頭在 1927 年進行改裝，改裝工程與 Kitson 2-6-4 型蒸汽火車頭大同小異，使行駛中的火車頭也能從煤水車直接取水，方便作為直通車時不停站直駛廣州之用。

1929 年，港府決定代中國購買三輛 Kitson Pacific 4-6-0 型蒸汽火車頭，而中國以按月分期形式償還有關費用。這些火車頭在 1930 年運抵香港，於翌年 5 月 31 日投入直通車服務。這批蒸汽火車頭不但能夠牽引多達 13 節車卡，更把行車時間和營運成本一併減低，表現猶勝預期。火車頭由英段鐵路營運期間，編上機車編號 20 至 22，直至 1936 年完成供款後才正式移交給中國華段鐵路，並撤銷其本身機車編號；而火車頭的煤卡上則印有「CANTON-KOWLOON EXPRESS」的字樣。

為應付日益繁重的調車與編組工作，九廣鐵路局於 1937 年接收了兩輛 W.G. Bagnall 0-4-0 型蒸汽火車頭，編上機車編號 13 及 14。這兩部火車頭早於 1934 年建造，運送修築城門水塘物料之用。

日佔時期的鐵路

據 1937 年 3 月 21 日的《香港工商日報》記載香港進行軍事演習，其中涉及假設九廣鐵路被毀壞的演習。由此可見，當時政府已開始擔心若這個重要的交通工具被毀，之後應如何處理安排。

1937 年 7 月 7 日，抗日戰爭爆發，但內地與香港兩地仍舊提供鐵路服務，直至翌年 10 月才因廣州淪陷失守，香港以北約 15 哩的九廣鐵路遭到切斷而暫告一段落。當時，由於部分華段鐵路以及粵漢鐵路的蒸汽火車頭因滯留香港而被英段鐵路徵用。有見營運機車過剩，故九廣鐵路局於 1939 年遂將首批投入服務的五輛 Kitson 2-6-4 蒸汽火車頭（機車編號 1 至 5），以及兩輛 Kitson 4-6-4 蒸汽火車頭（機車編號 9 至 10）運往中東地區如伊朗、巴勒斯坦、蘇彝士等戰場以支援英軍。

1941 年 12 月 8 日，日軍對香港實施攻擊，同年 12 月 25 日港督楊慕琦爵士（Sir Mark Aitchison Young）正式宣布投降。

自此，香港便進入三年零八個月的日佔時期，九廣鐵路亦只能提供有限度服務。當時，每日有八個班次，平均兩小時一班，收費十錢至七十五錢不等。根據 1942 年 7 月 8 日的《華僑日報》記載，1942 年 6 月 29 日至 7 月 5 日，一周期間經鐵路往新界的人數是 14,285 人，平均每日達二千多人；至於由新界赴九龍的人數則是 6,770 人，平均每天接近一千人。可見，乘火車離開市區的市民較進入市區的為多。

戰後，英國重新接管香港，人口迅速增長，交通需求日增。然而九廣鐵路大量蒸汽火車頭都受到嚴重破壞或遺失，餘下的就只有一輛 Kitson 4-6-4 蒸汽火車頭、一輛粵漢鐵路的 Kitson 0-8-0 蒸汽火車頭，以及已被日軍拆除大部分動力裝置的「大埔淑女」號。後來，英國政府一方面與內地鐵路部門達成協議，贖回了三輛被日軍拖往內地的 Kitson 2-6-4 蒸汽火車頭；一方面以低廉的價錢購入由英國戰爭部門（War Department）轉讓的十二輛 North British 及 Vulcan Foundry 車廠承造的 Austerity 2-8-0 型軍用蒸汽火車頭予香港九廣鐵路使用。新火車頭在 1946 年至 1947 年間投入服務，並重新編上機車編號 21 至 32。

1948 年 9 月，鐵路當局為加強保障鐵路安全，修改違反鐵路條例。罰款方面大約增加五倍，而判處監禁之刑期最高則增至六個月。如越過鐵路，原定罰款為不超過 50 元，現改為不超過 250 元。又如當列車行走時，登車或站立在車梯上原定罰款不超過 50 元，現改為不超過 250 元。

軍用蒸汽火車頭　促成柴油機車年代

九廣鐵路得到 Austerity 2-8-0 型軍用蒸汽火車頭的加入，服務很快便重上軌道。這款 Austerity 2-8-0 型蒸汽火車頭本屬軍事耗用品，講求馬力大，動輒可牽引重逾 700 公噸的車卡，

一口氣攀上煙墩山的路段。然而,這種軍用火車頭卻不重耐用,故障頻生,零件供應亦不足。

1954年,九廣鐵路局決定引入柴油內燃機車。顧名思義,柴油內燃機車便是以柴油啟動引擎,帶動發電機來產生電力,供應機車內摩打運行,驅動機車行駛。柴油機車又稱為內燃機車,與蒸汽機車這種由管道引入高壓氣體作動力的外燃機車大大不同。當時,《香港年鑒1955》對這種新機車有如下記載:「那種內燃火車頭,所用燃料價格較廉,而且,能夠使火車速度加快,預期每班火車的行車時間,可縮減十分鐘。」

1955年,首兩輛由美國鐵路機車製造廠商(Electro-Motive Diesel,EMD)授權澳洲克萊德工程(Clyde Engineering)生產的G12型柴油內燃機車付運抵港,並在同年9月2日,這兩輛披上墨綠色車身色彩的柴油機車正式投入服務。當日下午6時30分,九廣鐵路局更於尖沙咀車站為新車舉行命名禮,並邀得港督葛量洪爵士(Sir Alexander Grantham)及其夫人慕蓮女士(Lady Maurine)為這兩輛柴油機車命名,儀式隆重,更有兩名穿着中式長衫裙褂的小孩扮演為新婚的夫婦,向港督葛量洪爵士奉上車匙。這兩輛柴油機車正式以「亞歷山大爵士號」(Sir Alexander)和「慕蓮夫人號」(Lady Maurine)命名,並編上機車編號51及52。

1955年4月13日的《香港工商日報》曾記載三等車卡的設計:「設備美化,座位舒適,所用之窗門,均為玻璃鋼窗,啟合便利,且密設電風扇及抽氣機等,雖在搭客擠滿,於穿過隧道時,仍不覺熱者。」由此可見,當時的車卡正不斷改善質素。

《香港工商日報》（1955 年 4 月 13 日）。

鐵路小百科

G12 型柴油內燃機車裝上滅音器

兩輛 G12 型柴油內燃機車縱然沒有蒸汽火車頭的嗚嗚汽笛聲，但運作聲響巨大，故很快便被鐵路沿綫居民投訴其噪音滋擾，九廣鐵路局遂在翌年為兩車裝上滅音器。

告別蒸汽火車時代

1956 年 4 月 27 日，九廣鐵路紅磡車廠內發生嚴重的意外。編號 22 的 Austerity 2-8-0 型軍用蒸汽火車頭的鍋爐發生爆炸，六名維修員工不幸死亡，肇事火車頭在事後亦隨即被拆毀。有關當局更決定加快全面更替蒸汽火車頭的步伐，並迅速豪擲 350 萬訂購三輛 EMD G12 型柴油內燃機車以作取代，在當時來說是相當大的投資。

新柴油機車於 1957 年抵港，編號 53 至 55，並分別獲命名為「溫思勞」號（H.P. Winslow）、「邴嘉」號（R. Baker）和「獲

「嘉」號（R. D. Walker）等。新柴油機車的馬力由 1,125 匹提升至 1,300 匹。隨着 G12 型柴油機車陸續投入服務，蒸汽火車頭相繼停止使用，當時餘下的五輛蒸汽火車頭（編號 23、26、27、29、32）就只用於拖動載貨列車或在節日加班時才使用。

鐵路小百科

火車頭的命名

對火車頭命名是很多鐵路的傳統，特別是英式的鐵路，香港為英國殖民地，柴油機車早期也以港督來命名，後期更用上殖民地官員或九廣鐵路局高層人士的名字。值得留意的是，紅磡有些街道也以相似的方式命名，譬如溫思勞街、必嘉街（原名邲嘉街）和獲嘉道等，均以九廣鐵路局高層人士的名字來命名。

⬇ 編號 54 的「邲嘉」號 G12 型柴油內燃機車，正牽引着客卡駛經大埔滘。（高添強提供）

⬇ 編號 58 的「簡霖」號（Gordon Graham）亦駛到沙田車站。（高添強提供）

1961 年 9 月，九廣鐵路局進一步引進三輛 EMD G16 型柴油內燃機車，由美國通用汽車集團（General Motors）生產，最高時速可達 124 公里，馬力高達 1,800 匹。如前一樣，這三輛編號 56 至 58 的柴油機車也有名字，分別為「I.B. Trevor」、「侯偉志」號（Bobby Howes）和「簡霖號」（Gordon Graham）。

隨着有更多高性能的柴油機車投入服務，九廣鐵路局遂於 1962 年 9 月 2 日將所有蒸汽火車頭完全停用。這標誌着英段鐵路蒸汽火車時代的終結，並邁進柴油機車年代。

鐵路小百科

Austerity 2-8-0 型蒸汽火車頭

蒸汽火車頭終於 1962 年全面退役，九廣鐵路局保留了一輛編號 29 的 Austerity 2-8-0 型蒸汽火車頭作展藏之用。可惜這部火車頭在復修期間受祝融光顧，失火焚毀，使蒸汽火車頭的風采無法在今時今日重現眼前。

邁進柴油機車年代

柴油內燃機車有別於蒸汽火車頭，在停車時，引擎運轉會變成備用狀態，可以節省燃料。由尖沙咀來回羅湖一次，柴油機車僅消耗 44 加侖柴油，每週只需加油兩次；但蒸汽火車頭行駛同樣路程，則須用上 180 至 230 加侖燃油或一噸半煤。此外，在牽引數量較多的車卡或較重的貨物時，柴油內燃機車可前後併接使用，令輸出的馬力大增。柴油內燃機車的慳油性能尤見優越，實有助控制營運開支，故大受九廣鐵路局歡迎。

九廣鐵路局續在 1966 年、1974 年及 1977 年先後增購一輛 EMD G16 型柴油內燃機車及三輛 EMD G26 型柴油內燃機車，並為這四輛柴油機車編上編號 59 至 62；較特別的是，只有編號 59 及 60 的柴油機車被冠上名字，分別為「霍士傑」號

↓ 新引進的柴油機車陸續抵港，成為英段鐵路的主力。圖中可見準備乘搭鐵路的候車人龍延綿不絕。（蒙敏生攝）

↑ 舊大埔墟火車站。1983 年大埔墟建造新火車站，翌年舊車站布置為「香港火車博物館」，保留其民初時的外觀。（蒙敏生攝）

↑ 從另一角度看，車廂內的乘客也表現好奇！（高添強提供）

（Gerry Forsgate）和「喬沛德」號（Peter Quick）。九廣鐵路局自 1955 年引入柴油內燃機車後，機車數目已增至 12 輛。

　　隨着英段鐵路蒸汽火車時代的終結，火車開行時的嗚嗚汽笛聲不再，機車上再沒有煙囪排放廢氣。然而，蒸汽火車在香港百年鐵路史上，確實寫下了重要的一頁。

⬇ 1955 年 223 號三等車廂及 1921 年的 002 號守卡。

1921 年的 002
號守卡內部。

1955 年的 223 號
三等車廂內部。

1974 年的 276 號
普通等車廂內部。

1964 年的 112 號
頭等車廂內部。

從蛻變中看英段鐵路逸事

自 1898 年 6 月九龍界限街以北的新界（後來劃分為新界和新九龍）租借給英國起，香港殖民地的發展開始不再局限於香港島。英段鐵路的開通，更可謂自南而北打通了香港的經脈。然而，以當時的發展，新界和九龍仍有鄉村和市區之別，而一岸之隔的香港島更是非常繁華的城市。

 鄉下出城

　　早年，吐露港一帶以至沙田海的水路運輸十分繁忙，不僅有渡輪來往沙田與大埔，位處大埔滘的公眾碼頭更是很多往返中國內地及香港東北端沙頭角船隻的中轉站。故當英段鐵路通車後，大埔車站由供南北行火車避車之用的訊號旗站轉為一般車站，並一直擔任旅客過境轉乘交通的角色，因此無論是客運或是貨運服務均非常繁忙，可謂絡繹不絕。

　　縱然英段鐵路投入服務，加上港府早年已為新界地區修築的兩條連接九龍市區至新界東和新界西的道路——大埔道和青山道，但需要跨區到九龍工作或讀書的新界居民較少。至於依靠務農為生的村民，則只會於沙頭角墟市、上水石湖墟、大埔墟、元朗墟等墟市的墟期，挑着一籮籮

的菜蔬步行前往趁墟。再者，早期的火車班次疏落、票價亦不及巴士便宜，故早期的火車乘客實在不多。由此可見，當時乘火車從鄉下出城，實屬大事！

小藤圈與紅綠旗

前文提及大埔車站早期只是一個供南北行火車避車之用的訊號旗站。其實英段鐵路沿綫以單軌行車，要使火車的運作不受對頭或前面的火車阻礙，就要在每一車站鋪設雙軌供避車之用。那麼如何確保同一單軌路段在同時間只有一列火車行駛呢？那就要靠「絕對閉塞」（Absolute Block）系統的運作了。

火車如欲由甲站駛往乙站，在開出前，甲站的車務主任會按動俗稱「波盅」的路牌儀器（Token Machine）上的手掣按鈕通知乙站，乙站的車務主任接到站內的「波盅」電鈴響起，

🔽 早期的大埔已十分繁榮，火車乘客絡繹不絕。（高添強提供）

← 號誌臂控制桿。

← 訊號燈。

← 紅線旗訊號。

就知道這是甲站請求乙站放行火車的訊號。當兩站的「波盅」
手掣皆處於垂直狀態時，就表示兩站之間的路段皆已清空。乙
站的車務主任便會將「波盅」手掣由垂直轉為橫向以表示接納
放行火車，之後甲站的車務主任也會將「波盅」手掣由垂直轉
為橫向，接着隨即在「波盅」內拿出俗稱「波」的清路憑證
（Token）並放進掛在小藤圈的袋內，再將小藤圈交予火車司
機。火車司機在接過小藤圈後，便代表擁有由甲站駛往乙站的
路權，可將火車開行駛往乙站。當火車抵達乙站，火車司機將
小藤圈交予乙站的車務主任後，乙站的車務主任便會將小藤圈
袋內的「波」放入「波盅」內，然後通知甲站列車已經安全到
達，同時將乙站「波盅」手掣由橫向轉回垂直，而甲站亦會跟
着將「波盅」手掣轉回垂直，整個過程便告完結。

至於紅綠旗號，則是控制火車進出車站的人手揮動訊號。從前火車上除負責控制火車的司機外，亦設一由車長駐守的領航卡（或俗稱「守卡」），「守卡」內有一緊急刹車器，遇緊急時車長可拉動手掣將火車刹停。當火車進入車站時，車長會拿着紅旗平放示意停車；而火車停定後，車長會在車尾觀看乘客上落車的情況，完成後，才拿着綠旗平放示意前進，司機便可開行。

鐵路小百科

日本火車車長

現時日本的火車仍設有車長一職，負責在車尾監察乘客上落車情況，並以車內通訊設備通知司機。

攀上煙墩山鐵路隧道

在蒸汽火車年代，攀上煙墩山鐵路隧道實非易事，這是蒸汽火車頭的馬力較弱所致。就算能夠成功攀上鐵路隧道，由於隧道內的空氣對流欠佳，加上蒸汽火車頭在運作時會從煙囪排放出濃濃黑煙，故乘客在火車穿越煙墩山鐵路隧道時便需趕緊關閉車窗，以免濃煙飄進車廂。這種情況隨年月過去更見嚴重，因鐵路服務漸趨頻繁，南行火車剛駛離隧道，濃煙還未來得及隨火車行走時產生的氣流飄離隧道，北行列車已準備駛入隧道，時日久了導致煤炭渣在隧道內積聚。這種情況，尤在日後載運牲口的貨運火車日增而更甚。

雖然柴油內燃機車的馬力遠較蒸汽火車頭強大，並能夠牽引數量較多的車卡或較重的貨物，然而柴油機車未能成功衝上煙墩山鐵路隧道的情況，與蒸汽火車年代一樣時有發生。畢竟煙墩山鐵路隧道的地勢較高，兩面的出口都是向下斜坡，沙

田出口（當地人慣稱為「地窟口」）的坡度更高達 2.85%。經驗豐富的司機會先在沙田車站待命，確保前路清空、暢通無阻後，便開動機車的全動力，一鼓作氣衝上煙墩山鐵路隧道。

倘若滿載着卅多個貨卡，因車太重或其他種種原因而欠足夠動力，便須在火車頭放沙以增加車輪和路軌的摩擦力。在這種情況下，若仍未能攀上煙墩山鐵路隧道，就只能靠車尾的車長監視後方路面環境，然後司機將火車退後回大圍再試。始終在正綫開倒車確有一定的危險性，故自 1940 年代開始，九廣鐵路局已於煙墩山鐵路隧道沙田出口至沙田車站一段加建側綫備用。

↓　翻新後的編號 59「霍士傑」號柴油內燃機車。

🚦 軌道車輛──巴士仔

九廣鐵路局繼 1936 年先後為兩輛 Hall-Scott 自帶動力客車進行改裝成為「大埔淑女」號和「廣州淑女」號後，1937 年再以兩輛「百福」（Bedford）三噸貨車改裝成載客軌道車輛──巴士仔（Railbus）。是次改裝工程將兩輛貨車背靠焊接在一起，中置車門，再將各自的前輪改為軌道車輪，後輛則被移走，並以一台六氣缸引擎驅動。「百福」巴士仔載客量可達 55 人，主要提供來往大埔墟至粉嶺之間的班車服務，在巴士服務的挑戰下尤具競爭力，尤其當時大埔是新界的行政中心，這種服務也顯得極為重要。

日佔時期，「百福」巴士仔無可避免地受到破壞，幸而戰後旋即獲得修理並重投服務。1947 年，鐵路局更進一步將兩輛「道濟」（Dodge）貨車同樣改裝成巴士仔，載客量同樣是 55 人，亦只服務新界區路段。1970 年，鐵路局再將兩輛「金馬」（Commer）貨車改裝成巴士仔，載客量 40 人，但主要供工程部使用。

1955 年 5 月 15 日的《華僑日報》的報章標題是：「九廣鐵路軌道汽車今開始行走大埔坳，只有二等客位僅五十名。」內文談及增設軌道汽車，以便利港九人士前往塔門、馬鞍山和荔枝莊旅行，該班車於上午 6 時 50 分由尖沙咀站開行，經油麻地沙田等站，上午 7 時 23 分便抵達大埔坳，乘客可轉小輪至塔門。

🚦 柴油機車時代的起跌

1949 年 12 月，九廣鐵路局頒布全年度收入為 707 萬餘元，開支為 348 萬餘元，純利達 359 萬餘元。這代表了自 1910 年開辦鐵路服務以來所有欠債已能全部清還。

👤 客運方面

九龍至廣州之間	上行者旅客人次	上行者旅客收入	下行者旅客人次	下行者旅客收入
	910,345 人	1,935,307 元	884,590 人	1,844,306 元
九龍新界區內之間	上行者旅客人次	上行者旅客收入	下行者旅客人次	下行者旅客收入
	324,900 人	503,631 元	281,379 人	488,341 元

📦 貨運方面

本港與本港之外	上行貨量	下行貨量	收入
	69,091 噸	11,005 噸	269,614 元

　　踏入 1950 年代，除了是英段鐵路從蒸汽火車邁向柴油機車的時期，鐵路的基礎設施也同樣作出轉變。1950 年 8 月 24 及 25 日，政府派若干車輛負責運送本港駐軍和其他裝備前赴南韓參加聯合國軍隊作戰。當時的運出的物資有鐵板、鐵綫、鐵片、鐵塊、機器零件、牛膠、膠胎、西藥、汽車零件、化學品等。由此可見，香港鐵路與韓戰發展亦有關係。1950 年，鐵路局不斷改善鐵路設施，包括向泰國訂購枕木及 22 條造橋之木材；另外，當局已決定在九龍車站近海濱貨倉處興建一條長達 428 尺的堤道。1951 年 1 月 8 日起，鐵路局開始更換幹綫路軌，改用 95 磅新鋼軌，代替現有的 85 磅鋼軌。

　　1951 年 2 月 9 日的《華僑日報》的報章標題是：「九廣鐵路英段去月客貨兩運突增，一因農曆歲晚來往旅客增加，二因中共繼續搜購原料運去。」當時在韓戰的禁運措施下，香港鐵路成為另類的重要運輸工具。

　　1951 年 1 月 24 日上午 7 時 45 分，一架由九龍開至羅湖

《華僑日報》，1955
年 2 月 16 日。

的上行列車，在九龍紅磡工廠分站駛錯路軌，幸無人受傷。經
調查後，當局發現訊號員打出路軌可通行的訊號後，忘記接妥
「較剪口」。由此可見，這次屬於人為意外。後來，鐵路局已
在紅磡分站設立訊號箱，防止意外再發生。

　　1954 年 8 月，九廣鐵路局希望加強改善鐵路服務，頒布
了新的乘客須知，如清楚列明乘客必須購買車票，沒有便要
補票；補票款額由該班車的起點站計算，乘客須多付車票的
50%。乘客除可攜帶少量手提行李外，每張客票額外可攜 40
斤行李。其他任何貨物，均須購買「貨物票」。另外，十二歲
以下為小童票，十二歲以上是成人票等資料也列於須知中。
1955 年 2 月，九廣鐵路局為警告市民不在路軌上行走，在鐵
路沿綫途中加設了 23 個警告牌。

　　1954 年 3 月，九廣鐵路局因沙田車站路軌附近經常有村
民步過路軌來往墟市，不時發生慘劇，因此在沙田村至道風山
附近安裝鐵網，防止人橫過路軌。

　　1955 年 4 月 26 日的《香港工商晚報》的報章標題是：「九
廣鐵路大埔坳站將遷至馬尿水，本年底即可實現。」（當中大
埔坳站即大埔滘；馬尿水已正名為「馬料水」）大埔滘站一直

與東江各縣有交通聯繫，如設有小輪碼頭，可直達鯊魚涌、溪涌和轉駁平山、淡水等地。戰時，大埔坳是一個重要運輸站作為支援。自 1949 年中華人民共和國成立後，小輪已停止服務，大埔坳亦失去其作用。其次，大埔坳站和大埔墟站太近，車程只是 3 分鐘，但距離沙田則太遠，需要 15 分鐘。馬料水站建成後，由馬料水站至沙田站只需 8 分鐘，至大埔墟站約為 7 分鐘。

當時馬料水沒有公路交通，一切建設工具均由鐵路車卡運至，加上後來的工程較預期複雜，工程終於一年後才完工。1956 年 9 月 24 日，馬料水車站落成啟用。當時，上下行火車分三次在該站停留。首天使用該站的乘客，多為到馬料水新校（現香港中文大學）參觀的崇基學院學生。

當時馬料水站的票價（港元）資料如下：

票種	等	第一區 九龍 油麻地 ⇕ 馬料水	第二區 沙田 ⇕ 馬料水	第四區 大埔滘 大埔墟 ⇕ 馬料水	第五區 粉嶺 上水 ⇕ 馬料水	第六區 羅湖 ⇕ 馬料水
普通票	頭等	1.5	0.5	0.5	1.0	1.5
	二等	1.15	0.4	0.4	0.75	1.15
	三等	0.75	0.25	0.25	0.5	0.75
月票	頭等	45	15	15	30	45
	二等	34.5	12	12	22.5	34.5
	三等	22.5	7.5	7.5	15	22.5
季票	頭等	112.5	37.5	37.5	75	112.5
	二等	86.25	30	30	37.25	86.25
	三等	56.25	18.75	18.75	37.5	56.25

同年，大埔滘車站拆卸改建，而羅湖車站亦進行擴建計劃。當時，整體盈利按年上升，然而，好景不常，在 1954 年卻錄得較大的倒退，該年年報歸因於當時貿易倒退所致。自韓戰爆發後，港英政府加入對中國實施禁運的行列。當時銅鐵、藥物、紡織品等物資一律嚴禁運往內地，致使內地與香港之間貿易減少。

1958 年，內地推行大躍進，希望超英趕美。可惜目標過於理想，農業及工業失利，全國經濟出現衰退。一些內地居民難適應生活變化，決定移居香港，逃離內地。當時，大批內地同胞逃至香港，然而香港物資和經濟條件有限，實難吸納大量新增的人口。因此，政府命令所有公務員堵截非法入境者。1962 年 5 月，九廣鐵路成為把非法入境者遣返內地的主要交通工具。鐵路局指示不論是蒸汽機車或柴油機車也要隨時候命，以應付突如其來的難民潮。當時，九廣鐵路局更設有回國人士專列，配合政府政策。危機過後，內地經濟及政治重歸平穩，九廣鐵路服務亦回復正常。

1960 年代開始，港府致力籌劃在新界開發新市鎮，新界各區人口俱增，對鐵路服務需求亦日增。1965 年 11 月 24 日的《大公報》簡介了當時的鐵路情況：共有 8 輛柴油火車頭，70 架頭、二、三等的客車。每天載客量為 24,000 人次，1964 年至 1965 年度共載客 8,884,101 人次。

1972 年，九廣鐵路局更改實行多年的頭等、二等、三等制度，將二等及三等合併，二等收三等票價，頭等票價亦減收。1974 年 11 月 4 日是九廣鐵路票價變動的重要日子，由當天開始，鐵路票價提升，並取消二等和三等，改為普通等，是自 1947 年後二十多年來鐵路服務價格的第一次調整。

鐵路事故

英段鐵路時期，曾發生的鐵路事故不少，如「亞歷山大爵士」號柴油內燃機車在投入服務後不久便與一輛英軍坦克相撞，引致車身嚴重受損，需要在車廠進行大修，才能繼續提供服務；火車出軌的意外亦屢見不鮮。至於影響較嚴重的事故，可說是 1937 年丁丑風災和 1976 年城門河山洪事故。

丁丑風災發生於 1937 年 9 月 2 日凌晨，當晚颶風襲港，大量潮水經赤門海峽湧入吐露港，再正面拍打吐露港鐵路海岸，然後一路淹向大埔，另一路則迫入沙田海。由於地形關係，吐露港內風暴潮更達 20 至 30 英尺。颶風在新界造成的傷亡特別嚴重，大埔一帶的漁村被夷為平地，大埔墟村遭淹沒，很多村民被大浪捲走，報章更以「屍浮骨積」來形容當地環境。據當時的不完全統計，是次風災共造成約 11,000 人喪生。由於吐露港沿岸鐵路的橋樑及路軌亦遭破壞，有接近 1 哩的路基被沖走，以致沙田至大埔一段鐵路服務需時十數日才能修復，重新通車。

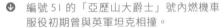

編號 51 的「亞歷山大爵士」號內燃機車服役初期曾與英軍坦克相撞。

　　1976 年 8 月 26 日，大圍城門河山洪暴發，導致火車橋斷裂坍塌。幸而當時沒有列車行過，未有造成嚴重傷亡。然而，由於主橋被毀，九廣鐵路被迫分段運作，北段客運鐵路服務只能來往羅湖至沙田，而南段客運鐵路服務則只可來往九龍至大圍，乘客需要在大圍臨時車站及沙田車站轉乘巴士接駁南北兩段的鐵路服務。至於貨運方面，就由和合石車站、沙田貨場、火炭何東樓車廠、大埔滘車站等分擔。當中鮮魚被安排在和合石車站卸下貨車，牲口和凍肉則集中在火炭何東樓車廠處理，而大埔滘站則負責轉運大慶油田石油車卡上的燃油上船，再以水路運出市區，由此可見當時大埔滘車站的角色非常重要，其餘雜貨則被安排在沙田貨場處理。最終鐵路局在得到英軍的協助下，建成臨時鐵路橋，並在約三個多月後回復正常鐵路服務。

⬇　曾在鐵路服務中擔當維修支援作用的人力板車，
　　正停放在舊大埔墟火車站前。

鐵路小百科

城門河山洪塌橋事故後

在這次城門河山洪事故中，鐵路以南北兩段維持有限度服務。然而，在塌橋事故發生時，僅一輛柴油內燃機車身處於北段的羅湖至沙田之間，其餘機車則停放在紅磡。故在實際有限度服務時，北段鐵路服務無論是客運還是貨運，只能倚賴該輛機車負責牽引車卡。

　　英段鐵路的蛻變、殖民社會的變革、政治環境的角力、天然災害的無常，與市民的生活息息相關，卻又無可避免。然而，鑒古而知今，從蛻變中回看英段鐵路逸事，或可為未來可預視的情勢作好預備。

鐵路福利

　　九廣鐵路是一間鐵路公司，隨着原來業務的發展，衍生不少附屬組織，如足球隊。1928 年 7 月 7 日的《香港工商日報》便刊登了琳瑯足球隊與九廣鐵路隊的足球比賽。當時，九廣鐵路足球隊屬於甲組，可見實力強勁。

　　1954 年 2 月，九廣鐵路建立體育聯誼會，位於漆咸道火車橋，以改善員工福利。另外為照顧員工的醫療需要，九廣鐵路局在 1953 年 12 月 8 日起在九龍車站二樓開設療醫局，員工福利得以改善。教育方面，九廣鐵路設有九廣鐵路小學，港督柏立基便曾在 1958 年 9 月 4 日上午 11 時巡視該校，並觀賞學生表演。

08

踏入 1970 年代，港英政府不斷致力發展新界東部英段鐵路沿綫：沙田、大埔、粉嶺、上水等，以及新界西部屯門、元朗等地。根據港府的規劃，新界的新市鎮均能自給自足。隨着新市鎮不斷擴展，人口急增，連接市區的交通需求也日益增加。

1973 年，英段鐵路每日上下行的載客列車共 17 列，貨運列車則有 5 列。每逢周末及假日，火車便會十分擁擠，實不足應付大量的乘客需求。當時，由尖沙咀至羅湖的行車時間，包括中途要停靠旺角、沙田、大學、大埔滘、大埔墟、粉嶺、上水等七個車站，共約一小時。由於貨運量和客運量持續增加，單軌鐵路已不敷應用，九廣鐵路局遂於 1973 年為英段鐵路展開雙軌化的工程，藉此增加班次。英段鐵路雙軌化工程費用高昂，沙田以北的雙軌化連同擴建車站工程，便需要高達四億港元費用。幸好早於英段鐵路規劃時，已在鐵路沿綫預留足夠空間鋪設雙軌，因此大部分露天路段只需直接加鋪路軌便可，令雙軌化工程得以節省費用。

🚦 紅磡新火車總站

1975 年 5 月 5 日，耗資 150 萬興建的紅磡新火車總站，由首次訪港的英女皇伊利沙伯二世（Queen Elizabeth II）主持紀念牌匾的揭幕典禮。新火車總站在同年 5 月 6 日至 11 日舉行名為「香港之進展」的展覽會。展覽佔地 22,000 平方呎，分為四個展覽區，展示香港的過去與現在，如工業發展和香港建築等。這個展覽亦由英女皇主持開幕典禮。新火車站建築費用高達 1 億 5 千萬元。新火車站建於平台之上，平台高達 31 呎，面積 25 萬平方呎。車站內設有六個候車月台，更有自動扶手電梯設備，還有餐廳、書店、銀行、旅行社等其他設施，大大改善鐵路服務質素。當時，客運車站每小時可應付 14,000

⬇ 紅磡新火車總站於 1975 年落成啟用，大大改善了鐵路服務質素。

名乘客往返；而貨運車站每日可處理 5,000 萬噸貨物。11 月 24 日，紅磡新火車站由署理港督羅弼時（Sir Denys Roberts）主持剪綵，新火車總站於同年 11 月 30 日才正式落成啟用。

早於 1960 年代，香港人口已突破 300 萬大關，原尖沙咀火車總站已不能配合時代需求。然而礙於地形所限，車站實在難作進一步發展；而在節日期間，候車人龍更動輒長達一哩。有見及此，港府決定將總站由尖沙咀海傍遷址至紅磡，與紅磡另一大型交通基建——紅磡海底隧道，互相配合，以便乘客可在此轉乘巴士來往港九。

鐵路小百科

紅磡海底隧道

耗資 3.2 億港元興建的紅磡海底隧道於 1969 年 9 月 1 日動工，並於 1972 年 8 月 2 日落成通車。隧道全長 1.86 公里，跨越維多利亞港，連接九龍紅磡與香港奇力島。

1970 年代，多個民間組織就保留有 60 年歷史的尖沙咀火車總站數度向港府請願，然而卻不得要領。當時港督麥理浩爵士（Sir Murray MacLehose）更為發展尖沙咀火車總站計劃的初步範圍成立一個獨立調查小組，小組研究指出新的文化綜合設施將可替代原有車站的角色。縱然香港古蹟學會於 1978 年 2 月籌集了 15,000 個簽名，並直接向英女王伊利沙伯二世請願，希望藉王室干預而暫停工程。惜港府最終仍決定展開拆卸工程，只保留原有的鐘樓，以及把原有尖沙咀火車總站的其中五條石柱安置到市政局百週年紀念花園內，以作安撫社會之用。

⬆ 在拆卸尖沙咀火車總站後，碼頭廣場只剩下火車站鐘樓。

⬆ 原尖沙咀火車總站的其中五條石柱被安置到市政局百週年紀念花園內。

雙軌化工程最後階段

隨着 1975 年紅磡火車總站正式啟用，沙田以南的英段鐵路雙軌化工程亦隨之展開。1977 年，紅磡至沙田雙軌化工程完成，唯獨使用近 67 年的煙墩山鐵路隧道未能鋪設雙軌，故需在附近修築一條新隧道取代，新隧道並正名為「畢架山鐵路隧道」，而英文名稱則沿用「Beacon Hill Tunnel」。1978 年 1 月，畢架山鐵路隧道建築工程展開，新隧道全長 2.35 公里；可容納兩條低坡度的路軌，以便加快列車速度，增加班次。同年 3 月，沙田至大埔墟的雙軌化工程亦正式動工，而大埔墟至羅湖段亦獲得政府批准擴建為雙軌。1978 年，和合石支綫為配合九廣鐵路雙軌化及火車電氣化工程而停止運作。同年 9 月，馬場支綫建成，並設立馬場車站（Racecourse），以配合於同年 10 月 7 日開幕的沙田馬場。

⬇ 1981 年的上水車站，車站已完成雙軌化工程。

　　畢架山鐵路隧道於 1980 年 4 月 23 日順利鑿通，新隧道在進行後期工程及鋪設路軌後，舊隧道營運至翌年 4 月 24 日後停用。往後兩日來往紅磡與沙田的火車服務暫停，市民需改以巴士或小巴往來。1981 年 4 月 27 日，一列南行的中國直通車駛過畢架山鐵路隧道，標誌着新隧道正式啟用通車，取代原有的單軌設計安排。然而新隧道仍要安裝訊號指示，九廣鐵路只能維持有限度服務，至 4 月 29 日才回復正常班次運作。

　　英段鐵路雙軌化工程，隨着畢架山鐵路隧道的開通，既引領着香港鐵路揭開歷史新一頁外，亦促使九廣鐵路在現代化的路途上跨進一大步。

09

火車電氣化
鐵路里程碑

1973 年，九廣鐵路展開雙軌化工程，藉以增加班次；時至 1978 年中亦展開另一項劃時代計劃──電氣化工程，進一步將鐵路邁向現代化。

鐵路電氣化工程，需從多方面着手配套：路軌方面，九廣鐵路決定以每米重 54 千克及配用三合土軌枕的全新路軌，取代每米重 43 千克及配用木枕的傳統路軌。整條行車軌道將以鐵絲網包圍，防止行人擅進，影響行車安全。通訊方面，為配合雙軌通車，全部路段將會改為新型電子控制及軌道電路控制的顏色燈光訊號系統。全部訊號裝置將由單一控制中心操作，以減少人為錯誤而導致意外發生。維修方面，為配合鐵路電氣化，九廣鐵路會在火炭何東樓興建一座新的維修廠，以容納及維修新的電氣化列車。

電動組合式車卡

列車方面，九廣鐵路局於 1980 年向英國都城嘉慕公司（Metro-Cammell England）訂購了首批共 45 組電動組合

式車卡（Electric Multiple Units，EMU），編號 E1 至 E45；以三卡為一組，首尾兩卡為設有駕駛室而不帶動力的拖卡，動力卡則是設於中間的一卡。電氣化火車的動力來源並不如蒸汽火車或柴油機車般自給自足，而是須依靠鐵路沿綫架空電纜供應的 25,000 伏特交流電，由動力卡頂部伸出的集電弓接觸架空電纜以取得電力，從而推動列車車組。

鐵路小百科

1980 年的九廣鐵路

1980 年，九廣鐵路的乘客量已高達 19,389,399 人次，逼近二千萬人次，全面提升鐵路服務質素的迫切性可見一斑。當時，九廣鐵路只有 12 輛柴油內燃機車、96 輛車卡，設備落後，實在難以迎合時代要求。

　　全新電氣化列車於 1981 年 4 月至 1982 年間陸續運抵本港，並分為市區型（Inner Sub-urban）以及近郊型（Outer Sub-urban）兩種。市區型列車只設有普通等車廂，主要行駛九龍與火炭站之間，合共有 16 組車卡。近郊型列車則除設有兩卡普通等車廂外，還設有一卡頭等兼普通等混合式車廂；而近郊型列車車廂內還設有洗手間和行李架等設備，主要行駛九龍與羅湖站之間，合共有 29 組車卡。

　　列車通常以兩組併結成六卡車廂一起行駛，另外亦會以九卡車廂併結及十二卡車廂併結運行，靈活性頗高。在其後兩年，九廣鐵路再增購 16 組電氣化列車，當中包括三組市區型及 13 組近郊型，編號 E46 至 E61，部份更於地下鐵路九龍灣車廠進行組裝，完成後再以重型拖車運往於位紅磡的九龍貨場。

　　為配合新市鎮急速發展而大幅增長的乘客量，九廣鐵路在 1986 年及 1990 年遂先後增訂 25 組三卡編成的電氣化列

車（編號 E62 至 E86）及 16 組六卡編成的電氣化列車（編號 E87 至 E118）。時至 1992 年，九廣鐵路劃一以 12 卡車廂併結來行駛。

⬇ 電氣化火車車身上的雙箭頭標誌，代表雙軌化雙向服務。

⬆ 電氣化鐵路的中央控制中心。

車站大變身

為配合鐵路現代化，九廣鐵路沿綫車站都進行了大變身。最重大的改變是每個車站大堂均建於月台層之上，設有扶手電梯和升降機，將車站月台和車站大堂連接起來，大堂層則設有商店。同時，車站增設自動售票機及自動入閘機；而月台高度亦加高至 1.06 米，配合全新電氣化列車的高度。

較大型的車站重建工程率先在沙田車站進行，計劃於原址興建一座全新車站，重建工程並於 1978 年 1 月正式展開。車站重建期間，曾於沙田站以南位置設有一臨時車站供火車停靠。整個車站重建工程共耗資 5,600 萬港元完成，新車站共設有四個地面島式月台，上層則是車站大堂；車站上蓋更建有其總部——九廣鐵路大廈（即今連城廣場）。

另一個需大規模重建的車站為旺角車站，旺角車站與沙田車站自英段鐵路於 1910 年通車後同時啟用，前稱油麻地車站（Yaumati），後來於 1969 年 1 月 1 日根據地區正名改名為旺角車站。由於車站設計未能配合鐵路現代化工程，因此需要

↑ 九廣鐵路列車劃一以 12 卡車廂併結行駛，列車正駛往紅磡車站。

↑ 九龍塘車站的角色主要是與地下鐵路修正早期系統的九龍塘站作交匯，作為地下鐵路轉乘九廣鐵路的車站。

重建。旺角車站於 1980 年 8 月 17 日起暫時性南移，遷往位於染布房街與太平道之間的位置。臨時車站的月台以木材搭建而成，車站入口靠近亞皆老街。重建後的旺角車站最後在 1982 年 5 月 4 日落成，趕及於首階段電氣化鐵路通車前啟用。

　　除沙田車站和旺角車站外，九廣鐵路在畢架山鐵路隧道以南位置亦增設一車站——九龍塘車站（Kowloon Tong）。九龍塘車站設立的目的，是與當時開通僅兩年半的地下鐵路修正早期系統的九龍塘站交匯，成為首個地下鐵路與九廣鐵路的轉車站。

鐵路小百科

九龍塘車站的預留位置

在九龍塘車站月台南面的北行路軌有一預留位置，計劃供修築渡綫與地下鐵路連接，惟計劃最後沒有成事。

🔽　首階段電氣化工程的九龍至沙田段於 1982 年 5 月 6 日正式開通。

電氣化鐵路服務　蓄勢待發

籌備近四年時間，首階段電氣化工程終於 1982 年 5 月 6 日完成，並由署理港督夏鼎基爵士（Sir Philip Haddon-Cave）主持啟動典禮。九龍至沙田的電氣化鐵路服務正式啟用，沿途設有九龍、旺角、九龍塘、沙田共四個車站。在鐵路電氣化後，每日的載客量由 44,000 人次增加至 77,000 人次，由九龍至沙田的行車時間亦由柴油機車時代的 20 分鐘減至 12 分鐘。最初，電氣化列車每 10 分鐘開出一班。在非繁忙時間，列車由一組三卡編成的電動組合式車卡行駛；在繁忙時間，列車會增加至由兩組三卡編成的電動組合式車卡行駛。

雖然首階段電氣化工程的九龍至沙田段正式開通，但是往來九龍至羅湖的近郊綫仍然依靠柴油機車牽引客卡提供服務。

鐵路小百科

畢架山鐵路隧道

由於畢架山鐵路隧道的坡度仍然偏高，北行的柴油機車若如電氣化火車般停靠九龍塘車站的話，很容易會因馬力不足而在隧道中出現乏力的情況，故在近郊綫服役的柴油機車被安排不停靠九龍塘車站上落乘客，乘客須於沙田車站轉車繼續旅程。

九廣鐵路改組

一直以來，九廣鐵路局以公營部門模式運作，行之有效。但隨着交通環境競爭日趨激烈，九廣鐵路不宜再以政府部門形式發展。政府決定將九廣鐵路轉型為一間公營公司，並於 1982 年 12 月 24 日通過《九廣鐵路公司條例》，九廣鐵路公司正式成立。雖然這間公司仍由政府全資擁有，但法例要求九

九廣鐵路第一期
近郊電氣化火車
啟用典禮碑誌。

廣鐵路要以審慎商業形式來經營,並期望取得合理的回報。

　　1983 年 5 月 2 日,電氣化鐵路服務擴展至近郊綫──沙田至大埔墟段;往來九龍至大埔墟的鐵路服務,遂交由配備頭等車廂的近郊型電氣化火車行駛,北行火車離開沙田車站後,會途經大學車站(University),最後以全新的大埔墟車站為終點站。大學車站前身為馬料水車站(Ma Liu Shui),早於 1956 年 9 月 24 日已經啟用;而隨着比鄰的香港中文大學於 1983 年落成,車站於 1966 年 12 月 11 日正名為「大學車站」。電氣化工程期間,車站亦在原址進行翻新,免卻因遷站而對乘客帶來不便。

　　至於沿用已久的大埔墟車站和大埔滘車站,因未能配合電氣化工程的需要,九廣鐵路遂於運頭角附近修建大埔墟車站,並於 1983 年 4 月 7 日啟用,取代舊有位於崇德街的舊大埔墟車站。由於這座建於 1913 年的車站大樓擁有風格獨特的中國傳統建築金字頂,故於 1984 年被列為法定古蹟;經修復及重新布置後,舊大埔墟車站以香港鐵路博物館名義,於 1985 年開放予市民參觀,由康樂及文化事務署管轄。

↑ 電氣化鐵路服務於 1983 年 5 月
2 日擴展至往來九龍至大埔墟。

↑ 電氣化火車正駛經大學車
站前往九龍。

鐵路小百科

大埔滘車站

車站早於 1982 年 5 月 2 日停用，鄰近的大埔滘碼頭早年是往返
內地渡輪主要靠泊的碼頭，後來則變為轉乘街渡往新界東北的
離島，如塔門、吉澳及東平洲和西貢半島等偏遠地區的碼頭。
大埔滘遂成為了水陸交通的交匯處，其重要地位可見一斑。隨
着水路運輸式微，大埔滘車站連同碼頭均被廢棄了。

 鐵路服務全面電氣化

　　隨着粉嶺、上水車站重建工程相繼完成，以配合全面電氣
化發展，大埔墟至羅湖段自 1983 年 7 月 15 日開始也提供電氣
化鐵路服務，並由當時的港督尤德爵士（Sir Edward Youde）
主持通車儀式。整個工程歷時五年，工程金額高達 35 億元，
全長 34 公里電氣化鐵路落成，亦標誌着有 28 年歷史的柴油載
客火車年代至此終結，最後一班柴油客車於 7 月 23 日提供服

全新的大埔墟車站於 ➜
1983 年 4 月 7 日啟用，
屬於三軌四島式月台。

務。隨着火車電氣化，列車行駛全段的時間由 70 分鐘減至 36 分鐘；載客人次由 1983 年初的每日 8 萬增至 7 月初的 12 萬，再至年底的 19 萬，可見乘客需求之大。

　　沙田、大埔、粉嶺等新市鎮的人口急速增長，對外交通需求日增。1985 年，每天行車班次已高達 450 班。年內，火炭車站於 2 月 15 日落成啟用，九廣鐵路更於 9 月 9 日開辦鐵路接駁巴士路綫 K11 往來火炭車站與沙田第一城，及路綫 K12 往來大埔墟車站與大埔八號花園，對往後開辦更多鐵路接駁巴士路綫有承先啟後的作用。

　　1986 年 4 月 23 日，大圍永久車站（Tai Wai）工程竣工啟用。翻開歷史，原來大圍車站曾多次以臨時車站形式提供服務。早於 1976 年，英段鐵路曾因城門河山洪暴發而令火車橋坍塌，鐵路服務被迫分南北兩段運作，其中南段以大圍為臨時北面終點站。其後由於 1983 年因應鐵路全面電氣化而預期沙田區乘客量將會大增，需要另建新車站分流客量，便促成了興建大圍臨時車站。同年，位於大圍文禮閣附近的臨時車站於 8 月 15 日開始使用，除方便沙田南部居民乘搭之外，更配合政府進一步發展沙田新市鎮。臨時車站一直沿用至大圍永久車站啟用後才停止服務，最後當然難逃拆卸的命運。

鐵路小百科

大圍臨時車站

大圍臨時車站設有兩個以木材修築而成的側式月台，只能容納九卡列車，故又稱「木頭站」。售票處及洗手間則以貨櫃充當，可謂十分簡陋。

1980 年代後期，英段鐵路最後兩個車站相繼落成，新羅湖車站（Lo Wu）於 1987 年 1 月 16 日投入服務；而太和車站（Tai Wo）則於 1989 年 5 月 9 日啟用，以提升鐵路服務質素。太和車站早於電氣化計劃時已開始考慮興建，隨着公共屋邨太和邨的建築工程展開，預期大埔區人口將不斷增加，九廣鐵路遂於邨內興建一個全新鐵路車站。車站於 1986 年 3 月動工興建，當時暫名為大窩站，落成時才正名為太和站。1989 年底，鐵路每天載客量已高達 50 萬人次，相比鐵路未進行電氣化時的每天平均 190,500 人次，已增加了 162%。

⬇ 電氣化火車駛經吐露港，正往九龍進發，背後為發展中的馬鞍山。

九廣鐵路乘客表

年份	乘客量（千人次）	增加／減少（百分率）
1971	10,092	／
1972	10,972	8.72%
1973	13,286	21.09%
1974	13,778	3.70%
1975	13,474	-2.21%
1976	12,491	-7.30%
1977	13,796	10.45%
1978	15,835	14.78%
1979	18,353	15.90%
1980	19,389	5.64%
1981	17,123	-11.69%
1982	22,215	29.74%
1983	48,110	116.57%
1984	79,984	66.26%
1985	103,260	29.10%
1986	115,866	12.21%

資料來源：《政府年報》

 英段鐵路延綫

　　早於 1989 年，九廣鐵路計劃興建香港第三條過海鐵路，於現有鐵路自旺角車站向南延伸，以地底隧道方式經何文田車站及黃埔車站，並以海底隧道過海到達香港島的炮台山站，再連接維多利亞公園及中環至灣仔填海區，預計可以在 1998 年前落成。當時，九廣鐵路總監麥富誠稱不會與地鐵公司合作，但在一些交匯地點上，將會合作研究乘客的疏通問題。然而政府仍然屬意以地下鐵路觀塘綫延伸至炮台山站作為第三條過海鐵路，從同年發表的《香港運輸政策綠皮書》可知一二，最後有關的過海計劃亦無疾而終。1993 年，九廣鐵路將以往沿岸而建的吐露港白石角段的路軌拉直，將列車行車時間進一步縮減多 1 分 30 秒。

　　隨着 1983 年完成火車電氣化後，柴油機車就只用作拖動貨卡和工程車或作緊急用途。而以電力取代柴油後，四周的環境變得更佳，符合可持續發展的理念。

滄海遺珠
細訴九廣鐵路支綫計劃

九廣鐵路自 1910 年通車以來,自南而北地貫通九龍與新界,成為了城市發展的其中一條大動脈。多年來,九廣鐵路沙頭角支綫、和合石支綫等計劃先後落實並投入服務;然而,又有多少支綫計劃僅僅曇花一現,最終變成滄海遺珠呢?

　　時間綫回到 1941 年,內地的戰火已慢慢迫近香港。港府對未來仍充滿希望,在 1941 年 1 月邀請倫敦港務局前總經理戴維·歐文(Sir David J. Owen)為未來的香港港口發展提出建議。

 港口發展藍圖勾劃觀塘支綫

　　一個月後,戴維·歐文提交 *Future Control and Development of The Port of Hong Kong* 報告書,建議應設立一個為期三年的香港港口信託基金,推動香港港口發展。具體建議包括發展港口設施,如在九龍沿岸興建新碼頭、進行填海增地、修建連接港口的鐵路等。當時,他的鐵路建議是由九龍塘位置興建一條新的鐵路支綫至觀塘一帶,

PLAN TO ACCOMPANY REPORT
BY SIR DAVID J. OWEN
ON THE FUTURE CONTROL AND
DEVELOPMENT OF THE
PORT OF HONG KONG
FEBRUARY 1941.

↑ 戴維‧歐文建議興建九廣鐵路觀塘支綫，配合港口發展。

配合東九龍港口發展計劃。這份報告是在 1941 年 2 月 24 日
提交給港府。十個月後，日軍入侵香港。同年 12 月 25 日，香
港淪陷，整個計劃落空。

　　戰後，百業待興，港府重新檢視這個計劃，並在 1946 年
4 月在港口諮詢委員會例行會議上根據戰前戴維·歐文的建議
提交《香港港口信託基金條例》草案，建議成立港口信託基金
事宜。這個條例草案第 15 點便談及九廣鐵路或有興趣參與這
個港口發展計劃，包括鐵路運作不可以離開港口、連接九龍不
同的碼頭對鐵路發展尤為重要。當時，政府認為發展鐵路連接
港口的理據是：待中國內地局勢穩定後將會輸入大量貨物，而
這些貨物會經鐵路運至內地。香港鐵路和內地鐵路相連後，會
有更大的經濟收益。政府更用了 1938 年香港曾運輸 500,000
噸貨物至內地之事作為例證，引證鐵路運貨的商機。最後的結
論是：本地鐵路若再次連接內地鐵路，配合港口發展，將會扮
演十分要的角色。

可惜，這項提議在同年 12 月的行政局會議上遭到否決。主要原因是成立港口信託基金理據不足，第一是港口管理，包括推行長遠港口政策，可透過成立港口委員會落實執行；第二是成立港口信託涉及的資金極為龐大，而戰後重建財政支出頗大，難以負擔。

大埔墟車站擴建計劃

1970 年代，港英政府為應付人口增長，繼發展荃灣、沙田、屯門等新市鎮後，籌劃發展大埔新市鎮。而當時建於 1913 年的大埔墟車站將未能應付大埔區內人口增長，九廣鐵路局遂展開研究車站擴建計劃。

自 1898 年清政府與英國簽訂《展拓香港界址專條》，英軍於翌年 4 月於大埔海登陸，並舉行接管新界儀式，大埔便作為英國人的新界行政中心。多年來，理民府、警察總部、鄉議局等機構先後在大埔設立，大埔對港英政府的重要性可見一斑。從地理位置角度看，大埔是新界的中心地帶，位處貫通東西南北的交通樞紐。

隨着九廣鐵路（英段）雙軌化工程於 1973 年展開，沿線車站及基建設施亦相繼進行擴建工程，以應付與日俱增的龐大客、貨運需求。與此同時，九廣鐵路局亦計劃拓展多條支綫，當中包括由英段鐵路主綫西經林村谷和元朗至屯門，以及東經大埔北部至擬建工業村等，大埔墟車站將作為東、西兩支綫的鐵路交匯，再加上在大埔發展計劃中已確立了將大埔墟車站作為巴士和鐵路等主要交通工具的交匯處，實有迫切需要為車站進行擴建工程。

1974 年 10 月，時任環境事務司盧秉信（J.J. Robins）表示，在一次輔政司署舉行的會議中議決「應在適當的時候檢查所有

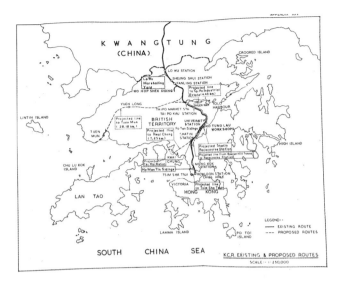

⬆ 九廣鐵路局多條支綫的發展藍圖。

車站的重建潛力，特別是與任何擬議改建有關的」。首先獲優先考慮研究的是旺角車站和沙田車站；而由於大埔墟車站遇到規劃上的困難，遂於同年 12 月交由工務司署轄下的新界拓展署負責進行相關研究。

　　當時新界拓展署計劃於大埔墟車站毗鄰寶鄉街（即現寶鄉邨）擴建成一座全新車站綜合大樓，使之成為一個擁有四軌雙島式月台的大型車站。整個車站綜合大樓樓高 19 層，地下至六樓屬於車站結構，車站上蓋為一座設有 12 層酒店辦公室的商業大樓。為遷就月台路軌與原有鐵路主綫同一水平高度，月台層需設於三至五樓的中空位置，而車站大堂則位於六樓。底層設有巴士及公共小巴總站及多層停車場，停車場入口、上落客區及的士站則位於四樓；另外車站內亦設有食肆及商店。惟這個原址重建大埔墟車站的方案最終未有落實，其後改為於大埔河以西的位置新建一個三軌雙島式月台的車站，而規模亦遠較原方案來得簡約。

大埔墟經大埔工業邨及船灣至沙田環狀綫

　　大埔的發展規模龐大，除了住宅項目、交通配套等基礎建設外，港府亦計劃在大埔東北填海興建香港首個工業邨；時任九廣鐵路局局長高嘉禮（R.E. Gregory）遂在研究大埔墟車站綜合發展項目的同時，乘着 1970 年代初九廣鐵路局的鐵路收益達雙位數增長的勢頭，提綱挈領地勾劃出一條約長 4.43 公里的船灣支綫（Shuen Wan Line）發展藍圖，並以客、貨運兼備的形式營運新支綫。

　　計劃中的船灣支綫起始於大埔墟車站，沿鐵路主綫北行至林村河後與主綫分岔，右轉往大埔頭、營盤下、竹坑一帶，並於太平地氈廠（即現太平工業中心）以北的南坑設站，然後路綫延伸至大埔工業邨。鐵路局認為以大埔工業邨的勞動人口及貨運需求，加上大埔區內人口，足以支持船灣支綫的營運；而新界東新建屠房若選址大埔工業邨以東的臨海地，支綫的興建將有助內地運送牲口來港。

　　按規劃船灣支綫更會延伸至三門仔，並經吐露港大橋延伸至烏溪沙咀／企嶺下海及沙田，與鐵路主綫形成一條環狀綫。而當時三門仔亦計劃興建貨櫃港，船灣支綫將有助物流業發展。

　　新界拓展科（New Territories Development Branch）僅接納船灣支綫作為貨運用途的規劃，並需視乎新界東新建屠房會否選址大埔工業邨以東的臨海地；而烏溪沙咀的新市鎮發展仍在規劃當中，故船灣支綫的定綫暫只會通過大埔新發展區，並於大埔第 16 區及大埔工業邨設站。

沙田至葵涌支綫

九廣鐵路局一方面擬將鐵路主綫向東北延伸至船灣外，另一方面亦尋求將路綫向西南延伸，修建全長 7.25 公里的葵涌支綫（Kwai Chung Line）。擬建的葵涌支綫由鐵路主綫南行至大圍徑口路以西進行分支，以直綫穿過九龍水塘主水庫下石層至瑪嘉烈醫院交匯處前往葵涌貨櫃碼頭，在位於新落成的海員俱樂部設置一條不少於 400 米的側綫，最後通往計劃中的地下鐵路葵芳站，造價 1.32 億港元。高嘉禮局長深信「一條通往葵涌的鐵路不僅會顯著刺激貨櫃碼頭處理貨櫃的吞吐量，而且會增強香港作為中國出口貿易的用途，這將有助於香港的經濟發展」。

葵涌支綫的規劃預計能大大提升鐵路貨運往來中國內地間之載貨量及效率，然而當時內地的貨運仍以散貨為主；根據《華僑日報》於 1976 年 5 月 29 日的報道，高嘉禮局長在香港西區扶輪社演講中亦透露，中國內地在 1975 年有 30% 的貨物是在港入貨櫃的。然而擬議中的葵涌貨站可能只能容納貨櫃轉運；故此，葵涌支綫的貨運成本效益很大程度上乃取決於中國貨物出口是否能做到貨櫃化。另外，新界拓展科亦認為需要全面評估乘客和貨物利用葵涌支綫的需求。

大埔墟經元朗至屯門支綫與康樂園車站

自本港開埠以來，新界東部的發展一直較西部優先，主因新界東部是海上貿易中心，接通深圳東部及華北一帶，經濟誘因較大。時至 1970 年代，港府更先後於新界的荃灣、沙田和屯門以及大埔和元朗等進行新市鎮發展。1974 年，九廣鐵路局遂在研究重建大埔墟車站的同時，提出建設一條由大埔墟西經林村谷和元朗至屯門的屯門支綫方案。

籌劃中的屯門支綫方案，全長 28.18 公里，擬定綫由大埔墟出發，沿鐵路主綫北行至林村河後與主綫及船灣支綫分岔，靠大埔公路大窩段以南直線往坑下莆再左轉延至林村谷和元朗至屯門工業城；另外亦設有一條聯絡綫軌道由屯門支綫於林村附近向北分岔以接駁回鐵路主綫北行，並於當時發展中的康樂園住宅項目西側設立康樂園車站（Hong Lok Yuen）。按九廣鐵路局的 1976/77 年度報告中表示研究新增上水至屯門支綫的可行性，而擬設的康樂園車站將可為區內的康樂園以至泰亨及林村等村落的居民共約 10,000 人提供鐵路服務。根據《工商晚報》於 1975 年 12 月 3 日的報道，高嘉禮局長在新界民政署與鄉議局聯席會議中表示，大埔至屯門工業城支綫乃貫通新界東西部的完善鐵路網，將足以解決未來貨運業迅速發展的需要，且可促進本港的轉口貿易。

↑ 建於 1913 年的大埔墟車站因預計未能應付大埔區內人口增長，九廣鐵路局遂於 1970 年代展開研究車站擴建計劃。

香港整體運輸研究

　　時至 1976 年，正當鐵路主線雙軌化工程進行得如火如荼之際，受港府委託就香港公共交通作進一步研究的施偉拔顧問工程公司（Wilbur Smith & Associates）發表《香港整體運輸研究》（*Hong Kong Comprehensive Transport Study*）報告。報告中建議興建一條貫通大埔至屯門的雙軌電氣化鐵路。鐵路路綫全長約 25.5 公里，由大埔出發，穿過林村谷（Lam Tsuen Valley），經過元朗到達屯門；途中計劃設有 5 個車站，包括兩個分別位於屯門南（TMS）及屯門中（TMC），另外三個則分別設於藍地（LMT）、元朗（YNL）及錦田（KAT），預算工程開支達 5.2 億港元，並計劃在 1991 年前落成啟用。

　　同年 3 月 16 日，在《九廣鐵路系統現代化、電氣化及發展的可行性報告及建議》（*G.E.C. Feasibility Report and Recommendations on Modernization, Electrification and Development of the Kowloon-Canton Railway System*）簡報會議中，亦闡明大埔墟經元朗至屯門的支綫應被視為客運專線。走綫共有三種可行的建議方案，其中一個方案所採用的隧道長度最短，建造成本比最昂貴的方案便宜約 25%；支綫長約 25 公里。然而支綫僅建議以單軌路線運作，每小時會提供四班列車，沿途會經過四個地方並設有中途站，而支綫運作需要一個獨立的變電站供電。雖然九廣鐵路局最初對屯門支綫的構想為一條以客、貨運兼備的形式營運的鐵路，但當時有意見指除非開發元朗工業村，否則屯門支綫不會有貨運元素。

　　1978 年，港府再委託史葛惠柳新高柏力組合顧問工程師（Scott Wilson Kirkpatrick and Partners）進行屯門新市鎮運輸研究（*Tuen Mun New Town Transport Study*）。當時研究認為鐵路對屯門區的效益不彰，故研究報告未有將九廣鐵路屯門支綫納入屯門交通規劃策略建議內。同年，港府於 1976 年就研究

九廣鐵路現代化而委聘英國國鐵旗下顧問公司（Transportation Systems and Market Research Ltd., Transmark），亦正式建議擱置屯門支綫鐵路計劃。

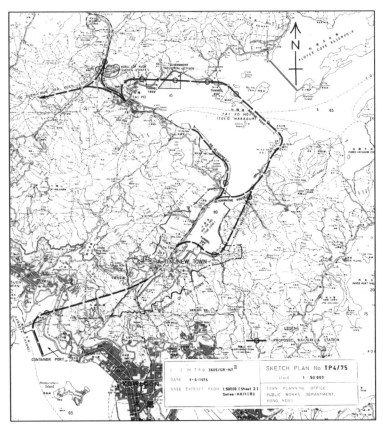

↑ 1975 年工務司署就九廣鐵路船灣支綫、沙田環狀綫、屯門支綫（新界東段）、葵涌支綫等多條支綫走綫設計圖。

沙田環狀綫

另一方面，《香港整體運輸研究》報告亦同時就興建一條以捷運形式運作的環狀鐵路綫——沙田環狀綫（Sha Tin Loop）及一條九廣鐵路延綫——尖沙咀支綫（Tsim Sha Tsui Extension）作研究。籌劃沙田環狀綫的目的，是為着使鐵路網絡進一步貫通沙田東部地區。沙田環狀綫的定綫由火炭馬場出發，途經禾輋（Wo Che）、圓洲角（Yuen Chau Kok）、沙田圍（Sha Tin Wai）、沙田頭（Sha Tin Tau）、車公廟（Che Kung Miu）、紅梅谷（Hung Mui Kuk）等 6 個新車站，再接回鐵路主綫南行隧道。

鐵路小百科

沙田環狀綫

為配合沙田環狀綫的定綫，沙田新翠邨及秦石邨在規劃時，已預留寬 25 米的中央分隔走廊，以便日後在環狀綫興建時，可直接在屋邨中穿過；位置約為盛田街、新翠邨新芳樓及新傑樓之間、田心街、車公廟路。

 尖沙咀支綫

緊隨着九廣鐵路總站由尖沙咀海傍遷址至紅磡後，報告亦建議興建尖沙咀支綫，由當時的紅磡新火車總站重新延伸至尖沙咀，在中間道新增設馬連拿站（Mariner），以接駁計劃中的地下鐵路尖沙咀站；報告中預計在 1991 年每日會有超過 11 萬乘客量使用馬連拿站。

雖然整份《香港整體交通研究》對九廣鐵路的發展着墨不少，九廣鐵路局亦表示方案的初步研究可行。然而大埔至青

山支綫及沙田環狀綫最終仍是無疾而終；而尖沙咀支綫更要到20年後才再被重提上馬，無獨有偶，延伸後的尖沙咀支綫尖東站的位置正正就是當年擬建馬連拿站的選址。

馬鞍山運輸研究與荃灣支綫

1981年，港府委託茂盛（亞洲）工程顧問有限公司（Maunsell Consultants Asia Limited）就沙田馬鞍山新市鎮運輸發展進行研究，在《馬鞍山運輸研究一期報告》（*Ma On Shan Transport Study Phase-I Report*）中提出沙田集體運輸系統的建議，當中包括九廣鐵路、地下鐵路和輕便鐵路（LRT）等系統；值得留意的是研究報告中還提議興建一條東部走廊由梅子林谷通往西貢白沙灣的隧道連快速公路。

話說回頭，研究報告提出了24個不同方案，主要是以九廣鐵路、地下鐵路和輕便鐵路模式獨立或綜合發展沙田區鐵路系統。當中包括興建九龍鑽石山往來沙田至烏溪沙的鐵路，其中又可細分為城門河以東走綫，或與城門河以西的鐵路主綫交匯。報告同時提出馬鞍山至沙田走廊的區內單向乘客量在繁忙時間將逾20,000人，興建九廣鐵路或地下鐵路等重型鐵路系統足以應付，但已達輕便鐵路載客量上限，故同時建議提供區內巴士服務。

研究報告中並確認九廣鐵路荃灣支綫（KCR Tsuen Wan Line）的可行性及經濟效益，並指出荃灣支綫有助減輕獅子山走廊（Lion Rock Corridors，即後稱畢架山鐵路隧道）的負荷。荃灣支綫的構思源於1974年九廣鐵路局建議的葵涌支綫，以接駁英段鐵路與葵涌貨櫃碼頭及地下鐵路葵芳站。九廣鐵路荃灣支綫起始於英段鐵路沙田車站，並與主線興建一組獨立複綫途經大圍車站，再在現顯田遊樂場附近作出分支，穿過金山郊

深圳

羅湖

粉嶺

新界

大埔墟

大學

馬場

禾輋

圓洲角

沙田圍

沙田

沙田頭

車公廟

紅梅谷

九龍

旺角

紅磡

馬連拿

香港

↑　《香港整體交通研究》報告中建議興建的三條支綫。

野公園和現華景山莊地底後右轉往當時仍在興建中的地下鐵路
葵芳站南面設站，車站位置約為現葵芳多層停車場及葵義路遊
樂場；另外報告亦建議一貨運鐵路綫沿荃灣支綫到達華景山莊
地底後以單綫鐵路形式繼續前行往現浩景臺地底後左轉往現葵
涌四號貨櫃碼頭設站。

　　港口鐵路綫計劃一直只聞樓梯響，連帶影響到同氣連枝
的九廣鐵路荃灣支綫未能上馬之餘，船灣支綫同因港口鐵路綫
未能落實而令支綫的貨運需求成疑，最終令船灣支綫計劃告
吹。雖然以上的鐵路項目計劃最終未能上馬，然而從中仍可看
見鐵路部門和政府並沒有停滯，目光有前瞻性，不斷反思如何
改進鐵路發展。

　⬆　原計劃興建的港口鐵路綫，並以單綫鐵路形式延至葵涌四號
　　　貨櫃碼頭設站。

踏入 1960 年代,香港經濟繼續急速發展,人口迅速增長,1960 年的人口已達至約 301 萬。公共交通的需求亦越來越大,港府也積極發展公共房屋及基礎建設。

　　當時的巴士在香港公共交通服務中,擔當着舉足輕重的角色。專營港島區巴士服務的中華汽車有限公司(China Motor Bus),開始逐步將單層巴士車隊改為雙層巴士;而對岸的九龍汽車有限公司(Kowloon Motor Bus,現名為九龍巴士(一九三三)有限公司),更不斷向英國多間巴士製造商,物色比英國本土標準長度(30 呎)更長的 34 呎雙層巴士。兩間巴士公司的舉動異曲同工,目的都是為了提升巴士的整體載客量,以應付龐大乘客量的需求。

香港集體運輸研究

　　1961 年,市政局非官守議員屈臣便在扶輪社例會上提出地下鐵路的建議。他指出車輛日多倍增,要發展地下鐵

路才可以解決交通問題。他提出的建議曾紀錄在 1961 年 2 月 8 日的《華僑日報》。建議的路線是一個圓圈形，猶如日本的山手綫。西起始自昂船洲經深水埗、九龍城至觀塘鯉魚門，隨後渡海至筲箕灣、北角、中環、西環，再回到昂船洲。

除議員外，其他交通公司也察覺交通問題日趨嚴重，希望參與地下鐵路研究。1964 年 3 月 27 日的《大公報》曾報道香港電車公司有意與公共交通諮詢委員會合作研究單軌火車、地下火車和各種交通工具的可行性。同年 4 月 7 日訪港的國際道路聯會（International Road Federation）會長史公允日指出香港如無地下鐵路，交通情況將惡化。他表示地下鐵路系統在世界各個地方已取得成功，雖然香港地理環境特殊，但深信香港有不少優秀的工程師，定能解決各種困難，而地下鐵路除了在地下，最好亦有部分在地面上建造。1964 年 9 月的立法局會會議上，港督戴麟趾指出地下鐵路問題，當局仍在考慮。當時，立法局議員也有提出地下鐵路的建議，如司徒惠指出可考慮將規劃中的海底隧道其中一綫改為地下鐵路，站設在舊海軍船塢（即今天金鐘），九龍站設在隧道出口附近，可轉駁九廣鐵路。

後來，有見及此，港府遂於 1964 年邀請來自英國的道路研究部門——倫敦運輸委員會及道路研究實驗室（London Transport Board and the Road Research Laboratory），着手研究香港交通的未來發展。其後更成立了公共運輸調查小組（Passenger Transport Survey Unit，PTSU），小組於 1967 年正式發表《香港乘客運輸研究》（*Hong Kong Passenger Transport Survey*），當中預計香港人口在 1986 年將達至 6,867,900 人，並建議香港興建集體運輸系統，以解決因人口增長所帶來的公共交通問題，這個建議亦成為了其後籌辦香港地下鐵路的基礎。當時，政府已有興建跨海行車隧道的討

論，有論者指出既已有行車隧道，實不用再有地下鐵路；一些論者則指出兩者沒有相互牴觸。最終，香港既有跨海行車隧道，也有地下鐵路。當時，一些論者建議興建單軌列車，《華僑日報》記者在 1966 年 5 月 7 日訪問當時運輸署署長黎敦義，他指出香港若建懸空單軌列車，基於路面狹窄，成本要貴上三四倍之多，十分昂貴。至於單軌列車，他指出沒有城市以之作為主要交通工具，大多只是遊覽交通工具。

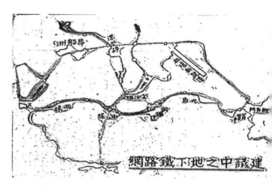

↑ 《華僑日報》，1961 年 2 月 8 日。

1967 年，政府委託費爾文霍士及施偉拔顧問工程公司（Freeman Fox, Wilbur Smith & Associates）對香港公共交通作出進一步研究。同年 9 月，《香港集體運輸研究》（*Hong Kong Mass Transport Study*）正式發表。研究報告指出，發展路面集體運輸牽涉大規模的徵地及樓宇拆卸工程，做法並不可取，並建議耗資 150 億港元興建一個總長度達 51 公里的地底集體運輸城市軌道交通系統（Mass Transport Underground Railway System），當中包括觀塘綫（Kwun Tong Line）、荃灣綫（Tsuen Wan Line）、港島綫（Island Line）、沙田綫（Sha Tin Line）四條路綫共 50 個車站，涵蓋港島北岸、九龍半島及新界南等地區。當時，專家估計地下鐵路建設費約每哩為 7,000 至 8,000 萬元。

地底集體運輸城市軌道交通系統

　　建議書中的地底集體運輸城市軌道交通系統，包括觀塘線、荃灣線、港島線、沙田線四條路線，將香港較集中的人口從住屋、工業甚至商業社區連繫起來。

　　觀塘線：由馬游塘出發途經九龍半島多個徙置屋邨（1973年後改稱為「公共屋邨」）及工業區，再經彌敦道走廊過海至香港島，以上環街市為終站。沿綫包括馬游塘（即現油塘）、觀塘邨（即現藍田），再沿觀塘道前往觀塘、牛頭角、九龍灣、彩虹、鑽石山、黃大仙、老虎岩（即現樂富）、九龍塘、石硤尾，進入彌敦道走廊的旺角、窩打老（即現油麻地）、佐敦、尖沙咀，過海至中環並以上環街市為終站。

　　荃灣線：由荃灣出發經彌敦道走廊，並以金鐘為終點站。荃灣綫由荃灣沿沙咀道前往大窩口、葵涌（即現葵興）、垃圾灣（即現葵芳）、貨港（即現荔景）、荔枝角（即現美孚）、長沙灣（即現荔枝角）、蘇屋（即現長沙灣）、深水埗，再與觀塘綫並列進入彌敦道走廊的旺角、窩打老、佐敦、尖沙咀，過海至海軍船塢（即現金鐘）為終站。

　　港島線：以香港島北岸為服務地區。始自堅尼地（即現堅尼地城）、卑路乍（即現西環）、西營盤、上環街市等早期華人聚居的地方，再途經遮打（即現中環）、海軍船塢（即現金鐘）、灣仔、跑馬地（即現銅鑼灣）一帶，並進入香港島東區較多人聚居的天后、北角、鰂魚涌、西灣河、筲箕灣、柴灣碼頭（即現杏花邨），並以柴灣為終站。

　　沙田線：由沙田禾寮坑（即現火炭近沙田馬場一帶）經慈雲山及九龍城區，並以尖沙咀作為南面的終點站。沿綫由禾寮坑開始，途經下禾輋（即現沙田禾輋邨一帶）、沙田中（即現沙田公園上）、山下圍（即現沙田曾大屋一帶）、紅梅谷（即現大圍顯徑邨一帶），進入九龍市區的慈雲山、鑽石山、啟德、

馬頭圍、土瓜灣、何文田、紅磡，至尖沙咀為終站。

　　當時，沙田及荃灣鄉民原則上贊同地下鐵路在該區建設，但荃灣區鄉民更渴望有地下鐵路，因沙田區當時已有鐵路貫通。

　　整個城市軌道交通系統的總控制及行政中心位於九龍灣站附近，而四綫的列車維修廠房則分別設於九龍灣站旁、垃圾灣站旁、柴灣碼頭站旁，以及禾寮坑站後方。

⬇ 地底集體運輸城市軌道交通系統網絡。

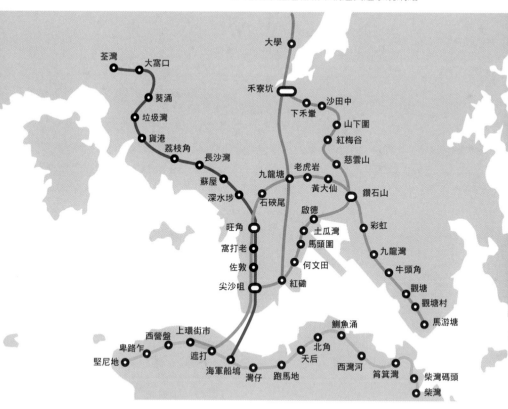

鐵路小百科

彌敦道走廊

彌敦道走廊（Nathan Road Corridor）於旺角站以南的路段，以觀塘綫及荃灣綫兩綫四軌並行方式一直延伸，通過維多利亞港，再分別前往上環街市及金鐘兩個終站。當中旺角站及尖沙咀站的觀塘綫及荃灣綫為同一結構的車站，而窩打老站及佐敦站的觀塘綫及荃灣綫為兩個獨立車站月台結構，再以行人通道連接兩車站月台。

　　彌敦道走廊的走綫在旺角站沿彌敦道地底南行至弼油街，觀塘綫繼續沿彌敦道南行，荃灣綫則會緩緩轉入東方街，並於碧街與窩打老道之間設窩打老站。觀塘綫與荃灣綫的窩打老站大堂互有隧道連接，月台均以側式月台設計，月台互不相通。隨後觀塘綫繼續沿彌敦道南行，而荃灣綫的走綫則會稍為移入京士柏山並沿山邊地底南行，並於長樂街與佐敦道之間設佐敦站；車站設計則與兩綫的窩打老站相約，只是荃灣綫佐敦站月台會呈微彎，南端會移近彌敦道方向。其後觀塘綫與荃灣綫的走綫會於柯士甸道附近交匯，並以兩綫四軌方式繼續向南延伸至威菲路軍營地底（即現九龍公園），近海防道以西附近設尖沙咀站。

　　設於威菲路軍營地底的尖沙咀站呈十字型設計，上層為東西走向的沙田綫總站月台，月台以三條路軌及四個島式月台設計；中層則為車站大堂及轉綫層；底層則設有四條路軌及兩個島式月台，分別供觀塘綫與荃灣綫的南行列車及北行列車停靠，以便乘客在兩綫進行跨月台轉乘。

九廣鐵路沙田綫設計

規劃中的沙田綫設計大綱,九廣鐵路(英段)乘客可於禾寮坑站轉乘沙田綫;另外因應當時九廣鐵路(英段)計劃於 1975 年由原來的尖沙咀總站遷往紅磡新填海區,故此沙田綫亦會於紅磡設站,作為與九廣鐵路(英段)的另一個轉車站。預計九廣鐵路(英段)乘客會利用沙田綫前往尖沙咀站再轉乘觀塘綫、荃灣綫甚至天星小輪過海,故沙田綫紅磡站和設於尖沙咀威菲路軍營地底的尖沙咀站,月台設計均設有三條路軌及四個月台,以應付各綫的龐大轉綫乘客量。

鑽石山站亦作為觀塘綫及沙田綫的大型轉車站,方便沙田區乘客轉乘觀塘綫前往觀塘工業區。觀塘工業區乃港府於 1950 年代在觀塘對開海面填海得來的,面積約 140 英畝,屬香港規模最大的工業區。故鑽石山站在規劃上亦得要處理龐大的客流量,車站以四層設計,當中包括車站大堂層、觀塘綫月台層、轉車大堂層及沙田綫月台層等。

 早期系統

然而,1960 年代的中期人口統計數據於 1968 年 3 月正式公布,預計 1986 年的香港人口僅 5,647,000 人,遠較《香港乘客運輸研究》中預計的香港人口少近 120 萬人,當中以沙田及屯門等新界區衛星城市的人口減幅尤為顯著。顧問公司遂於 1968 年 6 月提交補充文件——《香港集體運輸研究補充報告》(*Hong Kong Mass Transport Study: Supplementary Report*),對香港人口、乘客量分布的估算以至系統規模的縮減建議加以補充。當中並對興建沙田綫作出保留,而彌敦道走廊的兩綫四軌並行模式,亦建議只興建兩條路軌,並以觀塘綫及荃灣綫混合班次模式取締。

1968 年 3 月 27 日，工務司鄔勵德（A. M. J. Wright）指出荃灣綫和觀塘綫建築費用約為 15 億 1 千萬元，當 1976 兩綫建成時，每年收入可達 8,300 萬元，到 1986 年，收入更可超過億元。當時，政府內部對於興建地下鐵路一事未有共識。1968 年 3 月 29 日的《大公報》便報道了財政司郭伯偉對於興建地下火車之議表現得異常冷淡。

1970 年，費爾文霍士及施偉拔顧問工程公司發表《集體運輸計劃總報告書》（*Hong Kong Mass Transit: Further Studies*），進一步就建造鐵路系統作出更詳細而具體的建議。總報告書中建議興建一個全長 52.7 公里的地下鐵路系統，分成三條主綫：港島綫、港九綫及東九龍綫，而港九綫再細分為觀塘支綫及荃灣支綫。

報告中更提議以分期形式興建地鐵系統，「整個系統」（Full System）共由九期工程構成，首四期「早期系統」（Initial System）包括：觀塘支綫的旺角至彩虹段、港九綫的旺角至海軍船塢段、荃灣支綫的旺角至荔枝角段、觀塘支綫的彩虹至觀塘段等。其餘五期包括：港九綫的遮打至海軍船塢段及港島綫的海軍船塢至北角段、荃灣支綫的荔枝角至荃灣西段、東九龍綫的林士至鑽石山段、港島綫的北角至柴灣中段、港島綫堅尼地至上環街市段及觀塘支綫的觀塘至馬游塘段等。當中東九龍綫的規劃取代了沙田綫，走綫的北端由火炭禾寮坑縮短至鑽石山，而南端則由尖沙咀伸延過海，以上環林士街為終點站；然而報告中亦指出在有需要時可由東九龍綫於鑽石山向北延伸。

↑　地下鐵路早期系統網絡。

早期系統修訂鐵路走綫

　　報告中亦正式確立在彌敦道走廊旺角站以南的路段，以雙軌的港九綫貫通，取代原觀塘綫及荃灣綫兩綫四軌並行方式貫通維多利亞港連接港島綫，港九綫在香港島上設有海軍船塢站（Admiralty）及遮打站（Chater）。另一方面，觀塘綫及荃灣綫的規模則縮短為支綫形式，分別在旺角站以東及西北延伸。由於要維持繁忙時間的兩分鐘固定列車班次，及避免旺角站形成樽頸，觀塘支綫及荃灣支綫的南行列車抵達旺角站後會以梅花間竹式繼續沿港九綫南行往香港島，其餘列車則於旺角站折返繼續原有支綫服務。支綫的走綫方面，觀塘支綫與原有觀塘綫走綫設計相約，較大的修訂在於九龍塘站由羅福道地底改為沙福道地底，以方便日後九廣鐵路（英段）計劃電氣化後可加設九龍塘站作轉車安排；而荃灣支綫的葵涌站以北路段亦改為沿青山道前往荃灣，並伸延至荃灣西（Tsuen Wan West），位置約為荃景圍的山谷，以便未來再進一步延伸至屯門。當時的報章，如 1969 年 3 月 1 日的《工商晚報》便曾

以「Y 型地下火車綫」形容這個路綫安排。

港島綫方面，報告中亦為定綫的走綫作出修訂。規劃中的堅尼地站改設於西環科士街，隨之途經人口較稠密的德輔道，並增設屈地站（Whitty），這較原計劃的卑路乍站（Belcher）更接近服務客源。原有遮打站的港島綫月台則分拆為必打站（Pedder），乘客可徒步穿梭兩站，或於海軍船塢站轉乘港九綫。計劃中的必打站位於現畢打街地底，畢打街原稱必打街，港府於 1976 年 3 月 12 日刊憲，將街道正名為畢打街。

鐵路小百科

東九龍綫

沙田綫計劃被迫擱置後，研究指出顧問公司曾考慮以更改荃灣綫走綫設計，將彌敦道走廊一段改為沿界限街途經九龍城，再併合原沙田綫路段前往馬頭圍、土瓜灣、何文田、紅磡各站，然而此方案仍無法服務啟德機場旅客，故衍生出東九龍綫（East Kowloon Line）的計劃。

東九龍綫的定綫與沙田綫九龍段相約，但以鑽石山為終站。鑽石山轉車站的設計由原來四層結構改為車站大堂及月台共兩層，月台層以四個雙島式月台設計，輔以五條路軌、八個平衡月台運作。此設計為預留日後有需要延伸鑽石山北行路段時，除東九龍綫來回路軌及觀塘綫來回路軌外，多出一條中央路軌供東九龍綫在繁忙時間加密班次時使用。在鑽石山站出發，定綫上改以繞經人煙較稀少的地區前往啟德站及馬頭圍站，再沿譚公道往土瓜灣站及何文田站，才隨原有方案取道機利士路前往紅磡站，方便與九廣鐵路（英段）互相轉乘；沿梳士巴利道延伸路段前往尖沙咀，將於彌敦道以西的中間道新增設馬連拿站（Mariner），並可供步行前往尖沙咀站轉乘港九

綫。最後，過海前往位於上環林士街的林士站（Rumsey），供乘客前往上環站轉乘港島綫。

當時，一些市民對興建地下鐵路也不太支持，如協成行創辦人之一的方潤華便曾以「地下鐵路計劃是否切合實際？」為題在 1971 年 10 月 25 日的《工商日報》撰文否定興建地下鐵路之利，如興建費及保養費昂貴、興建期間交通受阻、影響原有建屋計劃、鐵路出口街道過窄形成更擠迫環境等等。

集體運輸臨時管理局

1972 年，港英政府成立集體運輸臨時管理局，並原則上同意先行興建長達 20 公里的「早期系統」。翌年 3 月，港英政府先行在「早期系統」沿綫的地底興建隧道以作地質勘探測試，當中包括香港島海軍船塢、尖沙咀半島酒店、荔枝角及老虎岩等，而試驗隧道的工程由英國財團以 900 萬港元投得。為表公允，合約條款中註明該財團三年內不能參與其他地鐵工程的承建項目。與此同時，港府就「早期系統」的工程進行招標，共有八個財團參與競投。最後港府決定與四個國際財團商議，並打算將工程以固定價格的單一合約的形式批出。

1974 年 2 月，日本財團正式與港府簽訂承投工程的意向書，工程造價不多於 50 億港元。雙方並正式就首四期工程的承造、設備及融資等方面，先後於香港及日本東京舉行六輪會議磋商。然而，石油危機的爆發導致日本經濟陷入混亂，致使日本於 1974 年出現了二次大戰後第一次經濟負增長，而日本自 1954 年開始進入的以製造業為核心的高速經濟成長時期亦終於宣告結束。面對經濟環境，同年年底日本財團毅然退出承投香港地下鐵路的工程，致使地下鐵路的建造工程呈膠着狀態。

下篇

從地下鐵路到廣深港高鐵

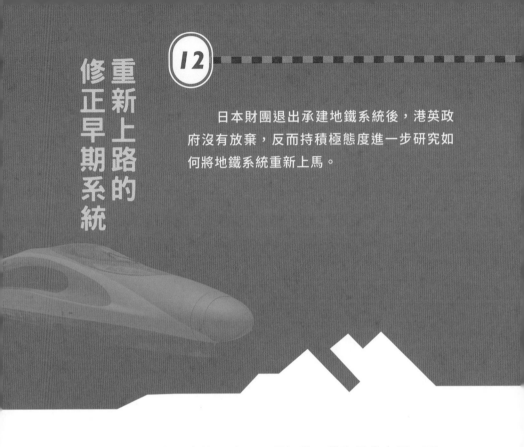

重新上路的
修正早期系統

12

日本財團退出承建地鐵系統後,港英政府沒有放棄,反而持積極態度進一步研究如何將地鐵系統重新上馬。

　　研究指出,由於石硤尾至彩虹段一帶均屬住宅區,而石硤尾、樂富（前稱老虎岩）及黃大仙等車站更設在政府徙置大廈附近,這些地區的人口數量在潛在乘客量中佔相當比例,故港府考慮率先興建由九龍灣車廠至中環遮打站一段的地鐵系統。與此同時亦研究四個增建方案,包括:一、部分荃灣支綫至荔枝角;二、中環必打站至上環街市站路綫;三、部分觀塘支綫由彩虹至觀塘;四、觀塘支綫由彩虹至馬游塘。然而,研究指出興建荃灣支綫的投資成本較高;而中環必打站至上環街市站的路綫需要於必打站設立轉車站,加上路程短而投資成本比例高,故兩個增建方案也不甚吸引。另外的兩個觀塘支綫延綫方案,由於由彩虹站至觀塘站屬架空路段,投資成本不高,卻能提供較大的潛在乘客量,反而預計觀塘至馬游塘一段的乘客量不高,故不建議延長至馬游塘的方案。新方案的定綫正式敲

定為觀塘站至中環遮打站，將住宅、商業及工業區連接起來。關於財政安排，1974 年集體運輸臨時管理局委任了倫敦克連活賓臣有限公司（Kleinwort Benson Ltd）和本港獲得利有限公司兩間商務銀行為財務顧問；管理局的財務管理委員會主席由財政司擔任。同年，試驗性隧道工程已完成，工程師認為工人已適應在壓縮空氣鑽掘方法下工作。這種方法會令氣壓增加及維持與地下靜水壓力相同，有效防止水流入。

修正早期系統正式上馬

隨着研究方案的敲定，集體運輸臨時管理局遂於 1975 年初宣布，將「早期系統」縮減至 15.6 公里，暫時只興建觀塘站至遮打站的路綫，並命名為「修正早期系統」（Modified

⬇ 地下鐵路修正早期系統。

Initial System, MIS)。「修正早期系統」得以成功上馬，而為分散風險，臨時管理局放棄以「早期系統」的單一合約方式承建，改為將工程分為 25 個主要土木工程合約及 10 個電機及機械工程合約。

在「修正早期系統」規劃研究的過程中，各綫轉車站的設計均有詳細的着墨。在彌敦道走廊以旺角站（Mong Kok）為港九綫、荃灣支綫及觀塘支綫的三綫轉車站，研究後認為將旺角站分拆為太子站（Prince Edward）及亞皆老站（Argyle）能有效分散三綫的人流，讓荃灣支綫及觀塘支綫的轉車乘客集中在太子站轉車，其他前往彌敦道走廊各站以至港島的乘客則於亞皆老站轉車。然而由於「修正早期系統」未有包含荃灣支綫，故太子站亦暫緩興建。

至於鑽石山站方面，雖然顧問報告指出因着沙田綫縮短為東九龍綫而使東九龍路段客量出現不足的情況，但是「修正早期系統」仍會就東九龍綫的未來延伸維持原設計的配合方案，最終讓東九龍綫可按 1967 年的沙田綫方案延伸至火炭禾寮坑，以接駁九廣鐵路（英段）及興建東九龍綫的車廠。故此，雖然鑽石山站在「修正早期系統」中興建的月台只屬一個標準島式月台設計，但在整體設計上已預留了相關的空間和結構，可供擴建成四個標準島式月台設計的大型轉車站，避免日後在興建東九龍綫時對列車運作造成影響。

地下鐵路公司成立

隨着「修正早期系統」中由觀塘至遮打沿綫的 15 個車站設計及定綫得以落實；港英政府於 1975 年 9 月 26 日正式撥出 11.5 億港元，根據香港法例第 270 章《地下鐵路公司條例》成立地下鐵路公司（Mass Transit Railway Corporation, MTRC），

以取代集體運輸臨時管理局，新公司並以審慎的商業原則為香港建造及營運一個集體運輸鐵路系統。

⬆ 地下鐵路公司標誌。

「修正早期系統」亦於 1975 年 10 月正式動工興建，包括遮打至彩虹的 12 個地底車站及九龍灣至觀塘的三個架空車站；當中 12.8 公里於地底建造，其餘 2.8 公里則屬架空路段。1977 年 4 月 13 日，地下鐵路公司主席唐信（N.S. Thompson）表示希望將「修正早期系統」南段的尖沙咀至中環段延伸直到上環，更希望將初期計劃中的必打街站改在上環街市——因上環乘客量不少，延長後有助吸引更多乘客選搭地下鐵路，也可配合西區重建計劃作好準備。

⬇ 地下鐵路首班載客列車，正準備由石硤尾開往觀塘。

鐵路小百科

地下鐵路管道施工模式

施工模式方面，地底路段的管道部分採用明挖回填方式（Cut-and-Cover Tunnelling）進行，部分則以鑽挖方式（Bored Tunnelling）興建，而海底隧道一段則以沉管方式（Immersed Tube Tunnelling）建造。

 ## 地底管道工程施工模式

在實際的施工上，明挖回填方式（或稱為隨挖隨鋪方式）主要沿隧道兩旁建造鋼板樁以支撐泥土，再挖走鋼板之間的泥土至隧道的底部；在隧道或車站結構完成後，掘開的路面將被回填恢復原貌。這種方式的優點是成本低、施工時間較短。然而，這卻對地面交通及市民的干擾較大。

鑽挖方式則是先在隧道起點挖掘出發豎井及在目的地挖掘回收豎井，在出發豎井安裝隧道鑽挖機，並用鑽孔和爆破的方法興建隧道。待隧道鑽挖完成，鑽挖機到達回收豎井後便可運走。相對而言，以鑽挖方式興建隧道，可將建造工程對路面的影響減至最小。但是這種方式的缺點是成本高，而且鑽挖管道有機會出現沉降，並且只適合鑽挖深層隧道。香港地下水位高，很多地盤還需採用壓縮空氣法來鑽挖隧道。

興建海底隧道則以沉管方式進行，先用挖泥船挖掘海床，再用拖船將在柴灣旱塢預先製造的 14 節沉管式隧道組件拖到預定位置並沉降在地基上，用鎖緊物料鞏固組件，隨後在沉管式隧道組件周圍回填物料及放置保護石層以保護組件，最後再修復海床後便告完成。

供應路軌和建設路軌由金興利組合公司負責（由英國亨利寶公司和金門公司組成）。「修正早期系統」路軌全長達 47 公里，軌道全綫鋪設雙軌，軌道屬標準軌幅，採用當時最

先進的路基技術，全部連續焊接，鋪設在連續的混凝土底座上，不需使用碎石枕木，減少保養問題。

修正早期系統落成通車

經過接近四年的工程，石硤尾至觀塘一段的地下鐵路「修正早期系統」北段於 1979 年 9 月 30 日率先竣工。當日地下鐵路舉行通車開放日，在通車儀式上，地下鐵路主席唐信主持醒獅點睛禮，舞動醒獅以慶吉祥。港督麥理浩爵士（Sir Murray MacLeHose）更走上載着公益金捐助人士的地下鐵路列車的駕駛室，並親自按下自動列車系統鈕掣，開動第一班往返石硤尾與觀塘之間的列車。當時，地下鐵路的通車被視為一件大事，通車當晚出版的《星島晚報》更以「本港交通進入了一個新紀元」來形容。

地下鐵路「修正早期系統」北段於 1979 年 10 月 1 日正式投入服務，通車當日乘客量便已高達 28.5 萬人次，然而稍後乘客數字漸趨回落並穩定至每日 8.5 萬載客人次。「修正早期系統」的車站設計上，以大量紙皮石鋪設車站牆身，並且按照每個車站的特式選配不同的色系，例如彩虹站的牆身色系主要由彩虹七色所構成、黃大仙則使用上黃色作為主色等。

另外，地下鐵路車站和沿綫管道的設計亦相當巧妙。地下鐵路管道位於離地面較深的位置，直至接近車站才漸次提升回接近地面的月台層。這種設計有多方面的好處：一、地底車站離地面較近，乘客進入車站大堂入閘後，很快便能前往月台層登上列車；二、沿途管道離地面較深，可避開沿綫樓宇的地底樁柱，以免對沿綫樓宇結構造成影響；三、列車離開車站後迅即向離地面較深的水平進發，有助列車加速並節省能源；四、當列車準備進入車站，從離地面較深的水平爬升時，亦有助減慢列車車速，確保車站候車月台上乘客的安全。

「修正早期系統」北段通車初期，地下鐵路列車以四卡車廂連結的 A-C-C-A 配置模式運行，當中 A 卡配有駕駛室，而 C 卡則配備集電弓，兩種車卡均為動力車卡。列車每卡車廂可載客 313 人，當中包括 48 個橫向式不鏽鋼座位及 265 個企位；車廂內設有空氣調節裝置。車費為港幣 1 元，相對當年未有空氣調節設備的巴士車費僅港幣 2 毫來說，地下鐵路已屬昂貴的交通。

鐵路小百科

英國都城嘉慕

地下鐵路列車與九廣鐵路電氣化列車一樣，均由英國都城嘉慕公司（Metro-Cammell England）供應電動組合式車卡（Electric Multiple Units, EMU）。兩者主要分別在於前者屬通勤型，後者屬近郊型；而供電制式方面，地下鐵路列車採用 1,500 伏特直流電，而電氣化火車則採用 25,000 伏特交流電。

其後「修正早期系統」中段於 1979 年 12 月 16 日投入服務，地下鐵路服務伸延至尖沙咀。然而由於這段彌敦道走廊結構較為複雜，故沿途的旺角（前稱亞皆老，英文站名源用 Argyle）及油麻地（前稱窩打老，英文站名源用 Waterloo）這兩個車站分別延遲至同年 12 月 31 日及 12 月 22 日才開放使用。直至翌年 2 月 12 日，「修正早期系統」南段的尖沙咀至中環段趕及在農曆新年前通車，較原定計劃提早七個星期，新開通的包括金鐘（前稱海軍船塢，英文站名源用 Admiralty）及中環（前稱遮打，英文站名源用 Chater）兩個車站。為隆重其事，中環站開幕當日，更邀來雅麗珊郡主（Princess Alexandra）主持揭幕禮，吸引眾多市民一睹風采。

⬇ 地下鐵路列車車廂內，裝設有橫向式不鏽鋼座位、
黑色球形扶手，並設有空氣調節裝置。

⬆ 多列地下鐵路列車在九龍灣車廠內蓄勢待發，
為乘客提供服務作好準備。

隨着耗資高達 58 億港元的「修正早期系統」全綫開通，沿途設有中環、金鐘、尖沙咀、佐敦、油麻地、旺角、石硤尾、九龍塘、樂富、黃大仙、鑽石山、彩虹、九龍灣、牛頭角和觀塘共 15 個車站，市民可以乘坐地下鐵路由觀塘站到達維多利亞港對岸，位處香港島中心商業地帶的中環站。至於車費則視乎距離而定，由港幣 1 元至 2.5 元不等。

同年，更多已訂購的車卡付運抵港並投入服務，使地下鐵路列車由通車初期的四卡車廂組合增加至六卡車廂組合的 A-C-C-B-C-A 配置模式運行。當中新引入的 B 卡不設駕駛室及集電弓，只配備馬達作為動力車卡。每列列車得以增加車廂連結，大大加強應付不斷上升的乘客量。

1979 年，地鐵公司負債與股本比率是 12：1。據當年估計，到 1982 年負債會高達 120 億元。當時，地鐵公司主席唐信指，有信心在指定時間內還清債務。

↑ 「修正早期系統」全綫開通，車廂內車門上貼上路線圖標示。

13

正當地下鐵路「修正早期系統」於 1980 年 2 月 12 日順利通車之際，貫通荃灣至旺角的地下鐵路荃灣支綫工程亦進行得如火如荼。地下鐵路荃灣支綫的興建，可追溯至 1976 年底港英政府公布《香港整體交通研究》（*Hong Kong Comprehensive Transport Study*）。研究報告指出香港人口急劇增長，而運輸系統不足的公共交通問題已存在多時，故建議將興建中的「修正早期系統」進一步由旺角延長至發展迅速的荃灣區。

連繫荃灣新市鎮與市區——荃灣支綫

回望 1977 年，正是「修正早期系統」的土木工程高峰期，地下鐵路公司已着手研究可行之擴建方案，並指出若港府能在建造「修正早期系統」之承建商撤走重型土木工程設備，及解散工程督導人員之前就決定擴建的話，那就最為切合經濟原則。

港府遂於同年 7 月正式批准興建荃灣支綫，由彌敦道走廊的油麻地出發，通過旺角及太子後，沿長沙灣道地底經深水埗、長沙灣（原稱蘇屋）、荔枝角（原稱長沙灣）、荔灣（即現美孚）到達荔景，再利用架空路段經葵芳（原稱垃圾灣）、葵興（原稱葵涌）往下潛入地底至大窩口，並在青山道以北近大河道設立荃灣總站，而荃灣支綫車廠亦安排在荃灣總站旁。荃灣支綫全長 10.5 公里，將彌敦道北部與發展中之荃灣新市鎮連接起來。

↑ 地下鐵路荃灣綫開通後，列車服務進一步將彌敦道
北部與發展中之荃灣新市鎮連接起來。

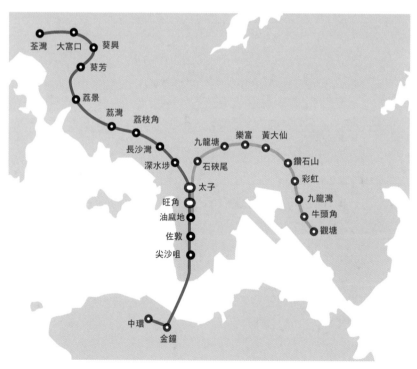

↑ 荃灣綫通車後，取代了「修正早期系統」直通中環。

荃灣支綫工程於 1978 年 10 月開始正式動工興建，歷時 44 個月，耗資 41 億港元，最後於 1982 年 5 月 10 日開放通車，較預期早七個半月；而由於長沙灣道地底土質惡劣而引致延誤，致使荔灣至太子一段需於一星期後的 5 月 17 日才能啟用。車站設計方面，荃灣支綫的車站內部裝飾大致與「修正早期系統」相若，車站牆身主要選用紙皮石為鋪設材料，而且每個車站的色系也有所不同，別具心思。

↑ 荃灣綫於通車時取代了「修正早期系統」直達中環。

鐵路小百科

荃灣支綫通車典禮

荃灣支綫的通車典禮由署理港督夏鼎基爵士（Sir Haddon-Cave）主持，時任布政司的夏鼎基爵士乃 1972 年成立之集體運輸臨時管理局主席，對推動整個地下鐵路計劃尤為重要。

在荃灣支綫通車時，由於預計荃灣支綫的乘客量較「修正早期系統」為高，故荃灣支綫於通車時取代了「修正早期系統」直達中環，成為地下鐵路的幹綫，是為荃灣綫。同時「修正早期系統」亦由中環縮短至油麻地，並改稱為觀塘綫。

在鐵路服務的配套方面，少數由八卡車廂組合的列車於 1981 年第四季投入服務，隨後舊有的六卡車廂組合的列車亦陸續增加至八卡車廂組合，以應付乘客量的需求。新的八卡車

廂組合採用 A-C-D-C-B-D-C-A 配置模式，當中新增的兩卡均為 D 卡，屬於不含動力的拖卡。

在興建荃灣綫的同時，荃灣站、葵興站及葵芳站旁均開始建造主要交通交匯設施，讓更多使用路面交通工具的乘客更易到達地下鐵路車站。故在荃灣綫於 1982 年通車時，以至屯門公路於 1983 年 5 月 17 日全綫開通後，九巴旋即重組多條新界西部巴士路綫，並增闢多條巴士路綫予以配合。

港島北岸鐵路走廊——港島綫

緊接着的地下鐵路荃灣綫工程，港英政府早於 1970 年代末就港島北岸交通狀況進行研究。在 1978 年 7 月 5 日的立法局會議上，時任環境司的鍾信（CMG Derek Jones）表示，港英政府擬邀地下鐵路公司開辦港島集體運輸輕便鐵路系統（Mass Transit Light Rail System）。

當時計劃的港島集體運輸輕便鐵路系統，將採用三節式單層輕便鐵路車廂，載客量及營運速度也較電車系統提升一半。首階段將可望於 1981 年下半年開始營運，並會由港府按《電車公司條例》收購電車公司，以全面取代當時已在香港接近八十年的電車服務。第二階段將於中區興建地下延伸路段，於地下鐵路金鐘站設跨月台式轉乘地下鐵路，並在中環站及畢打站設置地下鐵路轉乘設施，作為日後第三階段全地底路段的準備。

然而，在 1980 年初，地下鐵路公司仍積極與港府商討參與在港島北岸建造及經營一條鐵路形式的交通系統，當中包括對該系統以輕便鐵路系統或地下鐵路之擴建路綫作出研究，最終港府於同年 12 月 23 日批准以擴建地下鐵路路綫形式興建地下鐵路港島綫，連接上環至柴灣。路綫由上環站出發，經由當

⊕　地下鐵路修建港島綫後網絡。

時仍屬「修正早期系統」的中環、金鐘，再經新建的灣仔、銅
鑼灣、域多利（即現天后）、炮台（即現炮台山）、北角、鰂
魚涌、太古城、西灣河、筲箕灣、白沙灣（前稱柴灣碼頭，至
通車時改稱杏花邨）至柴灣，全長 12.5 公里。

鐵路小百科

早期系統

「早期系統」時期曾作研究興建堅尼地城至西營盤的港島綫西
段，則未有興建計劃；而港島綫車廠則如「早期系統」規劃，
安排在白沙灣站旁，名為柴灣車廠。

　　港島綫工程於 1981 年 10 月動工，興建過程遠較觀塘綫或荃灣綫艱鉅。由於港島北岸走廊交通非常擠塞，為免明挖回填的興建方式會為港島區交通帶來不便，故港島綫主要以鑽挖方法興建隧道和車站。地下結構的建造也非常深藏，車站大堂多為地面建築物的地基，而月台則多建於直徑較長的隧道內。

　　從土木工程來看，上環站的主體結構較為特別，在位於林士街地底的車站大堂與月台層之間興建一個預留空間，內裝跟一般空置月台無異。其實這空置月台層乃預留予「早期系統」中規劃的東九龍綫林士站所使用，在進行主體工程時預留結構，能避免日後建造東九龍綫時影響到列車的正常運作。

　　在 1983 年完成土木工程的太古城站（即現太古站），全長 250 公尺、闊 25 公尺，屬當時全亞洲最大的人工石洞。工程人員更須利用巨型活動模板來建造車站牆，以及利用珍寶型鑽孔鐵塔穿鑿高頂等。位於車站東面的新填海區（現時鯉景灣、嘉亨灣一帶），在港島綫建築工程期間被用作臨時車廠，供工程列車停泊及進行維修之用，並沿太古城翠湖台鄱陽閣旁建一工程隧道路軌接駁東西行管道之間的太古側綫（Tai Koo Siding Tunnel），讓工程列車進出港島綫隧道進行路基建造及軌道鋪設工程。直至柴灣車廠建成後，臨時車廠才被廢置並拆卸，而該工程隧道亦被回填及封閉，太古側綫則被留作日常列車調度之用。

港島綫開通　車站盡顯獨特風格

　　1985 年 5 月 31 日，地下鐵路港島綫的金鐘至柴灣段正式通車，通車儀式在太古站（前稱太古城站）舉行，由當時港督尤德爵士（Sir Edward Youde）主禮。港島綫的上環至金鐘段，則主要因上環站結構較複雜，而未能趕及於港島綫通車時一併

⬆ 港島綫上環站設有一空置月台層，預留予當時
規劃中的東九龍綫林士站使用。

港島綫太古站屬當
時全亞洲最大的人
工石洞。 ➡

地下鐵路港島綫啟
用典禮碑誌。 ➡

落成，需要延至 1986 年 5 月 23 日才啟用。上環站通車當日，時任財政司的彭勵治爵士（Sir John Henry Bremridge）主禮上環站啟用儀式。隨着港島綫全段開通，亦標誌着建造了 10 年時間、投資額高達 250 億港元、路綫全長 38.6 公里的香港地下鐵路系統正式竣工。與此同時，全綫地下鐵路列車亦正式以八卡車廂組合提供服務，以應付乘客量的需求。單計 1986 年 12 月的每日平均乘客量，已達 160 萬人次。

較值得留意的是，港島綫的車站設計有別於觀塘綫及荃灣綫，其內裝主要以裝設焗漆板代替傳統鋪設紙皮石，另外每個地底車站名稱均以大型毛筆書法書寫。大型毛筆書法由地下鐵路建築師區傑棠先生題寫，由於港島綫地底車站均以鑽挖方法建造，月台比較狹窄並呈拱形支撐設計，希望藉在焗漆板上印上車站名稱的大型毛筆字，緩和候車乘客對月台環境產生的壓迫感；再加上每個車站選配不同的主色系，盡顯獨特風格。

⬇ 港島綫每個地底車站名稱均以大型毛筆書法書寫。

東區海底隧道延伸部分

1985 年初,正當地下鐵路系統工程接近竣工之際,港府鑒於紅磡海底隧道的汽車流量幾近飽和,甚至冀以行政手段減低汽車流量而向車輛徵收隧道稅,卻成效甚微,遂決定在鰂魚涌與茶果嶺之間興建東區海底隧道,並計劃附設第二條地下鐵路過海綫,以一併解決當時地下鐵路彌敦道走廊的擠迫情況。

1985 年 12 月,港英政府宣布向一間由中信泰富、熊谷國際、保華(新隧道)及丸紅香港華南有限公司組成的新香港隧道有限公司(New Hong Kong Tunnel Co Ltd),於 1986 年 8 月 1 日開始以「建造、營運、移轉」(Build-Operate-Transfer, BOT)形式批授東區海底隧道的 30 年專營權。新海底隧道全長 2.2 公里,隧道內一共有五條並排的獨立管道,其中兩條為行車管道,兩條為鐵路管道,另外一條為裝設環保系統及機電設施管道,是全世界最大的沉箱式隧道之一。

⬇ 地下鐵路延伸東區海底隧道後路綫網絡。

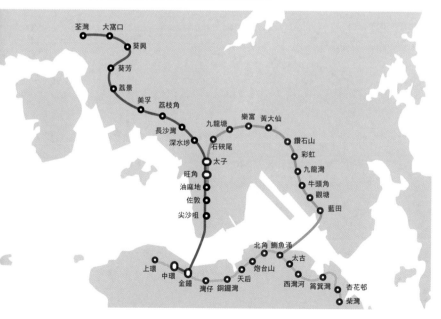

在規劃這條地下鐵路過海綫定綫時，地下鐵路公司決定將觀塘綫自觀塘站伸延，至觀塘邨新增設藍田站，即早期系統中建議的觀塘邨（Kwun Tong Tsuen）站，並進入東區海底隧道過海。通過海底隧道後，地下鐵路公司原計劃向東行連接港島綫太古站，唯因受東區海底隧道行車管道接駁東區走廊的限制，故只能改於鰂魚涌地底約 37 米深位置加建鰂魚涌站觀塘綫月台，作為觀塘綫與港島綫的轉綫站。

觀塘綫再次延伸至香港島

1989 年，鐵路管道工程竣工，觀塘綫列車於 8 月 6 日開始改以鰂魚涌站作為終點站，這是自「修正早期系統」後再一次延伸至香港島，並將地下鐵路系統增加 4.6 公里至 43.2 公里；而觀塘綫藍田站亦於同年 8 月 9 日啟用。隨後在 11 月 8 日，威爾斯親王查理斯王子（HRH Prince Charles）更蒞臨藍田站，主持東區海底隧道鐵路管道揭幕典禮。

> **鐵路小百科**
>
> **鰂魚涌轉綫站**
>
> 由於鰂魚涌站興建時並沒有作為轉車站的考慮，故鰂魚涌轉綫站在設計上並未能做到同層月台轉綫的安排，乘客轉綫時需沿轉綫通道步行一大段路程，相當不便。

東區海底隧道鐵路隧道部分於 1986 年 8 月展開，根據規劃時的安排，地下鐵路公司毋需負擔建築費用，但需每半年繳交一次隧道費和新增建的藍田站的租金予東區海底隧道公司，直至 2008 年 2 月鐵路隧道部分的專營權屆滿而移交香港政府後，再繼續由香港政府徵收此項租金。唯其後政府與新香港隧

道有限公司簽訂補充協議，東區海底隧道鐵路隧道部分和藍田站的擁有權於專營權屆滿後將以象徵式地價 1,000 港元移交予地下鐵路，而非移交政府；之後便毋需再每年繳付逾億元隧道租賃費，而只需承擔維修保養成本。最終在租賃協議屆滿後的 18 年半間，地下鐵路公司共繳付 26 億元租金，平均每年 1 億 4 千多萬港元。

　　東區海底隧道的開通，的確吸引了不少九龍區市民放棄沿用多時的彌敦道走廊路段來往港島，有助紓緩當時彌敦道走廊的擠迫情形。至此，地下鐵路網絡版圖可謂正式成形。

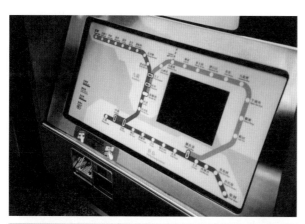

地下鐵路東區海底隧道啟用後單程車票售票機上顯示的路綫圖。

地下鐵路東區海底隧道啟用典禮碑誌。

14

鐵路運輸與城市及物業發展的互動關係

鐵路是城市交通運輸的大動脈，不但能夠促進社區人流，更能帶動城市經濟發展；而香港的地產發展又作為鐵路運輸基礎建設的支援，可謂互惠雙贏。

尖沙咀鐵路沿綫路段發展迅速

1960 年代開始，尖沙咀區已經歷了翻天覆地的轉變。1963 年，九龍倉碼頭獲得港府資助，將第一號碼頭重建為樓高四層的海運大廈，成為當時罕見的集商場及郵輪碼頭於一身的建築物。1965 年，九龍倉碼頭再將部分地段改建為馬可孛羅香港酒店及海運戲院。

另一邊廂，港府於 1969 年再次拍賣位處半島酒店對面、與彌敦道一街之隔的黃金地段，底價 3,000 萬港元，卻無人問津。時值香港地產市道波動，不少銀行經營困難引發擠提，加上 1967 年暴動後所引發的信心危機持續了數載，這無疑令香港地產陷入低潮。直至踏入 1970 年，中環地皮以高價售出，同年港英政府再將尖沙咀 1969 年無人承

投的黃金地段再次推出拍賣，底價同樣是 3,000 萬元，最終在激烈的競投氣氛下以 1.3 億元售出，並於 1974 年建成喜來登酒店。

 火車總站遷址紅磡　騰出沿綫土地

至 1970 年代，港英政府決定將九廣鐵路位於尖沙咀的火車總站遷往紅磡，雖然是次搬遷計劃遭到九廣鐵路局局長高嘉禮（R.E. Gregory）大力反對，認為搬遷火車總站可能會令九廣鐵路每年的乘客量減少 500 萬人次。然而，當年尖沙咀火車總站的設計已應付不了龐大的乘客量，港府仍決定將火車總站遷往紅磡，作為紅磡海底隧道的配套，以產生更大的集體運輸效應。

隨着葵涌貨櫃碼頭落成啟用，九龍倉碼頭的地位被取代，碼頭需要拆卸重建，發展成由商業大廈、酒店及商場組成的海港城建築群。面對九龍倉碼頭的逐步改建，加上火車總站將遷往紅磡，太古洋行便於 1971 年以 1.31 億港元將藍煙囪貨倉碼頭售予新世界發展。由於地皮面積廣達 20 萬平方呎，最終被重建成麗晶酒店（即今香港洲際酒店）及新世界中心，並於 1982 年落成。新世界中心除建有商場、酒店及寫字樓外，其用作停車場及酒樓的面積，更屬全港之最。

鐵路小百科

藍煙囪

藍煙囪貨倉碼頭（Holt's Wharf）又稱為「藍煙囪」，於 1910 年代由太古洋行與藍煙囪輪船公司（Blue Line）合創的太古船塢設立。由於碼頭位於尖沙咀火車站附近，因而成為當時香港鐵路貨運與海上貨運的交匯處。

⬇ 九龍火車總站遷址紅磡，
旁建香港體育館。

⬇ 藍煙囪貨倉碼頭原址，拆卸後重
建為新世界中心及麗晶酒店。

⬆ 原尖沙咀火車總站改建為香
港文化中心，比鄰為獲保留
的火車總站鐘樓。

⬆ 尖沙咀火車總站月台原址，現已
建為香港太空館、香港藝術館等
社區文化設施。

　　當年，尖沙咀火車總站連同車站鐵路軌道佔地龐大，即
現時香港文化中心、香港太空館、香港藝術館，以至梳士巴利
花園一帶。鐵路路軌由火車總站開始，繞經藍煙囪貨倉碼頭的
北面，再沿漆咸道旁至京士柏西面接回現時的鐵路軌道。故當
九廣鐵路縮短路綫後，騰出的路段面積非常可觀。

　　在拆除鐵路建設後，當局規劃為尖沙咀傳統商業區發展
延伸部分，是為尖沙咀東部。尖沙咀東部早於 1960 年代中
期已進行填海，填海得來的土地其後以拍賣形式出售，並在
1980 年代陸續建成不少五星級酒店及商業樓宇。然而，由於
區內寫字樓及商鋪一時之間的供應量過多，空置率亦較高。

龐大土地作為公眾用途

因應鐵路搬遷而騰空的地皮除用作商業發展外，當局亦不忘發展社區設施作公眾用途，並將紅磡鐵路旁邊的香港工業專門學院（紅磡工專）擴充，合併了其鄰近的鐵路員工子弟學校土地，成為了香港理工學院，以至後來繼續擴展為香港理工大學。

其他的社區設施包括位於尖沙咀東部的香港科學館、香港歷史博物館及市政局百週年紀念花園。在拆卸尖沙咀火車站後，亦先後興建了香港太空館、香港文化中心及香港藝術館，屹立在維多利亞港旁。不僅使這一帶成為香港文化藝術及科學知識的匯聚地點，也使香港文化中心這一座形象獨特的建築物，成為香港地標之一。

「鐵路和物業綜合發展經營」商業模式

踏入 1970 年代中期，地下鐵路終以「修正早期系統」上馬，着手動工興建。時任地下鐵路公司首任主席的唐信（N.S. Thompson）倡導以「鐵路和物業綜合發展經營」（Rail Plus Property Development）的商業模式，以車廠或車站上蓋作多用途物業發展，其收益用以抵銷地下鐵路的興建成本。

港英政府遂批准地下鐵路公司以住宅及商業中心模式發展九龍灣車廠上蓋，擬建成一座可容納達 25,000 名居民的現代化市鎮。地下鐵路公司並在 1976 年的公司年報中表示對這個現代化市鎮的願景：既有助居民獲得上佳之交通服務，亦有助地下鐵路增加收益。

九龍灣車廠住宅及商業中心項目定名為德福花園（Telford Gardens），共建造 41 幢住宅樓宇並提供 5,000 個住宅單位，並由兩大地產發展商合和實業有限公司及恒隆有限公司承建。

↑　地下鐵路首個車廠住宅及商業中心項目——德福花園。

另外，地下鐵路公司則自行興建及管理商業樓宇部分，從中所得之收益將用作擴充地下鐵路之收入。住宅樓宇於 1978 年開始推售，並於 1980 年春季起陸續建成及入伙。街市、電影院、運動館、學校及第一期商場亦於 1981 年中開始營業。

鐵路小百科

德福花園

地下鐵路公司表示，德福花園自成一角，沒有其他交通，因此較少環境滋擾，甚受居民歡迎，這足以證明在鐵路車廠上建造大型屋苑之成果；而出售住宅單位之收益超出九龍灣車廠之建築費用。

　　另一邊廂，地下鐵路公司於 1977 年與長江實業有限公司達成於中環站末端郵政總局舊址以及金鐘站上之物業發展協議。在中環郵政總局舊址，興建一座有三層商場及 23 層寫字樓之單塔形大廈，取名環球大廈（World-wide House），於 1979 年中動工，1980 年落成入伙。在金鐘站上蓋，則會建一個四層高的購物商場平台，平台上再興建兩座分別為

⬆ 金鐘站上蓋發展項目——海富中心。

⬅ 中環站上蓋發展項目——環球大廈。

21 層及 29 層高之雙塔形大廈,定名為海富中心（Admiralty Centre）。整個建築以現代化寫字樓和商場混合發展,配以完善的交通交匯處,給市民帶來不少便利,開創有關設計意念的先河。建築工程於 1978 年底展開,至 1980 年底落成。

　　「鐵路和物業綜合發展經營」模式初見成效,1978 年,地下鐵路公司從九龍灣德福花園、金鐘海富中心及中環環球大廈取得的現金盈餘總額約為七億港元,這為地下鐵路增添了巨額現金儲備。由政府批出物業發展權予地下鐵路公司,在支付較廉宜的未開發土地價格後,然後在車廠或車站上蓋甚至附近發展物業項目,從物業項目的銷售或租賃利潤可用作鐵路建設的資金。

🚦 物業發展計劃相繼落實

隨着「修正早期系統」中的三個物業發展計劃得到落實，「鐵路和物業綜合發展經營」模式的成果指日可待。再者，地下鐵路荃灣綫於 1977 年 7 月獲得港府批准興建，地下鐵路公司於 1978 年應政府要求增添物業發展計劃，在荃灣車廠上蓋興建包括商場、購物商場、休憩設施及 17 幢住宅樓宇共約 4,000 個住宅單位之屋苑——綠楊新邨（Luk Yeung Sun Chuen）。新物業發展計劃由僑光投資有限公司、公和建築有限公司、怡和有限公司及香港置地有限公司承建，首批住宅單位於 1983 年 3 月入伙，其餘住宅樓宇亦於年內建成。

1979 年，地下鐵路公司再獲批准發展，分別位於旺角站、葵芳站及葵興站的商業及商住發展項目——旺角中心（Argyle Centre）、新葵芳花園（New Kwai Fong Garden）及新葵興花園（Sun Kwai Hing Garden）。其中旺角中心是一幢樓高 19 層的商業樓宇，包括樓面面積 10,161 平方米的商場及 16,023 平

⬇ 荃灣車廠上蓋住宅發展項目——綠楊新村。

⬇ 位處九龍商業中心的旺角站商業發展項目——旺角中心。

方米的寫字樓。上述發展項目由以恒隆發展有限公司為首的集團共同負責，集團成員包括長江實業、怡和公司、恒基兆業公司、置地公司、新世界發展公司等。建築工程在 1980 年 4 月開始，並於 1982 年 10 月完成。

鐵路小百科

地下鐵路（物業管理）有限公司

1980 年，地下鐵路公司成立一家全資擁有的附屬公司——地下鐵路（物業管理）有限公司，專責為地下鐵路公司各發展計劃提供全面的管理服務。直至 1985 年 1 月 1 日，地下鐵路公司進行內部重組，物業管理公司才以地下鐵路公司物業管理部名義繼續運作。當時管理之物業，約共 10,250 個住宅單位及 81,809 平方米的商業設施。

港島綫物業發展計劃舊調重彈

「鐵路和物業綜合發展經營」模式將地下鐵路與商業住宅樓宇融為一體，在人口稠密的市區能更有效地運用空間，為市民帶來可靠和便利的服務。在得到地下鐵路「修正早期系統」和荃灣綫的成功經驗後，地下鐵路公司進一步在港島綫的發展中舊調重彈。

港島綫物業發展計劃，牽涉到的物業發展項目多達 13 個，接近「修正早期系統」和荃灣綫物業發展項目的兩倍。當中較大型的物業發展項目可說是康山發展計劃和杏花邨發展計劃這兩個項目。

康山發展計劃於 1982 年底動工，經過兩年半多的時間，終於 1985 年 6 月底完成。當中單為發展康怡花園（Kornhill），承建商恒隆集團便需要在太古移去半座山，以興建一個大型屋苑；單是地盤的碎石量，已逾 1,900 萬公噸。康怡花園住宅單

位數目達 8,828 個，辦公室樓面面積共 11,000 平方米，商業樓面面積更達 92,800 平方米，並設有具吸引力之室內及戶外康樂設施。凡此種種，均屬地下鐵路歷來發展項目之冠。

　　至於杏花邨發展計劃，物業項目座落港島東北端、毗鄰柴灣車廠，可提供 6,560 個住宅單位及 26,800 平方米商業用地。建成後的杏花邨（Heng Fa Chuen），成為一個可容納約30,000 人居住的小社區。

鐵路小百科

港島綫地鐵站物業發展

地下鐵路在港島綫的物業發展項目除康怡花園及杏花邨外，還包括金鐘東昌大廈、炮台山康澤花園、上環維德廣場及康威花園、筲箕灣峻峰花園、柴灣新翠花園、灣仔修頓花園、天后柏景臺、西灣河欣景花園共九個物業發展項目之多。

⬇ 地下鐵路在太古康山興建歷來最大規模的住宅發展項目—— 康怡花園。

⬇ 杏花邨落成後成為一個可容納約30,000 人居住的小社區。

📍 物業市道疲弱　重挫物業發展計劃

過往，物業發展利潤對建造地下鐵路工程的貢獻十分重大。自港府於 1970 年代中率先批准發展鐵路上蓋以帶來額外收益，當中「修正早期系統」工程費用為 56.37 億港元，相連之物業發展計劃則帶來 10.5 億港元之現金進賬；就荃灣綫而言，雖然物業發展項目較少，但物業收益仍可為 41 億港元工程費用提供超過四億港元補貼。

然而，縱使這種自給自足的「鐵路和物業綜合發展經營」模式被地下鐵路發揮得淋漓盡致，讓地下鐵路不用過分倚賴公帑資助去作持續發展。不過，地下鐵路公司獲批物業發展權為鐵路融資，亦並非一帆風順、毫無風險可言。

1980 年代初，香港因前景不明朗，匯率波動，港元弱勢；地下鐵路借下大量美元、日元、馬克等外債，因而在外匯上帶來驚人的損失。另一方面，港府對香港地產市道過分樂觀，港島綫沿綫的地盤因物業地產市道持續疲弱而被迫延遲發展，以致港府對港島綫物業發展項目可帶來 40 億港元收入、足以支付港島綫四成建築費用的構想泡湯。1985 年中，地下鐵路公司便因負債高達 200 億，車費收入又不足以支付借貸相關的利息，造成入不敷支，差點形成經濟學上的技術性倒閉，最終隨環球經濟復甦得以脫困。

鑒古而知今，鐵路運輸可為生活及商業活動帶來方便，進而發展高質素社區；而鐵路沿綫社區的居民亦可為鐵路運輸提供穩定的乘客量。凡此種種，已能證明「鐵路和物業綜合發展經營」業務模式在物業市道暢旺的基本條件因素下，是發展香港鐵路網絡及為興建鐵路融資的有效方法。

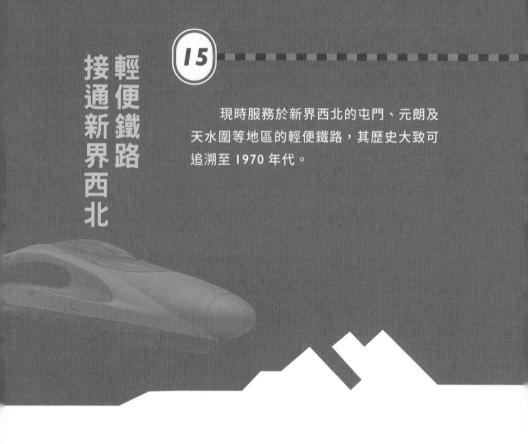

輕便鐵路
接通新界西北

15

現時服務於新界西北的屯門、元朗及天水圍等地區的輕便鐵路,其歷史大致可追溯至 1970 年代。

自開埠以來,新界西北區仍是以鄉村和稻田為主,人口相當稀疏。直至 1972 年,香港政府決定投放 60 億元推行十年建屋計劃;港督麥理浩爵士(Sir Murray MacLehose) 宣布推出這一項重要政策,目的是容納於 1973 年至 1982 年間 180 萬的預計人口增長,並提供設備齊全、有合理居住環境的公共房屋單位。這項計劃改變過去香港政府對公共房屋只追求數量的態度,轉移開始注意公共房屋的質素,例如基本設施及周遭環境。計劃亦配合新界區屯門及元朗發展新市鎮,並為興建西北鐵路提供誘因。

採用輕軌鐵路系統的西北鐵路

屯門新市鎮於 1970 年代開始發展，城市設計師和相關的發展部門遂積極制訂屯門發展大綱，以建設一個均衡而獨立的社區。根據屯門發展大綱，屯門新市鎮會以青山和大欖山之間的谷地填海，預計到 1990 年代可容納 50 萬人口，港府亦預留空間以備日後興建輕軌鐵路系統，但當時這個輕軌鐵路系統也不過是一個概念性的規劃。

1982 年，政府着手規劃新界西北的鐵路系統，並邀請擁有香港電車有限公司的九龍倉集團（The Wharf Holdings），負責建造及營運鐵路系統。九龍倉集團最初對興建西北鐵路甚感興趣，並打算以當時在香港島已運作近 80 年的香港電車模式營運，然而最終還是放棄了承辦西北鐵路。

隨後，九廣鐵路公司於 1982 年 12 月 24 日從公營部門轉型為一間公營公司，並根據《九廣鐵路公司條例》正式成立。政府遂邀請九廣鐵路公司興建及營運這個服務新界西北的鐵路系統。終於在 1984 年中，九廣鐵路公司決定接納邀請並進行相應研究，並將西北鐵路定名為「輕便鐵路」（Light Rail Transit, LRT），採用輕軌鐵路方式營運。輕便鐵路第一期系統正式落實，九廣鐵路公司並批出工程合約予澳洲禮頓城市運輸集團（Leighton Holdings），輕便鐵路系統建造工程於 1985 年 7 月 14 日正式動工。

輕便鐵路第一期系統仍然沿用當年九龍倉集團的設計，由於當年九龍倉集團在籌建西北鐵路時，打算將香港島運作中的電車模式全盤搬過去，故此輕便鐵路第一期系統的設計是基於雙層輕鐵列車運作，系統沿綫的電纜裝設高度亦足夠雙層輕鐵列車行駛。然而，在進一步評估過後，認為屯門、元朗人口不多，加上輕鐵列車的設計行駛速度高達時速 80 公里，為了安全性的考量，故最後決定採用單層輕鐵列車提供服務。

⬇ 穿梭新界西北的輕便鐵路系統。(蒙敏生攝)

🚦 輕鐵服務專區與公共交通協調政策

　　為發展一個地區性的鐵路服務,港府引入「輕鐵服務專區」概念,將大欖至元朗(後來擴展至天水圍)一帶劃為專區,並賦予九廣鐵路在專區內擁有公共交通服務的獨家營運權,以取代九巴及專綫小巴在區內原本提供的服務,避免輕便鐵路在落成啟用後受到過大的競爭。為此,九廣鐵路成立了巴士營運科(KCRC Bus Division),在專區內自行營運可收費的輕便鐵路接駁巴士服務,以配合輕便鐵路通車後提供鐵路接駁巴士服務。

　　為減低停辦巴士服務對巴士公司及市民的影響,港府遂批准九巴分別於屯門碼頭(即蝴蝶邨)、大興邨及兆康苑等屋苑開辦來往屯門至旺角的多條特快巴士路綫 59X、66X 及 67X 等,予以安撫。然而有關巴士路綫仍受到另一項運輸政策

—— 「公共交通協調政策」所規限。「公共交通協調政策」於 1986 年頒布，希望鼓勵新界區居民使用鐵路出入市區，藉此降低市區一直高企的交通流量。

輕便鐵路的硬件配套

在掃除競爭障礙的同時，輕便鐵路的基建及服務相關的籌備工作亦進行得如火如荼。

列車方面，輕便鐵路第一期列車由澳洲 Comeng 製造，全數共 70 輛，編號 1001 至 1070。憑藉 750 伏特直流電帶動馬達，設計最高速度可達時速 80 公里。列車全長 20.2 公尺、闊 2.65 公尺，不鏽鋼車身以橙色和白色為主色調，載客量達 205 人；車廂內並設有輪椅停放區域，以達至傷健共融的理念。

鐵路小百科

輕鐵列車的命名

誠如九廣鐵路柴油機車有以香港總督、殖民地官員或九廣鐵路局高層人士的名字來命名，這種為列車命名的做法亦得以延續到輕便鐵路。當中編號 1070 的輕便鐵路列車便命名為「史禮賢」號（F.D. Snell），以紀念史禮賢先生（Mr. Dudley Snell）對早期輕鐵網絡建設的貢獻。史禮賢先生是當時任職禮頓城市運輸集團的工程經理，負責屯門及元朗輕鐵系統的建造工程。

車站方面，輕便鐵路第一期系統共有 41 個車站，所有車站月台均設有斜道及階梯供乘客使用。由於輕便鐵路採用開放式收費系統，故車站及月台均不設閘機，而售票機等設備則設於月台上，並採用紙製車票，貫徹九廣鐵路沿用多時的做法。

收費模式方面，輕便鐵路以五個收費區間劃分，乘客購

買車票後可在 120 分鐘內按所選收費區作單程使用一次，不得作回程或重複車站使用。收費方面，兩個相連收費區的成人及小童車費分別為 1.5 元及 0.8 元；三個相連的收費區分別為 1.9 元及 1 元；而四至五個相連的收費區則分別為 2.4 元及 1.2 元；而輕便鐵路通車前九巴區內路綫的車費為 1.4 元。

在反對聲音中通車

另外，編號 1004 亦被命名為「輕鐵先鋒」（LRT Pioneer），因為它是第一部從碼頭上岸及用作路試的列車。

1987 年，輕便鐵路首輛列車抵港。同年 12 月 10 日，九廣鐵路公司假山景北站舉行首輛輕便鐵路列車試車典禮，並由當時公司主席霍士傑先生（CBE Gerry Forsgate）在典禮上為首輛輕便鐵路列車主持命名儀式。這輛編號 1004 的列車被命名為「輕鐵先鋒」，以紀念首輛完成加裝儀器、全面檢查及性能測試的輕便鐵路列車，並在輕便鐵路第一期系統路段作全面試車，標誌着輕便鐵路系統通車邁進一步。

隨着輕便鐵路列車陸續抵港，而基建設施工程亦相繼完成後，輕便鐵路遂於 1988 年 3 月展開路面實地試車。然而，在試車僅四個多月便已發生了十多宗有人傷亡的交通意外，涉及途人及道路上的其他交通工具。

鐵路小百科

輕鐵試行期間的意外事件

試車期間最嚴重的一次事故發生於 1988 年 7 月 25 日，一輛輕便鐵路列車（編號 1032）在青山公路試車時，由於列車車長衝紅燈，於元朗田廈路平交道與一輛客貨車相撞，造成客貨車上一名八歲男童死亡。

自 1988 年 7 月 25 日發生事故後，輕便鐵路被政府勒令停止試車，通車日期亦由原訂的 1988 年 8 月 8 日押後至同年 9 月 18 日，在一片反對聲音中啟用。

輕便鐵路第一期系統共有七條輕鐵路綫，班次為 5 至 11 分鐘一班。通車當日，率先開辦三條來往元朗及屯門的路綫，包括路綫 610 來往元朗至屯門碼頭（經大興、屯門醫院）、路綫 611 來往元朗至屯門碼頭（經建安、屯門醫院）及路綫 612 來往元朗至友愛（經河田、屯門醫院）。路綫 511 緊接於 9 月 20 日開辦，為路綫 611 的屯門區內晚間短途服務。路綫 505 及路綫 506 則於 9 月 25 日開辦，分別來往安定至兆康（經鳴琴、良田）及安定至屯門碼頭。最後，來往安定至田景（經河田、大興）的路綫 507 最終於翌年 6 月 4 日投入服務。

隨着輕便鐵路第一期系統於 1988 年 9 月 18 日正式通車，根據香港法例第 372E 章《西北鐵路附例》（North-West Railway By-Laws）所制定的「輕鐵服務專區」亦正式生效。由 9 月 25 日開始，所有服務屯門區及元朗區的九巴路綫在「輕鐵服務專區」範圍內的上落客均受到限制：往市區方向，屯門及元朗區沿途的巴士站，乘客不准落車；往屯門及元朗方向，區內沿途的巴士站，則只供落車。有關措施最終在得到九廣鐵路同意後，直至 1993 年 6 月 1 日起才配合「輕鐵服務專區」的法例修訂而得以取消，來回兩程的沿途所有巴士站均可上落客及增設分段收費。

輕便鐵路系統擴展計劃

回首 1986 年 3 月，九廣鐵路公司便已委任顧問公司研究擴展輕便鐵路系統的可行性。當中不單研究新界西北區內的系統擴展，還包括研究連接市區及接駁大型鐵路或地下鐵路的方案。當時最引人注目的多個研究方案，包括：

⑦	屯門沿海岸綫經大欖、青龍頭、深井至荃灣
⑦	元朗穿越大帽山經錦田、八鄉至荃灣
⑦	元朗經新田、古洞至上水及粉嶺
⑦	元朗經錦田、石崗、林村至太和等

顧問公司於 1986 年 12 月發表正式報告，建議擴展新界西北區內路綫，包括：

⑦	屯門碼頭至友愛（路綫全長 2.3 公里，包括 4 個車站）
⑦	友愛至三聖（路綫全長 0.3 公里，包括 1 個車站）
⑦	市中心至屯門東北（路綫全長 2.3 公里，包括 5 個車站）
⑦	元朗北繞道（路綫全長 2.1 公里，包括 2 個車站）
⑦	天水圍第一段（路綫全長 1.4 公里，包括 2 個車站）
⑦	天水圍第二段（路綫全長 0.7 公里，包括 2 個車站）
⑦	天水圍第三段（路綫全長 0.8 公里，包括 2 個車站）
⑦	天水圍第四段（路綫全長 1.6 公里，包括 4 個車站）

⬇ 來往元朗至屯門碼頭的路綫 610，屬輕便鐵路第一期系統。

> **鐵路小百科**
>
> **黃金海岸支綫**
>
> 顧問報告中亦建議擱置興建黃金海岸支綫，但長遠而言仍可分兩階段擴展三聖至掃管笏的輕便鐵路系統，兩段路綫分別全長 2.3 公里及 0.7 公里，可分別增設四個車站及一個車站。

　　隨後數年，輕便鐵路網絡分階段擴展。第二期發展路綫——屯門支綫率先落實，三段支綫分別連接屯門碼頭至友愛、友愛至三聖，與及市中心至屯門東北，支綫總長五公里，共設有九個車站及一個總站，輕便鐵路系統得以延伸至屯門東北部及南部，令更多屯門居民受惠。屯門支綫於 1989 年 11 月動工，1992 年 2 月 2 日全綫通車。

　　1995 年，輕便鐵路網絡進行第三期發展路綫——天水圍支綫，將服務進一步伸延至發展迅速的天水圍新市鎮。九廣鐵路公司遂於青山公路主綫的塘坊村站附近，興建一條新支綫通往天水圍。新支綫是天水圍第一、二段路綫擴展計劃，全長 2.1 公里，共設有四個車站，連接區內主要屋苑。天水圍支綫於 1989 年 11 月 5 日動工，1993 年 1 月 10 日通車。新增的路綫包括天瑞來往元朗總站的路綫 721，及天瑞來往屯門兆康的路綫 722。緊隨於 1993 年 3 月更開始執行天水圍第三段路綫擴展計劃，加建一段全長約 800 公尺路軌連接天水圍東北面市中心，並於 1995 年 3 月 26 日通車，新增設翠湖站及天水圍總站。

編號 1007 輕鐵列車屬第一代輕鐵列車。

編號 1044 輕鐵列車正行走路綫 507 前往田景。

第三代輕鐵列車由澳洲戈尼南車廠承造。

輕鐵列車的載客量動輒可超過 200 人。

↑　輕鐵列車可因應不同路綫的乘客量而進行兩卡重連提供服務。

輕便鐵路增購列車加強服務

　　為配合輕便鐵路系統路綫的延伸，九廣鐵路公司遂於
1992 年率先向日本川崎重工業引進 30 輛輕便鐵路列車，當中
20 輛設有駕駛室，車隊編號 1071 至 1090。另外 10 輛則屬於
拖卡，車隊編號 1201 至 1210。其後再於 1996 年向澳洲戈尼
南車廠（United Goninan）購買 20 輛輕便鐵路列車，車隊編
號 1091 至 1110。踏入 1990 年代末期，經過兩次增購計劃，
令輕便鐵路列車數目增至 119 輛，足以應付當時每天 35.8 萬
人次的乘客量。

　　輕便鐵路系統踏入第十個年頭，鐵路路綫總長度由通車
初期的 23.35 公里增至 31.75 公里，沿途車站亦由 41 個增至
57 個；而成人單程車費由 4 元至 5.8 元不等。

　　輕便鐵路系統的籌劃，為新界西北區居民帶來莫大方便。
或者就正如其口號所說：「搭輕便鐵路，遠近一家親」。

⬆ 編號 1092 的輕鐵列車正於車
廠工場進行大修。

⬅ 編號 1201 的輕鐵列車屬拖卡
設計，車頭不設常規駕駛室。

⬅ 第一代輕鐵列車，車尾
不設緊急逃生門。

16

鐵路接駁巴士服務

微血管網絡

要是說鐵路是城市交通運輸的大動脈,那麼將鐵路接駁巴士形容為當中的微血管,實在貼切不過。

早於 1920 年代,香港電車公司曾向港府申請營辦無軌電車服務,惜最後遭到否決。香港電車公司遂於 1928 年 11 月 5 日及 1929 年間先後開辦上環往來跑馬地及皇家碼頭(即現中環)往來太古船塢(即現太古城)兩條巴士路綫,以紓緩當時電車服務的擠迫情況。這兩條由香港電車公司營運的巴士路綫,便成為了第一代鐵路接駁巴士服務。及至 1933 年 6 月 11 日,在中華汽車有限公司的香港島專利巴士專營權生效時,兩條巴士路綫分別重組為中巴路綫 1 及路綫 2。

地下鐵路接駁巴士服務

耗資 41 億港元的地下鐵路荃灣支綫,自 1978 年 10 月開始正式動工興建;經過 44 個月的建築期後,終於 1982

年 5 月 10 日正式竣工並開放通車。然而，分別擁有香港島及九龍區專利巴士服務專營權的中華汽車有限公司（中巴）和九龍汽車有限公司（九巴，今九龍巴士（一九三三）有限公司）所提供予接駁地下鐵路的巴士服務遠較預期為少，尤以香港島為甚。

當時，地下鐵路公司表示除非能提供足夠的接駁巴士服務，讓市民有機會選擇乘搭地下鐵路或巴士，否則地下鐵路服務將不能物盡其用，充分發揮其載客功能，從而肯定巨額投資建造地下鐵路之價值。另一方面，地下鐵路公司亦提供數據，指出自地下鐵路荃灣綫通車以來，步行往來地下鐵路車站的乘客每日增加了約八萬人。然而，使用巴士接駁服務的僅增加了兩萬人，由此可見巴士接駁服務提供之不足。

其實地下鐵路公司對營辦鐵路接駁巴士服務早有計劃，早於 1982 年 12 月，地下鐵路公司便夥同城巴有限公司（城巴），試驗性地開辦一條往來尖沙咀至尖沙咀東之間的鐵路接駁巴士路綫，以研究有關巴士服務是否可行；並為擬開辦的另外五條接駁巴士路綫服務作準備。此項服務最終維持了兩個半月便告一段落，地下鐵路公司認為是項試驗非常成功，每日有接近 19,000 人次乘搭接駁巴士。然而，接駁巴士亦引起提供尖沙咀天星碼頭至尖東帝國中心專綫小巴服務的營運商反對，指客源被搶走，生意大受影響。

為擬開辦的接駁巴士服務作準備

緊接其後，地下鐵路公司透過城巴購置 20 輛由英國倫敦運輸局淘汰的「丹拿」（Daimler）Fleetline DMS 雙層巴士。這批俗稱「倫敦寶」的英國二手巴士於 1983 年 3 月中旬陸續抵港，預備行走六條正向政府申辦的鐵路接駁巴士路綫，接載乘客前往地鐵站乘坐地鐵。這批巴士車身隨後被髹上灰、白兩

地下鐵鐵路接駁巴
士路綫 11M 廣告。

地下鐵鐵路接駁巴
士路綫 40M 廣告。

地下鐵鐵路接駁巴
士路綫 5M 廣告。

色，並於上、下層車窗間配以紅色粗綫；車廂內則以灰色為主
色調，而座椅選用橙色乳膠座椅。地下鐵路公司更委託城巴負
責營運及維修新巴士。

鐵路小百科

地鐵接駁巴士路綫

地下鐵路公司向政府申辦的六條接駁巴士路綫分別有三條位於
香港島，包括金鐘地鐵站來往灣仔新填地、金鐘地鐵站來往銅
鑼灣、金鐘地鐵站來往北角城市花園等；而另外三條則位於九
龍及新界區，包括尖沙咀地鐵站來往尖沙咀東、鑽石山地鐵站
來往新蒲崗、荃灣地鐵站至柴灣角循環綫等。

然而，地下鐵路自 1979 年通車以來，成為了九巴及中巴
兩間專利巴士公司的主要競爭對手。對於地下鐵路公司意欲開
辦鐵路接駁巴士服務以求分多杯羹，九巴及中巴均強烈反對。

　　單從取態上，時任九巴主席的胡百全先生表示，九巴原則上不反對地下鐵路公司自家營運接駁巴士路綫，但若交由其他公司營運或聯營的話，九巴則屬意由九巴自行開辦相關巴士路綫。反觀香港島的接駁巴士路綫所途經的地方，可說是中巴服務的黃金地段，當中單是海傍道（Water Front Road，即現告士打道）和軒尼詩道，每日便有超過 100 輛巴士穿梭來往。時任中巴交通經理的司徒弼更聲言如行政局批准開辦接駁巴士路綫，將搶走中巴相當大部分的乘客，中巴有可能需要削減一些虧損或者僅有微利的巴士路綫，以填補因地鐵接駁巴士路綫對中巴所造成的損失。

🔘 接駁巴士班次難以吸引新客源

　　一直以來，地下鐵路公司認為巴士公司提供的鐵路接駁巴士班次不足，未能方便市民轉乘地下鐵路。

　　運輸署曾就此進行巴士行車狀況調查，派員記錄巴士車牌、行車路綫、到站時間、離站時間等資料，亦會派員調查車站人龍的狀況，並將收集得來的資料加以分析，以了解巴士服務是否符合標準。根據調查顯示，巴士公司提供的鐵路接駁巴士服務足夠，亦符合法定行車班次。

　　從地下鐵路公司的角度，鐵路接駁巴士路綫僅達到的法定行車班次是不足夠的，因為過海隧道巴士服務便捷，若鐵路接駁巴士路綫不大幅提升行車班次，將未能吸引更多市民轉乘地鐵。然而，時任運輸署助理署長的梅堅卻表示，運輸署的標準是提供足夠的鐵路接駁巴士服務，方便市民到達地鐵站，事實上鐵路接駁巴士路綫仍具吸引力。再者，地下鐵路在繁忙時間的載客量幾近飽和，相對非繁忙時間，鐵路接駁巴士服務的乘客量卻是相當疏落，故難以歸咎於鐵路接駁巴士路綫的行車班次不足。

 地下鐵鐵路接駁巴士路綫
23M 廣告。

⬆ 地下鐵路接駁巴士路綫
24M 廣告。

地下鐵路申辦接駁巴士服務遭到否決

1983 年中，行政局正式否決地下鐵路公司申辦的鐵路接駁巴士服務，計劃無奈被迫告吹。地下鐵路公司透過城巴購置的 20 輛「倫敦寶」巴士則落戶城巴，車隊編號 D25 至 D43 及 D46，主要行走沙田第一城的屋苑巴士綫，以及海洋公園專綫。另一邊廂，港府試驗性地將地下鐵路申辦的部分路綫分別交予九巴及中巴提供服務。

地鐵接駁巴士路綫

為避免地下鐵路的免費接駁巴士搶去生意額，九巴和中巴同意協助營辦鐵路接駁巴士路綫，並於 1983 年 8 月 1 日開辦五條鐵路接駁巴士路綫：

中巴所協辦的兩條港島路綫：

23M 金鐘地鐵站 ⇌ 北角城市花園 （循環綫）

24M 金鐘地鐵站 ⇌ 灣仔新填海區 （循環綫）

九巴所協辦的三條九龍及新界路綫：

5M 尖沙咀地鐵站 ⇌ 尖沙咀東 （循環綫）

11M 鑽石山地鐵站 ⇌ 新蒲崗 （循環綫）

40M 荃灣地鐵站 ⇌ 柴灣角 （循環綫）

　　至於原計劃的金鐘地鐵站來往銅鑼灣的接駁路綫，因沿綫已有充足巴士服務而未有開辦。

　　然而，由九巴及中巴所提供的五條鐵路接駁巴士路綫，乘客量遠遜預期，中巴協辦的路綫於 1984 年 2 月先後取消服務；而九巴協辦的路綫亦難獨善其身，三條路綫在開辦兩個月後便需減價吸引客源，但最後亦難逃取消服務的命運，先後在 1984 年 5 月至 1986 年 6 月間結束。

↑ 九鐵接駁巴士正行走路綫 K16
前往九龍車站。

↑ 都城嘉慕巴士是九鐵巴士
部的開國功臣。

九鐵開辦鐵路接駁巴士服務

隨着九廣鐵路英段的電氣化工程於 1983 年 7 月 15 日完成，進一步將新界與九龍市區連繫，加上新界東如沙田區、大埔區及北區等新市鎮大型屋邨的陸續發展，乘客的對外交通需求因而急速上升，乘客量由 1983 年上半年平均每日 90,856 的人次，上升至下半年平均每日 172,082 人次。

時至 1985 年，九廣鐵路的火炭車站於 2 月 15 日落成啟用，為進一步增加客流，九廣鐵路遂於同年 9 月 9 日開辦首條免費鐵路接駁巴士路綫K11，服務往來火炭車站至沙田第一城；而同日增闢的接駁巴士路綫 K12 則服務往來大埔墟車站至大埔八號花園。無獨有偶，兩條接駁巴士路綫在投入服務初期，與地下鐵路接駁巴士服務一樣，均是透過租用城巴提供服務。直至 1986 年 9 月 9 日，九廣鐵路將兩條接駁巴士路綫改以租用九巴提供服務，為期一年，期間九巴會負責有關巴士的營運及維修，火車乘客在鐵路車站索取乘車券即可免費乘搭接駁巴士。其後路綫 K14、K17、K18、K15 及 K16 等多條九廣鐵路接駁巴士路綫亦於 1988 年 5 月至 1991 年 3 月間相繼投入服務，進一步提升鐵路接駁巴士的網絡覆蓋。

九廣鐵路接駁巴士路綫

K11 火炭火車站 ⇌ 沙田第一城
K12 大埔墟車站 ⇌ 大埔八號花園
K14 大埔中心 ⇌ 大埔墟車站
K15 旺角車站 ⇌ 中港城
K16 九龍車站 ⇌ 尖沙咀（中間道）
K17 大埔墟車站 ⇌ 富善
K18 大埔墟車站 ⇌ 廣福

🚦 新界西北輕便鐵路服務專區

另一邊廂，港府自 1985 年開始規劃的新界西北輕便鐵路系統，交予九廣鐵路設計、興建及營運。為了發展一個地區性的鐵路服務，港府遂將大欖至元朗（後來擴展至天水圍）一帶劃為「輕鐵服務專區」，並賦予九廣鐵路在專區內有公共交通服務的獨家營運權。當時有顧問報告指九廣鐵路應在專區內自行營運接駁巴士服務，以取代九巴及專綫小巴在區內的原有路綫。此舉一方面能避免輕便鐵路受過大的競爭，另一方面亦能向偏遠鄉村村落及地區提供接駁服務。九廣鐵路因此成立巴士營運科（KCRC Bus Division），籌辦輕鐵接駁巴士服務以配合輕便鐵路通車。

與此同時，英國「都城嘉慕」（Metro Cammell Weymann, MCW）車廠投得九鐵巴士營運科的新巴士訂單，正式引入「都城嘉慕」都城型（Metrobus）兩軸雙層巴士。新巴士底盤於 1987 年 4 月陸續抵港，並安排於九廣鐵路九龍車站內組裝同廠車身。另一方面，九鐵巴士營運科亦同時引入「豐田」（Toyota）Coaster 小型巴士，用以行走一些偏遠地區路綫。

⬆ 九廣鐵路巴士部於 2007 年引進 Enviro 500 超低地台雙層巴士，加強東鐵接駁巴士服務。

⬆ Enviro 200 單層巴士已成為現今港鐵巴士的新血。

路綫 K1X 提供快捷的跨區巴士服務往來屯門及元朗。

輔助巴士路綫 A70 是由天水圍市中心往返元朗市中心的循環路綫。

編號 229 的「富豪」巴士正行走路綫 95R 於上水前往朗屏。

　　隨着新巴士整裝待發,九鐵巴士營運科於 1987 年 9 月 1 日率先派車接辦兩條九鐵鐵路接駁巴士路綫 K11 及 K12,緊接其後再於 9 月 6 日開始陸續接辦原於屯門、元朗一帶的九巴巴士路綫服務,為九巴正式撤出輕鐵服務專區做好準備。

鐵路小百科

與輕便鐵路網絡重疊的巴士路綫

1986 年，屯門區及元朗區內已有巴士網絡，當中九巴有八條巴士路綫跟計劃中的輕便鐵路網絡重疊，每日乘客量約為 11 萬人次。八條巴士路綫包括：

55	元朗東 ⇌ 流浮山
56	元朗西 ⇌ 大棠
59	大興 ⇌ 屯門碼頭
59B	屯門碼頭 ⇌ 兆康苑
61	屯門市中心 ⇌ 元朗西
61A	屯門碼頭 ⇌ 元朗東
62	兆康苑 ⇌ 青山灣
63	友愛南 ⇌ 元朗東

　　另外，分別來往屯門安定邨至山景及井財街的屯門區專綫小巴路綫 45 及 46，亦因份屬輕鐵服務專區而被港府勒令停駛。

　　但由於輕便鐵路在試車期間意外頻生，故正式通車日期被迫由原訂之 1988 年 8 月 8 日延遲至 9 月 18 日；但九巴卻按計劃如期撤出輕鐵服務專區。幸好最後九巴同意租出旗下車隊部分巴士，並配合租用城巴及冠忠巴士，支援填補輕鐵通車前交通服務上的空白。值得留意的是，部分由城巴提供支援的巴士，正是當年地下鐵路公司失落於鐵路接駁巴士服務時的「倫敦寶」。

　　最後輕便鐵路於 1988 年 9 月 18 日正式投入服務，全部八條接駁巴士路綫亦於 9 月 25 日開辦，用車更包括 20 部購自英國南約克郡巴士公司（South Yorkshire PTE）的二手「都城嘉慕」都城巴士。

　　隨着輕便鐵路投入服務，港府亦同時引入措施，自 1988 年 9 月 25 日起，分別限制所有服務屯門區及元朗區的九巴路

綫在輕鐵服務專區範圍內的上落客：往市區方向，屯門及元朗區沿途的巴士站，乘客不准落車；往屯門及元朗方向，區內沿途的巴士站則只供落車。有關措施最後直至 1993 年 6 月 1 日起才配合輕鐵服務專區的法例修改而得以取消，九巴路綫來回程的沿途所有巴士站均可上落客。

　　縱然鐵路擁有強大的載客能力，在城市交通運輸中充當大動脈的角色，但也只能作出區域性連接。要做到微血管般滲進區內，鐵路接駁巴士相信是不二之選。

🔼　路綫 659 提供天水圍區內的接駁巴士服務。

🔼　簇新的 Enviro 400 新巴士，是輕鐵接駁巴士的其中一員。

17

列車換新裝
車站大變身

踏入 1990 年代，地下鐵路列車和九廣鐵路電氣化列車已相繼運作接近十個年頭了。香港人口持續增長，使兩鐵的乘客量亦穩步上升。

九鐵電氣化列車　通勤化改造

九廣鐵路當初引進電氣化列車時，採用了近郊型設計，車廂內以座位為主並設有洗手間。然而，新界東和新界北迅速的發展，人口一直攀升，對鐵路的需求日增。

1991 年 2 月至 12 月間，九廣鐵路為當時共 85 組三卡編成的電氣化列車，進行首次更改車廂設計的工程，包括減少座位及拆除洗手間，並於各車站的繳費區內增設洗手間以作取代。

↑ 列車車廂進行改裝工程後，座位排列設計改為「2+2」模式。

鐵路小百科

都城嘉慕 E45

九廣鐵路於 1980 年至 1986 年間先後購置三批共 86 組由英國都城嘉慕公司生產的電動組合式車卡（EMU），即編號 E1 至 E86。然而於 1984 年 11 月 25 日早上 8 時 50 分，一列北行的電氣化列車到達上水站後準備駛入中線路軌，以便調頭後南行前往紅磡。當列車在駛至路軌分岔口時，轉轍器錯誤引領列車駛入安全側綫，導致列車撞上側綫止衝擋。肇事的 E45 組 234 號和 235 號車卡嚴重損毀報廢，而 E45 組餘下完好的 233 號車卡，在數年後用作替代何東樓車廠內撞毀、屬於 E58 組的 458 號車卡，後來成為今天的 458 號車卡。

　　車廂改裝工程包括將設有駕駛室的普通等車廂（車廂編號 101 － 144、146 － 186、301 － 316、359 － 386），由「3+2」模式的座位排列設計改為「2+2」模式，使座位數目由編號 E1-E61 列車組的 84 個，或 E62-E86 列車組的 68 個，最終減至 42 個，在增加走廊闊度，騰出更多企位空間之餘，同時亦增設了一個輪椅專用位置。

九廣鐵路電氣化列車，自 1982 年已開始投入服務。

另外 41 組設有頭等車廂的列車組（編號 E17 — E44 及 E46 — E58）中，編號 E17 及 E20 — E29 共 11 組頭等車廂改裝為普通等車廂，車廂編號亦由 417、420 — 429 更改為 317、320 — 329。另外編號 E30 — E32 列車組的頭等車廂初期曾改裝為普通等車廂，車廂編號由 430 — 432 更改為 330 — 332，後來於 1993 年再重新改裝為頭等車廂，車廂編號亦回復為 430 — 432，座位數目改為 56 個。至於另外 27 組列車組（編號 E18、E19、E33 — E44、E46-E58）的頭等連普通等車廂，則被安排取消車廂後半部分的普通等車廂，並同時把頭等車廂的座位數目由 32 個增加至 56 個。

時至 1992 年，九廣鐵路劃一以 12 卡車廂併結來行駛。

列車中期翻新工程

1996 年，九廣鐵路進一步為電氣化列車進行中期翻新工程（Mid-Life Refurbishment, MLR），以延長列車可運作年期。翻新工程由通用電氣阿爾斯通公司（GEC Alsthom）負責，此公司早於 1989 年 5 月已收購九廣鐵路電氣化列車的生產商——英國都城嘉慕公司。

　　現代化翻新工程將電氣化列車的車廂設計徹底更改，每個普通等車廂由每邊三對趟門增至五對趟門，頭等車廂則變成兩對趟門，當中一對是不打開的，另同時增加頭等車廂的座位數目至 72 個。普通等車廂的座位布置大部分由原本的全車廂對向座位，改為橫向座位，只保留前後兩邊的縱向座位。整個現代化工程於 1999 年秋季全部完成，將電氣化列車完完全全由近郊型變成通勤型；而列車的外觀由俗稱「黃頭」的黃色車頭，轉為設計較圓渾的銀黑色車頭，並有「烏蠅頭」之稱。

　　九廣鐵路保留了一組編號 E44 的三卡電氣化列車沒有進行現代化翻新工程，現存放在九廣鐵路何東樓車廠內。

電氣化列車經過中期翻新，車頭改用較圓渾的銀黑色車頭設計，綽號「烏蠅頭」。

地鐵基於列車的使用時間已屆設計壽命的一半，遂進行現代化計劃。

2005 年 6 月，九廣鐵路更為列車車廂加裝多部液晶顯示屏，並於同年 7 月開始，與有線電視（Cable TV）合作，播放《新聞直綫》節目。

地鐵列車現代化計劃

說回比九廣鐵路電氣化列車更早投入服務的地下鐵路列車。地下鐵路公司於 1997 年因應列車使用年期已屆設計壽命的一半，遂先以兩卡編號 A203 及 C203 列車進行現代化樣板，並先後調派往觀塘綫、荃灣綫與港島綫三條路綫服務，以聽取不同乘客的意見。現代化列車車廂內設有閃燈路綫圖顯示行車方向及位置，座位設計則由平滑式不鏽鋼改為有凹凸座位紋；扶手柱轉為紅色凹凸紋設計，方便視障人士；而扶手吊球則轉換為三角形吊環。

經過一段時間的載客測試，地下鐵路遂於 1998 年 8 月開始把所有英製列車進行全面翻新工程。翻新工程由澳洲生產商戈尼南車廠（United Goninan）負責，工程除包含編號 A203

⬆ 在外觀上，翻新後的列車改用了更現代化的車頭組件。

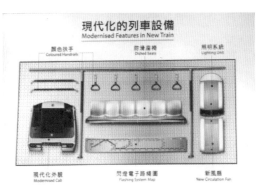

現代化列車嶄新設備總覽。

列車不鏽鋼座椅改用防滑設計，
扶手更採用紅色方便視障乘客。

及 C203 列車所做的改動外，更包括修
改車頭組件、翻新內裝及機件，並在車
廂內加入簡稱「資趣台」的自動資訊
顯示系統及列車狀態資訊系統（Train
Information System, TIS），向乘客提供
新聞及列車即時資訊。

　　整項改裝工程共耗資 12 億港元，
為乘客提供更舒適的車廂環境、更佳的
照明設備和通風系統、更舒適的座椅、
更多行李擺放空間及輪椅專用位置，亦
提升了列車駕駛室的資訊系統，從而監
察車內多個系統，遇到事故時，系統能
即時向車長提供指示。2001 年 8 月，列
車現代化計劃提早完成，翻新後的列車
均被稱為「現代化列車」（Modernization
Train, M-Train）。

車廂內的「資趣台」自動
資訊顯示系統，向乘客提
供新聞及列車即時資訊。

⤵ 首部地鐵現代化列車於 1998 年底舉行開放日，展現地鐵列車新面貌。

⤵ 地鐵列車修改了車頭組件，外貌更現代化。

⬆ 車廂內加入閃燈電子路綫圖，指示列車行駛方向及前往車站。

⬆ 列車車廂內部，改善了車廂照明系統及加裝新風扇。

地鐵車站改善計劃及地鐵月台幕門加裝計劃

　　緊接着是「地鐵列車現代化計劃」，地下鐵路公司自 1999 年開始更進一步推出「地鐵車站改善計劃」及「地鐵月台幕門加裝計劃」。「地鐵車站改善計劃」方面，主要以改善車站的環境及營運效率為目標，工程包括翻新車站大堂及

月台、添置更多的乘客升降機，與改善地底車站的空調設備、廣播系統及閉路電視等。2003 年 1 月底更進一步就車站大堂進行翻新，翻新工作除了增設更多種類商店和設施，藉以增加地下鐵路公司的非車務收入外，也有些車站的主要考慮是改善乘客人流，如灣仔站的翻新工程使三分一的出入閘機遷移至平台，令大堂有更寬敞的空間。

鐵路小百科

地下鐵路列車意外事件

翻新前的地下鐵路列車，在 1993 年 4 月 27 日也曾發生罕見意外。一列地下鐵路載客列車於當日早上 8 時 41 分由大窩口站前往荃灣站期間脫卡，首五節車卡與尾三節車卡突告分離。事後地下鐵路公司邀請英國鐵路部副總監高可誠調查意外事件，並於同年 5 月 18 日提交調查報告。報告指出意外的成因乃車卡之間自動掛鈎的接口管脫落，致使兩個掛鈎之間的機械連接未能完全緊鎖，在一般停車訊號系統剎停列車時令掛鈎鬆脫。

　　另一邊廂，為加強乘客安全，地下鐵路公司早於 1996 年中便着手研究在原本的地鐵車站月台，自地面至天花板加裝全高的連續屏障——月台幕門（Platform Screen Door）的可行性。研究指出安裝月台幕門能夠使車站大堂及月台的溫度維持在舒適的水平，節省能源及有助環保。此外，月台幕門能減少不能預計的墮軌意外。在彩虹站成功進行月台幕門的安裝測試，並諮詢公眾意見之後，地下鐵路公司在 1999 年決定分階段在荃灣綫、觀塘綫及港島綫全綫 30 個地底車站，共 74 個月台進行月台幕門加裝計劃。

　　在已投入服務的鐵路系統上加裝月台幕門是一項非常複雜的工程。由於世界各地並無其他鐵路有同樣的工程經驗，因此工程的籌劃、設計和裝嵌建造均無先例可援。加裝月台幕門

⬆ 地下鐵路車站大堂進行大規模翻新，
增設更多種類的商店和設施。

的工程包括車站及隧道通風系統、冷氣系統及抽煙系統的重大修改，以配合車站環境的改變。故此，雖然加裝月台幕門的工程可行，但當中涉及的技術難度卻相當高。因應地下鐵路系統的設計、技術規格及服務表現基準，加上嚴格的安全及營運要求，在工程進度及成本控制上都曾出現重大的挑戰。此外，為了避免影響乘客服務，所有月台幕門的加裝工程，必須於深夜凌晨 2 時至 5 時內這段極短的非行車時間內進行。

鐵路小百科

月台幕門

地下鐵路公司於 2000 年批出安裝月台幕門的主要合約，30 個地底車站的月台幕門加裝工程隨之由 2001 年中開始分階段進行。首批加裝月台幕門的車站包括尖沙咀、佐敦、油麻地及旺角，有關工程於 2002 年順利完成。

加裝月台幕門工程的財務安排

月台幕門加裝計劃的費用非常高昂，投資額達 20 億港元。計劃包含數份合約，內容包括有關月台幕門的設計、製造、安裝、測試和交付，修改環境控制系統，包括通風系統、冷氣系統和抽煙系統等；安裝設備房及修改訊號控制系統以配合加裝幕門後車站環境改變的工程。然而，加裝月台幕門後的日常維修費用，並不包括在 20 億港元的工程費用之內。

2000 年 6 月，地下鐵路公司宣布由 2000 年 7 月開始向使用八達通卡乘客收取額外 1 毫作補貼的安排。向八達通車程徵收額外費用，是為了資助部分加裝月台幕門所需的巨額開支，因地鐵市區綫的原有投資計劃並未包括該項工程費用。以 20 億港元的工程成本計算，乘客的資助為 10 億港元，即工程成本的一半。

雖然在地底車站月台加裝幕門的工程已在 2006 年上半年完成；但截至 2010 年 6 月，鐵路公司已收取的補貼費用僅達 7.75 億港元。因此收取每程 1 毫的安排仍需持續，直至款項累積至 10 億港元。在沒有計算資金的時間因素及乘客量的變化下，估計收取每程 1 毫的安排會維持至 2017 年。後來，因至 2013 年 12 月前已達至目標，便停止收取。

地面或高架車站加裝自動月台閘門工程

隨着地底車站月台加裝幕門的工程完成，地下鐵路公司於 2006 年就八個在地面或高架車站加裝月台幕門、月台閘門或其他功能類似的設施展開可行性研究。根據可行性研究指出，由於地面或高架的地鐵車站是採用自然通風；礙於車站結構所限，如要加裝大型空調和通風系統配合月台幕門的裝置，其複雜程度近乎重建整個車站。因此，要在這些車站加裝月台幕門，在技術上是倍加困難。

地鐵公司參考了迪士尼綫（Disney Resort Line）的經驗，認為利用迪士尼綫的自動月台閘門（Automatic Platform Gate）設計，在鐵路月台邊緣裝設高度及胸的滑動門，相信能有效防止乘客由月台邊緣墜進鐵路路軌之餘，也可簡化安裝月台幕門裝置的複雜性。故在 2008 年 1 月落實於地面或高架車站進行安裝自動月台閘門工程。財務安排方面，鐵路公司採納與地底車站月台幕門加裝計劃相同的模式，工程的一半開支將

透過由八達通支付的每一程車，向乘客收取 1 毫作補貼，並會以延長現時收費計劃的方式收取這些補貼。

　　自動月台閘門工程在 2010 年 4 月於港島綫的杏花邨站及柴灣站率先展開；隨後在同年 7 月，觀塘綫的九龍灣站及牛頭角站、荃灣綫的葵芳站及葵興站的自動月台閘門加裝工程亦告開展。最後在 2011 年 2 月，最後階段的觀塘綫觀塘站及荃灣綫荃灣站亦展開加裝工程。所有加裝自動月台閘門工程則最終於 2011 年年底前完成，建造費約三億港元。

　　面對兩鐵列車換新裝、鐵路車站大變身，有關工程確能應付殷切的乘客量需求，另外亦有效改善車站的環境及營運效率。

⬆ 繼加裝自動月台幕門後，地鐵再在其餘地面及高架車站加裝自動月台閘門。

194

18

車票演義　從單程車票到八達通智能卡

列車的面貌隨時代的轉變置換新裝，車站的設施亦隨社會的需要替換更新，這想必是交通運輸發展的金科玉律。車票款式及種類的演變，亦見證着時代及社會的發展。

九廣鐵路電氣化前的紙製硬卡車票

自從九廣鐵路（英段）於 1910 年 10 月 1 日投入服務以來，車票款式在這 70 多年間的變化委實不多。火車車票按乘坐的車廂等級售賣，即分為頭等、二等及三等三種；而各等級的車票則以不同顏色區分，頭等為黃色、二等為紅色、三等為綠色；車票以硬卡紙印製而成，車票面顯示出發地車站及目的地車站、車票等級、車票日期等。車票上面印有「即日本次車可用」、「逾期作廢」等字眼。除了普通車票外，九廣鐵路局亦提供來回票及月票供乘客選購。

另一邊廂，往返國內的乘客可選購直通車票；針對這些遠行的乘客，九廣鐵路局特別設立一種月台票，以方便前來送行的親友，還有為準備遠行的兒女提行李、安頓一切的父母。

⊕ 火車站內的售票處。

⊕ 售票員辦公室。

⊕ 1950 年代二等車票。

⊕ 1950 年代月台票。

⊕ 九鐵第三代單程車票，於 1993 年 6 月 30 日後停用。

⊕ 九鐵第四代單程車票，車票字樣採用藍色色調。

⊕ 九鐵第五代單程車票，首次採用膠質款式。

⊕ 九鐵第八代優惠車票，設計配以馳騁中的世紀列車。

設備現代化　改用紙質磁帶車票

1982 年，為配合九廣鐵路邁向電氣化，車站亦相應進行現代化配套設施安裝，包括出入閘機，分隔車站大堂及收費區。乘客如欲乘搭列車，便需在車站大堂售票機購買單程票或來回票。車票款式亦再不是一張紙製硬卡車票，取而代之是一種白色薄身的紙質磁帶車票，車票上並印有「九廣鐵路局」及「K.C.R.」字樣，背面則附有一條磁帶記錄車票資料。

> **鐵路小百科**
>
> **改用紙質磁帶車票**
>
> 早年，九廣鐵路尚未全面電氣化，部分車站是不設出入閘機的。故鐵路局考慮到車票或未能完全收回，故選用了紙質磁帶車票，以減低運作成本。

隨着九廣鐵路公司於 1983 年成立，九廣鐵路公司於 1983 年及 1989 年先後推出第二及第三代紙質磁帶車票，款式沒多大變化，只是以「九廣鐵路公司」字樣取代，並加入電氣化後採用的標誌。這些早期的九廣鐵路電氣化車票，最後亦於 1993 年 6 月 30 日後停用。

九廣鐵路於 1993 年 7 月 1 日推出第四代單程車票，首次採用印有「黃頭」列車樣貌的車票設計，車票字樣則用了藍色。車票分為成人單程票及優惠單程票，而優惠單程票在設計上則多印有代表長者及小孩的卡通頭像；其後九廣鐵路再於 1993 年 10 月 1 日至 2002 年 8 月 1 日間引入羅湖單程票及羅湖來回票。為配合九廣鐵路於 1997 年更換標誌，由同年 5 月開始推出第六代車票時即轉用新標誌示人，而車票字樣則改用綠色。

↑ 地鐵第一代單程車票。

↑ 地鐵第二代單程車票，
車票上已不再顯示票值。

↑ 地鐵第三代單程車票。

↑ 地鐵第四代單程車票。

膠質車票取代紙質車票

　　1990 年代，九廣鐵路為響應環保和提高車票質素，將沿用已久的紙質車票轉為膠質車票，紙質磁帶車票正式成為歷史。膠質新車票不再像紙質車票般在車票上印有車票等級、發售日期與票值等資料，而且可以循環回收再用。當九廣鐵路於 1999 年為列車進行翻新工程後，車票中的「黃頭」列車設計亦被「烏蠅頭」列車所取代，是為第七代車票。

　　時至 2003 年 3 月 3 日，九廣鐵路為配合新的票務系統而推出第八代車票，並將單程車票簡化為「成人車票」、「優惠車票」、「頭等成人車票」及「頭等優惠車票」共四種。車票以九廣鐵路標誌的雙箭頭為基礎，再配以一輛馳騁中的世紀列車設計而成，這款設計使用至 2007 年 12 月 2 日才停用。

地下鐵路單程車票及多程車票

　　至於地下鐵路，自 1979 年 10 月 1 日通車開始，便安裝由美國機霸自動系統公司供應的自動收費系統。單程車票屬附有磁帶的膠質車票，票值由港幣 1 元至 3 元不等，視乎車程距離而定，車票在出閘時會被出閘機回收。

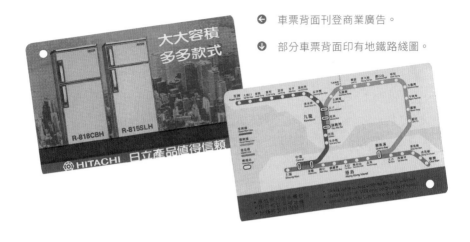

◀ 車票背面刊登商業廣告。

⬇ 部分車票背面印有地鐵路綫圖。

1980 年，地下鐵路公司推出多程車票（Multiple Journey Ticket），目的是方便乘客毋需每次排隊購買車票。多程車票共有十種供乘客選擇，將原本票值由港幣 1 元、1.5 元、2 元、2.5 元及 3 元等五種的單程車票，各自加入 10 次及 50 次的乘搭次數售賣；車票上更列明車資及可乘搭的次數，多程車票有效期為購票當日起三個月內。由於多程車票限制了乘客可乘搭的車程距離，而且地下鐵路網絡又不設彈性收費；故地下鐵路公司遂於 1981 年 3 月 29 日推出更具彈性的定額儲值車票，取代多程車票。

鐵路小百科

地下鐵路車票背面

最初的地下鐵路車票背面只有啡黑底色，後來地下鐵路公司開拓相關的廣告市場，利用車票背面刊登地鐵路綫圖、政府宣傳廣告，甚至商業廣告。每當在售票機購買車票時，冷不防售票機吐出一張廣告車票，霎時猶如小孩子在「扭蛋機」扭到自己喜歡的玩具一樣雀躍。車站票務處更有車票套可供免費索取，上面同樣附帶不同類型的廣告印刷。

← 地鐵第一代儲值車票。

↓ 地鐵第一代小童及學生儲值車票。

更具彈性的定額儲值車票

為取代多程車票而推出的地下鐵路儲值車票，於 1981 年至 1984 年間通用，票值分為港幣 25 元及 50 元兩種，有效期三個月。另外，地下鐵路更於 1981 年 7 月推出供小童及學生使用的儲值車票，當時儲值車票均統一收取成人車資，沒有小童及學生的儲值車資，而這種票值原為港幣 20 元的小童及學生儲值車票則以半價港幣 10 元發售。自荃灣綫通車後，地下鐵路公司曾推出票值港幣 100 元及 200 元的儲值車票，惜港幣 200 元的儲值車票最終因需求不大而於 1983 年停售。

地下鐵路儲值車票具有乘搭多程但毋須每次購票的優點，打破了多程車票的車資限制，乘客憑儲值車票便可以於限期內不限次數及不限車資乘搭地下鐵路，直至票值用完為止。當儲值車票的餘額不足以繳付車資，地下鐵路仍提供尾程優惠，即不論餘額多少均可乘搭任何車程，以解決實際運作上尾程補票的問題，亦為精明的乘客節省不少車費。

地鐵與九鐵聯合發行通用儲值票

1984 年 10 月 15 日，為配合九廣鐵路（英段）票務系統自動化，自此之後儲值車票便由地下鐵路公司與九廣鐵路公司

第四代儲值車票，開始可在九巴、城巴的地鐵接駁巴士路綫使用，故車票上加印上兩間巴士公司的標誌。

⬆ 第一代 50 元通用儲值票，車票上更印有額外贈送的票值。

⬆ 第一代 100 元通用儲值票，額外贈送的票值高達 10 元。

聯合發行，並稱之為通用儲值票。早在九廣鐵路推行電氣化時，車站已安裝與地下鐵路同樣的自動收費系統，而在通用儲值票推出後，羅湖車站亦同時大幅調高車資以補貼本地綫乘客，故羅湖車站的閘機亦於同日啟用，以防止使用通用儲值票的本地綫乘客誤闖羅湖車站，甚或逃票。

　　早年的車票有效期為三個月，直至 1985 年 5 月 31 日地下鐵路港島綫通車後才增至六個月。為了吸引乘客使用通用儲值票，部分較大面值的通用儲值票均贈送額外的票值。除前文提及票值港幣 20 元的小童及學生儲值車票，以半價港幣 10 元發售外，其他面值如 50 元車票、100 元車票及 200 元車票亦分別附有 54 元車票、110 元車票及 228 元的票值，只有面值港幣 30 元的車票才是以實額出售。1986 年，票值港幣 30 元的成人通用儲值票因票值太低而被取消。其後相關額外贈送的票值亦有所減少，只保留港幣 100 元及 200 元的車票，且仍然分別提供港幣 3 元及 12 元的額外票值贈送。

鐵路小百科

地下鐵車資優惠

除了票值贈送優惠外，地下鐵路公司還設立儲值票車資折扣優惠，提供約 8% 至 10% 的車資折扣，以補償乘客預繳車資的利息損失。

　　1988 年 10 月，香港政府實施學生車船津貼並取消學生車船優待證。九廣鐵路遂推出九廣鐵路小童儲值票，為 3 至 11 歲小童提供九廣鐵路的乘車優惠，而 11 歲以上的學生則須付成人車費。九廣鐵路小童儲值票初推出時是以 1981 年的小童及學生地鐵儲值車票作為臨時車票，至 1989 年 4 月 1 日才推出正式版九廣鐵路小童儲值票，車票有效期為六個月，售價及票值均為港幣 20 元。由於車票只適用於乘搭九廣鐵路，加上地下鐵路仍提供小童及學生的特惠儲值車資，故他們需分別持有兩種不同的儲值車票乘坐兩鐵，十分不便。直至 1990 年 9 月 1 日，因應小童通用儲值票及學生通用儲值票的推出，九廣鐵路小童儲值票才停止發售。

⬇ 小童通用儲值票。　　⬇ 學生通用儲值票。

⬇ 地鐵自 1986 年開始以生肖為題推出紀念車票。

特別附加費與乘車優惠

磁帶車票的其中一個特點，是可以記錄乘車資料，地下鐵路公司遂藉此功能向乘客徵收特別附加費與提供乘車優惠。

1986 年，香港政府實施「公共交通協調政策」，藉行政手段鼓勵新界區居民使用鐵路出入市區，從而減少市區繁忙的交通流量。政策的實施雖然收效，市民習慣採用利用巴士接駁地下鐵路前往市區的模式，卻導致地下鐵路彌敦道走廊一段的載客量幾近飽和，載客人次接近危險水平。

地下鐵路公司有見及此，即於 1988 年 5 月開始實施繁忙時間附加費，於星期一至六上午 8 時至 9 時，向於荃灣、油麻地與彩虹之間的車站入閘，前往佐敦、上環與銅鑼灣之間車站的乘客徵收附加費，以疏導地下鐵路彌敦道走廊一段的擠迫情況。及至 1989 年地下鐵路觀塘綫東區海底隧道鐵路路段開通後，地下鐵路公司遂向使用東區海底隧道過海的乘客，透過鰂魚涌站轉綫通道的驗票機豁免徵收附加費。

1990 年代初，香港政府進一步採取措施以紓緩地下鐵路彌敦道走廊一段的壓力，先後批准巴士公司開辦多條 300 系過海隧道巴士路綫予以配合。加上地下鐵路觀塘綫東區海底隧道鐵路路段已能有效分流東九龍區的乘客使用，地下鐵路公司遂於 1993 年 5 月取消繁忙時間附加費。

另一邊廂，地下鐵路公司亦採納香港經濟學者何濼生博士的建議，鼓勵乘客於非繁忙時段乘搭地下鐵路。地下鐵路公司便於推行繁忙時間附加費的同時，在非繁忙時間推出早晨特惠計劃。計劃採用月票模式，乘客於星期一至六早上 8 時前可無限次乘搭地下鐵路。

兩年時間過去，香港立法局於 1990 年建議改革非繁忙時間優惠制度，地下鐵路公司遂於同年 5 月推行彈性上班時間優惠，取代早晨特惠計劃。乘客毋需購買月票也能享用有關優

惠，優惠時段為星期一至六早上 8 時前以及早上 9 時至 9 時半。隨着 1998 年東涌綫通車並進一步分流荃灣綫乘客，地下鐵路公司於 1999 年 6 月取消彈性上班時間優惠。

🚦 全新非接觸式智能卡收費系統

雖然自 1989 年開始，通用儲用票的使用範圍已逐步擴展至九巴、城巴的部分地下鐵路接駁巴士路綫，在車上錢箱附近設置讀票機收費。另外更擴展至其他零售用途，如連鎖快餐店及自助證件相機付款等。在 1993 年至 1994 年間亦先後推出票值港幣 70 元的成人儲值票及票值港幣 52 元的 50 元學生儲值票，轉用高磁力感應的車票之餘，車票有效期亦增至九個月。通用儲值票廣為大眾所接受，然而卻始終逃避不了系統發展接近極限的事實。

地下鐵路公司於 1993 年為車票收費系統作出檢討，並制定長遠發展策略。研究報告指出，非接觸式智能卡收費系統，有潛力取代通用儲值票成為新一代收費系統。1994 年，地下鐵路、九廣鐵路、城巴、九巴和香港小輪組成聯合公司 —— 聯俊達有限公司，研究新的電子貨幣系統。

1997 年，聯俊達有限公司推出新一代電子貨幣系統八達通（Octopus）。當時在市面上已有另外兩種電子貨幣：萬事達國際組織旗下的 Mondex 及 VISA 公司的 Visa Cash。兩種電子貨幣均採用接觸式智能卡技術，Mondex 曾在部分專綫小巴、屋邨巴士上使用；而 Visa Cash 則主要用於小額交易，兩者甚至曾被運輸署用作試驗以代替於 1998 年推出的電子儲

⬆ 八達通卡已成為現今香港最常用的電子消費模式之一。

值卡「易泊卡」。然而成效不彰，顯然這種接觸式電子貨幣已過時，很快便銷聲匿跡。

鐵路小百科

非接觸式智能卡技術

八達通系統採用由澳洲珀斯的 ERG Group 設計的非接觸式智能卡技術，屬日本新力（Sony）科技的 13.56MHz FeliCa RFID 晶片無綫射頻技術，可於 30 毫米至 100 毫米距離間作非接觸式資料傳送進行交易。香港是全球首個將此技術應用於公共交通工具收費系統的地區。

1997 年 5 月，八達通系統率先在地下鐵路試用，並在同年 8 月推出首創版，正式於兩鐵使用。但由於八達通卡供不應求，令原已停售的通用儲值票得以重新推出。至 1998 年 8 月 31 日起，兩鐵停止發售通用儲值票，八達通於 1999 年 1 月 2 日起正式全面取代通用儲值票。

八達通初推出時共分四種，包括小童、學生、成人及長者，購買時需繳付港幣 50 元作為按金，並可儲值不多於港幣 1,000 元作為預付票值。當八達通卡餘額不足以繳付該程車資時，仍可進行交易，但最多只可負值一次不多於港幣 34 元的負值額。這正正表示已提供多年的尾程優惠隨着通用儲值票被取締而正式取消。

其後，八達通系統得到多間參與開發的公共交通營運商積極推行。甚至中華汽車有限公司（中巴）堅拒引進八達通收費系統，亦成為運輸署於 1998 年撤銷其專利巴士專營權的其中一個因素。隨着本港各公共交通營運商陸續引進八達通系統，八達通服務更拓展至零售、餐飲、門禁、考勤等用途。

車票款式從紙製硬卡單程車票到八達通智能卡，細看其當中幾度演變，足以窺探時代及社會這些年來的發展。

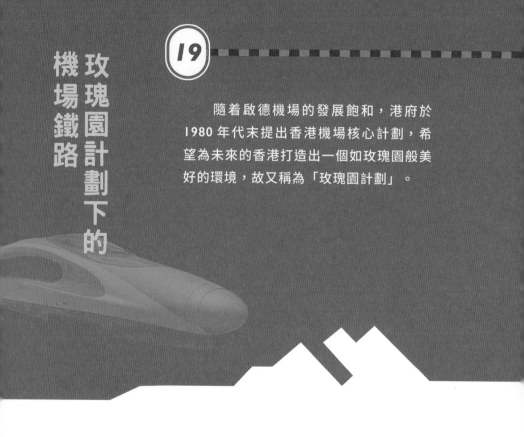

19

玫瑰園計劃下的
機場鐵路

隨着啟德機場的發展飽和,港府於
1980 年代末提出香港機場核心計劃,希
望為未來的香港打造出一個如玫瑰園般美
好的環境,故又稱為「玫瑰園計劃」。

1980 年代末,香港總督衛奕信爵士(Sir David Wilson)
公布一項香港歷史上最龐大的基建計劃——香港機場核心
計劃(Hong Kong Airport Core Programme)。計劃主要是
為興建位於大嶼山赤鱲角的新香港國際機場及其配套的基
建設施,以取代當時已經飽和的啟德機場。

機場鐵路可行性研究

機場鐵路(Airport Railway)項目是香港機場核心計劃
之一,為新香港國際機場及北大嶼山新市鎮興建連接九龍
及香港島的高速鐵路服務。香港政府於 1989 年 10 月邀請
地下鐵路公司與政府顧問一同就機場鐵路的興建、集資及
經營作可行性研究。研究於 1990 年 12 月完成,研究報告

↑ 機場快綫列車由西班牙 ADtranz-CAF 承造，外型圓渾。

指出，興建一個以中環為總站的鐵路系統，渡海至西九龍填海區另一總站，然後經荔景、青衣、青衣至大嶼山幹線，再沿大嶼山北岸至赤鱲角新機場，證實是技術上可行的。按照規劃，機場鐵路共設有 10 個車站，分別位於香港、西九龍、大角咀、荔景、青衣、陰澳（今欣澳）、小濠灣、大濠灣、東涌及赤鱲角。

　　地下鐵路公司的 1990 年年報中指出了計劃的可行性研究，並建議提供兩項服務：一、高速鐵路服務，來往機場至中環、九龍及青衣等機場鐵路車站，稱為「機場鐵路」（Airport Rail Link, ARL）；二、為於大嶼山居住及工作的人士提供一般服務，稱為「大嶼山鐵路」（Lantau Line, LAL）。這條支綫亦會紓緩彌敦道北段極需解決的擠塞情況，辦法是將荃灣綫的荔景站作為轉車處，使到荃灣綫的乘客可轉綫至新鐵路，並且利用特快服務直往九龍及港島，而於到達九龍站前只須中途停站一次。

　　然而中英雙方遲遲未能就香港機場核心計劃的財務安排達成共識，以致部分興建工程合約暫緩批出。直至 1994 年 11 月，在英方作出多項讓步後，中英雙方終就相關財務安排達成

協議，並獲立法局批准撥款注資，地下鐵路公司遂陸續批出興建工程合約。

鐵路小百科

英方的讓步

當時中國政府對香港機場核心計劃的造價與英國政府出現嚴重分歧，英方遂將機場鐵路部分路段由原來計劃的四軌設計縮減為雙軌設計，降低工程造價，最終中英雙方才能達成協議。

設計嶄新的機場鐵路列車

隨着中英雙方就財務安排達成協議，地下鐵路公司着手採購符合機場鐵路營運要求的合適車種。1994 年 11 月 28 日，地下鐵路公司終與德國 ABB 戴姆勒——平治運輸系統股分公司（ADtranz）和西班牙鐵路建設和輔助器材有限公司（CAF）組成的合資公司——ADtranz-CAF Joint Venture （ACJV） 簽訂採購機場鐵路列車合約，合約總額近 43,700 萬馬克。根據合約，合資公司將於 1998 年前提供 23 列八節編成的列車。ADtranz 負責提供帶有列車控制系統的全套牽引設備，而由西班牙 CAF 負責提供車體、轉向架、內部裝備、所有輔助設備及診斷系統等。

首列機場鐵路列車於 1997 年 10 月 16 日運抵香港，但由於機場鐵路工程進度延誤，列車抵港後待到翌年 4 月 27 日才可正式開始上綫測試運行。

機場鐵路列車由於行走的路程相對市區綫為長，故此列車設計行駛速度最高可達時速 140 公里，營運時速則為 135 公里，效能遠超市區綫英製列車的最高時速 80 公里。機場鐵路列車採用流綫型設計及內嵌式車門，然而當列車進出隧道高速運行時，氣密設計仍會使乘客的耳部感覺不適。

鐵路小百科

機場鐵路的命名

地下鐵路公司其後正式就機場鐵路（Airport Rail Link, ARL）正名為「機場快綫」（Airport Express, AEL），而大嶼山鐵路（Lantau Line, LAL）則正名為「東涌綫」（Tung Chung Line, TCL）。

機場快綫列車以藍色為設計主調

機場快綫以藍色為主調，列車經過特別設計，最多為十節編組而成，包括兩節為寄艙行李專用貨卡及八節客卡。但投入服務初期，只用七節編成營運，包括一節寄艙行李專用貨卡及六節客卡，即 E-F-G-H-G-J-K，當中 E 卡為有駕駛室並附集電弓的動力車廂、F 卡及 J 卡為傳統動力車廂、G 卡為無動力拖卡、K 卡則為有駕駛室並附集電弓的寄艙行李專用的動力貨卡。

寄艙行李專用貨卡設於往香港方向的第一節車廂，車廂不設車窗，五對車門可同時將存放寄艙行李的專用貨櫃透過車廂地台的輸送管進出車廂，乘客可於香港站或九龍站預辦登機手續時將行李寄艙。每個客卡則設有兩對車門，車門旁為行李存放架；除了 E 卡及 J 卡因設有一個輪椅停泊位而只有 62 個座位，其餘客卡均設有 64 個座位。座位設計為絲絨座椅，椅背安裝了小型電視螢幕供旅客查閱即時航班資料及旅遊資訊。由於機場快綫主力提供商務式服務，故列車不設站位。

東涌綫通勤鐵路列車

另一邊廂的東涌綫則屬於通勤鐵路綫設計，與市區綫列車一樣，最多為八節編組而成，而投入服務初期亦只為七節編成營運，即 V-Z-X-Y-X-W-V，當中 V 卡為有駕駛室並附集電弓的動力車廂、W 卡及 Z 卡為傳統動力車廂、X 卡為無動力

⊙ 東涌綫列車同樣採用西班牙 ADtranz-CAF 列車，簡稱「A-Train」。

⬆ 機場快綫列車車廂，設有小型
行李架供擺放手提行李。

⬆ 車廂內設有列車報站提示，另外
亦設有顯示屏顯示航班資訊。

拖卡、Y 卡為附集電弓的動
力車廂。東涌綫列車車廂設
計上，與市區綫列車大同小
異。頭尾兩卡車廂各設有兩
個輪椅停泊位及 42 個側向
座位，其餘各卡均設有 48
個側向座位；每卡設有 252
個站位，令全列列車可載客
2,096 人。

⬆ 乘客的寄艙行李在預辦登機手續
後透過專用貨櫃運上列車貨卡。

大規模改建荔景站

　　車站方面，機場快綫共設有四個車站，包括香港（Hong Kong）、九龍（Kowloon）、青衣（Tsing Yi）及機場（Airport）；而東涌綫則設有香港、九龍、大角咀（Tai Kwok Tsui）、荔景（Lai King）、青衣及東涌（Tung Chung）共六個車站。

> **鐵路小百科**
>
> **奧運站**
>
> 大角咀站是東涌綫首個落成的車站，由於車站落成時正值香港運動員在 1996 年阿特蘭大奧運會和傷殘奧運會上表現傑出，為表揚香港運動員的輝煌成就，地下鐵路遂於 1996 年 12 月 16 日將車站命名為奧運站（Olympic）。

　　除荔景站原屬荃灣綫車站外，其餘六個機場鐵路車站均是新建成的。荔景站作為荃灣綫及東涌綫的轉綫車站，加上改建期間荔景站仍維持荃灣綫服務正常運作，故改建工程相對繁複。

　　在改建前，荔景站 1 號月台（往荃灣方向）與 2 號月台（往中環方向）乃同層島式月台設計，為使車站最終改建為荃灣綫及東涌綫的同層跨月台轉車站設計，故首先於荔景站大堂上層加建一層月台層，並加建側綫及天橋分別接駁往美孚及葵芳的北行綫路軌，再將原有 1 號月台（往荃灣方向）遷往上層月台。完成搬遷荃灣綫月台後，便將原有 1 號月台填平成為 4 號月台候車部分，以擴闊候車月台空間，再分別加建上層 3 號月台（往東涌方向）、下層 4 號月台（往香港方向），並在 4 號月台外加建兩條分別來往香港及機場的機場快綫隧道及路軌，改建工程才告完成。

↑ 為配合機場鐵路工程，荔景站須進行大規模改建。

鐵路小百科

月台幕門

機場鐵路亦是香港首條引進月台幕門（Platform Screen Door）設施的鐵路，機場快綫及東涌綫車站均於興建時已裝設有月台幕門。基於機場鐵路的成功經驗，地下鐵路把月台幕門納入為新發展鐵路項目的基本設施。

　　較特別的是機場快綫的運作模式。機場站不設閘機，以方便旅客在機場站下車後可直接前往機場離境大堂，車費在市區車站入閘時已支付。乘客亦可於機場入境大堂先購買單程車票直接登上機場快綫列車前往市區，或到市區車站才以八達通卡繳付車資，相當便捷。收費由港幣 40 元至 70 元不等，機場快綫乘客亦可憑八達通卡免費轉乘市區綫列車。

機場鐵路先後落成通車

隨着另一個香港機場核心計劃——東涌新市鎮第一期於 1997 年落成及入伙，機場鐵路東涌綫亦順利於 1998 年 6 月 21 日由香港特別行政區首任行政長官董建華先生主持開幕儀式，並於翌日開通營運，使東涌新市鎮居民不再局限於依賴北大嶼山對外巴士路綫服務，交通情況得以改善。同年 7 月 6 日，機場快綫也與香港國際機場同時投入服務。這亦標誌着全長 35.3 公里的機場鐵路工程正式落成啟用。

機場鐵路所途經的青衣至大嶼山幹綫——青嶼幹綫，是連接大嶼山與青衣之間的陸路通道，由青馬大橋、馬灣高架道路及汲水門大橋組成。幹綫全長 3.5 公里，分上、下兩層行車。兩條橋的露天上層為三綫雙程分隔快速公路，有蓋的下層則為機場快綫與東涌綫的共用路軌，和兩條供緊急時使用的單綫行車道路。

機場快綫與東涌綫的共用路軌的路段除了青衣站至欣澳站一段青嶼幹綫，還包括香港站至九龍站的過海隧道路段，以及欣澳站至近小蠔灣車廠的一段路段。當列車駛進車站前，經過的路軌波口會按照列車訊號轉換路軌引導列車使用適當的月台。

 機場鐵路增加新車站設施

在機場鐵路啟用後五年的變化不大，而為配合於 2003 年 12 月 16 日啟用的九廣鐵路西鐵，於荔景站和奧運站之間增設南昌站（Nam Cheong），作為西鐵與地鐵東涌綫的交匯。南昌站是首個九廣鐵路與地下鐵路共用的鐵路車站，為方便乘客轉綫，車站內設有轉車閘機供手持八達通卡的乘客直接往返兩鐵的收費區；而東涌綫列車亦於 2003 年初逐步增至八節車廂編成服務，以應付南昌站啟用後所增長的客量。

↑ 機場快綫與東涌綫在青嶼幹綫路段需要共用路軌行駛，
直至欣澳站前的路軌波口才分為獨立軌道。

　　2005 年 10 月，機場快綫列車亦因應博覽館站
（AsiaWorld-Expo）於同年 12 月 20 日啟用而改為八節車廂編
成服務。博覽館站原為機場快綫的整備月台，主要供機場快綫
列車停泊及掉頭之用。直至前稱國際展覽中心（International
Exhibition Centre）的亞洲國際博覽館動工，才將此整備月台
位置更改建為機展站，最後並正名為博覽館站。

　　耗資 23.5 億港元興建的亞洲國際博覽館可租用作展覽及
會議，場地面積達 70,000 平方米。博覽館設有十個單層無柱
式展館，包括一個可容納 14,000 名觀眾的香港最大室內多用
途表演場館 AsiaWorld-Arena。故當有大型展覽或表演活動，
地下鐵路公司便會加派東涌綫列車前往疏導乘客，並不停機場
站直接前往市區東涌綫車站。

增購東涌綫列車及翻新機場快綫列車

2004 年 9 月，為進一步加強東涌綫服務，地鐵公司遂向南韓現代 Rotem 車廠訂購四列八卡編成的增強型列車。四列新列車於 2006 年 6 月 12 日至 2007 年 2 月 26 日期間先後投入服務，其內外設計均與西班牙製 ADtranz-CAF 列車沒有太大分別，同樣採用嵌入式車門，適合東涌綫高速運行時使用，隔音效果亦相對較好。

2008 年，隨着機場快綫列車營運達 10 年，遂斥資港幣 2,700 萬元翻新共 11 列列車車廂內部，其中包括將絲絨座位更換成皮製座位；並把椅背小型電視拆除，改在每列客卡加裝四個 23 吋大型液晶電視，並於小部分椅背上裝上獨立喇叭及設有音量控制器，其他座椅則為靜音區。首列翻新完成的列車於 2008 年 10 月 22 日投入服務，其餘 10 列列車亦於 2009 年年中完成翻新工程。

鐵路小百科

機場快綫早晨專綫服務

為更善用機場快綫資源，同年增設「機場快綫早晨專綫服務」，乘客於星期一至六（公共假期除外）早上 7 時至 10 時可使用機場快綫單向由青衣站或九龍站前往香港站，車資為港幣 20 元。

2015 年 7 月 7 日，港鐵於機場快綫列車的第一及第七卡座位椅背裝設適用於流動通訊裝置之 USB 充電插座，以便利乘坐機場快綫的乘客。

2020 年 1 月 2 日，中國中車發出新聞稿，宣布旗下青島四方與港鐵簽訂總值 38.2 億元人民幣的地鐵列車車輛及配件供應合約。在這批列車當中，部分將替代車齡逾二十年的西班牙製機場快綫列車。

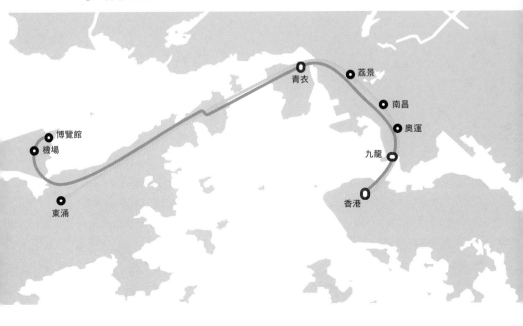

↓ 機場鐵路路綫圖。

荔景
青衣
南昌
奧運
博覽館
機場
九龍
東涌
香港

↑ 地鐵公司向南韓現代 Rotem 車廠訂購東涌綫列車，
並於 2006 年開始陸續投入服務。

20

鐵路發展研究下的將軍澳支綫與竹篙灣鐵路

研究指出,當將軍澳新市鎮人口增至
34 萬時,興建一條由藍田伸延至將軍澳的
地鐵支綫,將更合乎經濟原則。研究還提
出該鐵路支綫必須於新市鎮的人口增至 25
萬時建成。

紓緩鰂魚涌轉車站擠塞工程

1993 年 4 月,香港政府運輸科就制定鐵路發展長遠規
劃,進行了鐵路發展研究。當中明確指出長遠來說需擴展
東部走廊,並要顧及九龍東南部及將軍澳的發展,而興建
地下鐵路支綫連接將軍澳至藍田實屬其中一個獲優先發展
的鐵路項目。

地鐵公司於 1995 年 5 月展開可行性研究,並於 1996
年 4 月向港府提交建議,同年 12 月政府公布批准將軍澳支
綫進行設計工作。1998 年 10 月 20 日,時任香港特區行政
長官的董建華先生會同行政會議正式批准興建地鐵將軍澳
支綫(Tseung Kwan O Extension),並於 1999 年 4 月 24
日正式動工興建。將軍澳支綫第一期共設有七個車站,包
括新興建的寶琳(Po Lam)、坑口(Hang Hau)、將軍澳

（Tseung Kwan O）、調景嶺（Tiu Keng Leng）、油塘（Yau Tong）等，繼而取代觀塘綫連接地鐵東區海底隧道鐵路前往鰂魚涌站，並繼續延伸到北角站，路綫全長 12.5 公里；而調景嶺站及油塘站則作為將軍澳支綫連接觀塘綫轉綫站。

回首 1989 年 8 月 6 日，觀塘綫由九龍延伸過海至鰂魚涌站作為終點站。由於在港島綫興建時，鰂魚涌站的設計並沒有作為轉車站的考慮，故鰂魚涌轉綫站在設計上未能做到同層月台轉綫的安排，乘客轉綫時需沿轉綫通道步行一段路程，相當不便，亦引致轉綫通道的擠塞情況日益嚴重。

有見及此，地鐵遂推行紓緩鰂魚涌轉車站擠塞的工程，率先將原屬將軍澳支綫工程一部分的鰂魚涌至北角段提早開通。2001 年 9 月 27 日，隨着有關工程竣工，觀塘綫總站得以由鰂魚涌站進一步延伸至北角站，轉乘港島綫西行車站的乘客可於同層月台轉綫，此措施已有效分流不少乘客，也令鰂魚涌站轉綫通道的擠塞情況得以改善。

韓國製列車首獲地鐵引進

2001 年 10 月，首列將軍澳支綫列車由韓國運抵香港作測試及驗收。新列車由南韓現代 Korea Rolling Stock Corporation（公司其後於 2002 年改名為 Railroading Technology System, Rotem）與日本三菱電機聯合生產，地鐵公司共訂購 13 列韓國製 Rotem 列車供將軍澳支綫使用，是地鐵公司首次採用在亞洲製造的列車。如其他市區綫

地鐵推行紓緩鰂魚涌轉車站擠塞工程，觀塘綫總站由鰂魚涌站進一步延伸至北角站。

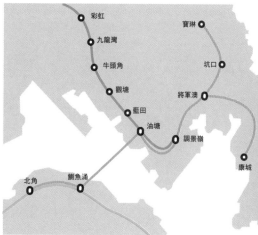

列車一樣，新列車採用八節車廂編組而成，即 A-C-B-B-C-B-C-A。當中 A 卡為有駕駛室並附集電弓的拖卡，B 卡為動力車廂，C 卡為附集電弓的動力車廂。2002 年 4 月 26 日，首列韓國製 Rotem 列車正式於觀塘綫投入服務。

鐵路小百科

K-Train

韓國製 Rotem 列車（K-Train）車廂內外的設計均與其他市區綫現代化列車（M-Train）沒有太大分別。最大相異之處是新列車棄用沿用已久的滑動式車門（Slide Door），改用嵌入式車門（Plug Door），隔音效果相對較好。

　　至於將軍澳支綫車站方面，自香港首條引進月台幕門（Platform Screen Door）設施的鐵路——機場鐵路於 1998 年投入服務，鑒於其成功經驗，地鐵公司把月台幕門納入新發展鐵路項目的基本設施範圍內，故此將軍澳支綫在設計階段已包

括了月台幕門的裝置。另外，將軍澳支綫車站月台亦延續了港島綫的特色，月台牆壁採用由地鐵建築師區傑棠先生題寫的大型毛筆字站名裝飾。

將軍澳支綫建造工程竣工開通

　　將軍澳支綫項目進展較預期理想，其中全綫的主要土木工程於 2001 年 6 月完成。最終觀塘綫油塘站率先於 2002 年 8 月 4 日啟用，而將軍澳支綫亦正名為將軍澳綫（Tseung Kwan O Line, TKL），並試行於油塘至北角之間，取代觀塘綫行走東區海底隧道連接香港島。觀塘綫自 1982 年 5 月荃灣綫啟用後，前身「修正早期系統」的過海路段被荃灣綫取代，觀塘綫總站由位於香港島的中環縮短至油麻地站。直至 1989 年觀塘綫藉東區海底隧道貫穿再度踏足香港島，如今又因將軍澳綫投入服務，再一次將過海路段縮短回九龍區，並將臨時總站設於油塘站，乘客可於油塘站同層月台互相轉乘將軍澳綫及觀塘綫列

⬆ 觀塘綫油塘站率先於 2002 年 8 月 4 日啟用，讓乘客先熟習新的轉車安排。

⬆ 坑口站月台採用側式月台設計，兩個月台的候車位置被路軌所分隔。

車。新轉車站提早投入服務，目的是讓乘客先熟習新的轉車安排，以避免將軍澳綫全綫啟用時造成混亂。

將軍澳綫在歷時三年的建造期後，終於 2002 年 8 月 18 日正式全綫通車，較原定項目完工時間提早四個月開通。將軍澳綫其餘的油塘至寶琳路段正式啟用，寶琳、坑口、將軍澳及調景嶺站亦正式開通。調景嶺站作為觀塘綫的終點站，以及將軍澳綫和觀塘綫的另一轉綫站。將軍澳綫啟用後，市民往來將軍澳和中環僅需 25 分鐘，十分便捷。

鐵路小百科

將軍澳綫項目建築預算成本

將軍澳綫項目的總建築成本修訂至 180 億港元，較最初預算成本 305 億港元減少達四成以上，地鐵公司表示主要原因是工程的中標價較低所致。

↑ 將軍澳支綫新列車採用南韓現代 Rotem 列車，是地鐵公司首次採用在亞洲製造的列車。

↑ 寶琳站作為將軍澳綫的終點站，只設有一個側式月台。

⬇ 首列韓國製 Rotem 列車於 2002 年 4 月 26 日正式於觀塘綫投入服務。

　　將軍澳綫投入服務初期，並非全數使用新購置的韓國製 Rotem 列車，部分行走列車仍為英國都城嘉慕列車。稍後甚至將全數韓國製 Rotem 列車由將軍澳綫調往觀塘綫繼續提供服務，而將軍澳綫則全數採用英國都城嘉慕列車。這要歸咎於早期將軍澳綫車廠乃外判予協助地鐵翻新英國都城嘉慕列車的澳洲戈尼南車廠（United Goninan）負責管理。一方面澳洲戈尼南車廠不善於維修韓國製 Rotem 列車，另一方面韓國製 Rotem 列車亦未能適應將軍澳綫列車訊號系統，直至 2010 年 4 月 8 日韓國製 Rotem 列車才正式調入將軍澳綫行走，以解決將軍澳綫因路段多彎而產生的噪音問題。

🔘 將軍澳綫第二期工程

　　隨着位於將軍澳南、鄰近將軍澳車廠的全新大型物業發展區——日出康城（LOHAS Park）入伙，將軍澳綫第二期的康城站（LOHAS Park）於 2009 年 7 月 26 日正式開放。

⬇ 康城站在投入服務前，曾先後被暫名為「夢幻之城」站、「將軍澳南」站及「日出康城」站，最後才一錘定音為「康城」站。

⬇ 將軍澳站在非繁忙時間作為往返康城站的轉車站。

鐵路小百科

康城站

將軍澳綫康城站位於小赤沙將軍澳第 86 規劃區的康城路，規劃初期定名為將軍澳南站。

　　將軍澳綫的兩期工程屬「Y」型走向的設計，於將軍澳站分岔，第一期沿將軍澳站西北方向延伸往坑口站及寶琳站，而第二期則沿將軍澳站東行前往康城站。康城站啟用後，將軍澳綫於繁忙時間以「3+1」形式行走北角至寶琳及北角至康城兩條路綫，即由北角站開出的列車，每三班前往寶琳站，便有一班往康城站的列車提供服務。非繁忙時間則設有來往康城站及調景嶺站的穿梭列車服務，每 12 分鐘一班，但不會提供直接往來北角站和康城站的列車服務。

　　這邊廂的將軍澳綫於鐵路發展研究下終得以落成啟用；那邊廂，竹篙灣鐵路亦在港府拍板興建將軍澳綫時逐漸萌芽。

竹篙灣鐵路

　　1998 年，香港受到亞洲金融風暴的影響而經濟呈現負增長。香港政府冀望藉發展香港旅遊業，帶動相關行業。適逢華

特迪士尼亦籌備進軍中國市場，並計劃在亞洲物色地點興建新的主題公園。1999 年 2 月，華特迪士尼與香港政府進行興建香港迪士尼樂園談判；終於同年 10 月 31 日雙方達成協議，共投資 57 億港元於竹篙灣興建迪士尼主題公園及酒店。香港政府更邀請地鐵公司就興建及營運竹篙灣鐵路（Penny's Bay Rail Link）作可行性研究。

經詳細研究後，竹篙灣鐵路定綫全長 3.5 公里，連接陰澳打水灣與竹篙灣香港迪士尼樂園度假區，屬於近郊鐵路，行車時間約為 3.5 分鐘。全綫工程於 2005 年 4 月竣工，而位於陰澳站的車站則於 2005 年 6 月 1 日啟用，取名欣澳站（Sunny Bay）；並為東涌綫加設新車站，將兩綫交匯。

竹篙灣鐵路則於 2005 年 8 月 1 日正式通車，並改名為「迪士尼綫」（Disneyland Resort Line, DRL）。由欣澳站出發，穿過北大嶼山公路橋底，經過 850 米長的大陰頂隧道，在竹篙灣公路橋底穿過，沿迪欣湖以西並通過神奇道下方，到達香港迪士尼樂園北面的迪士尼站（Disneyland Resort）作為終點站。

↑　迪士尼綫定綫。

←　東涌綫加設欣澳站，作為與迪士尼綫的交匯轉車站。

富有迪士尼特色的列車

迪士尼綫列車全綫採用三列於 1995 年購入的英國都城嘉慕列車第三代列車，並於 2002 年 12 月至 2005 年 5 月間進行改裝，把車廂內外改裝成富有迪士尼特色的布置。改裝後的迪士尼綫列車，窗戶是米奇老鼠頭形狀，並以紅邊作裝飾。車身方面，則由金色彩帶及星粉圖案點綴。車廂內的牆身，塗滿了藍、紅、黃、紫等各種鮮艷色彩，天花也滿布繁星圖案；座位是藍色布料的弧形設計梳化。此外，車廂內放有米奇老鼠、米妮老鼠、唐老鴨等 16 個迪士尼卡通人物的銅像，亦有懷念華特迪士尼的相片。至於車廂扶手吊環，也是採用米奇老鼠頭形狀設計。

↑ 迪士尼綫列車以英國都城嘉慕列車第三代列車改裝。 ↑ 列車車廂設計豪華。

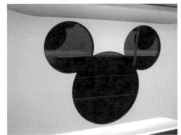

↑ 米奇老鼠頭形狀窗戶。 ↑ 米奇老鼠頭形狀吊環。

迪士尼綫是繼香港國際機場旅客捷運系統後，第二條無人駕駛鐵路。列車以四卡編成列車組行走，即 P-Q-Q-P，P 卡為附有駕駛室的動力車廂，而 Q 卡為附集電弓的動力車廂，與地下鐵路早期修正系統採用的列車編組無異。每卡車廂可載客 180 人，當中設有 48 個座位。

鐵路小百科

增加車卡應付人流

按地鐵公司計劃來看，如日後香港迪士尼樂園的遊客增加，列車將會由四卡編成增加至六卡編成的列車組，以應付增加的人流。

迪士尼站亦配合迪士尼綫通車而啟用，車站採用維多利亞時代風格，車站只設有一個月台，設備及裝飾亦仿照 19 世紀的格局，以配合香港迪士尼樂園度假區設計。置身其中，彷如帶領遊客從現代化的香港走進迪士尼樂園奇妙世界一樣。

九鐵動力　拓新領域

自新界西北的輕便鐵路於 1980 年代末投入服務開始，九廣鐵路一直處於休養生息的狀態，沒有大型鐵路工程計劃項目。然而，經過十年時間的養尊處優，在往後的另一個十年，九廣鐵路網絡出現了翻天地覆的轉變。

西部走廊鐵路近郊客運綫

香港政府在 1994 年 12 月及 2000 年 5 月先後發表《鐵路發展策略》及《鐵路發展策略 2000》研究報告，當中為了規劃香港鐵路網絡的進一步發展，提綱挈領制定出藍圖。研究報告提出多個優先鐵路計劃的方案，包括：西部走廊鐵路、馬鞍山至大圍鐵路、九廣鐵路尖沙咀支綫、九龍南環綫等。

率先出台的是一條貫通新界西北至九龍市區的西部走廊鐵路。西部走廊鐵路共有三條鐵路路綫，包括港口鐵路綫、長途客運綫，以及由市區至邊境、元朗及天水圍的近郊客運綫。1995 年，香港政府邀請了地下鐵路公司及九廣鐵路公司提交計劃書，就西部走廊鐵路近郊客運綫的走綫所採取的方案作研究。

⬆ 九鐵引進世紀列車，並以「九鐵動力，拓新領域」作為公司口號。

　　兩鐵提交的計劃書中，地鐵方案的客運段會與當時正在興建的機場鐵路東涌線整合，列車可直接往返新界西北與香港島之間。至於九鐵的方案，近郊客運綫在新界西北地區則可與輕便鐵路服務產生協同效應，加上九鐵在貨運鐵路和貨物處理的經營上已擁有不少經驗，日後整合港口鐵路綫將更趨容易。最終於 1996 年末，行政局傾向採用由九廣鐵路公司負責西部走廊鐵路近郊客運綫由市區至元朗及天水圍的設計、興建與營運建議。

鐵路小百科

東涌綫預留結構

地下鐵路公司在設計機場鐵路時，由於港府仍未決定西部走廊鐵路交予哪家公司興建。故當興建東涌綫高架橋時，地鐵在荔景站北行前往青衣途中的一段高架橋的橋身上，有一預留結構的橋面向外分岔延伸，以便日後西部走廊鐵路獲批時可向西北方向延伸，經海濱花園和荃灣，再穿過隧道進入新界西北地區。

　　1998 年 10 月 26 日，九廣鐵路公司正式動工建造西部走廊鐵路近郊客運綫，定綫的市區總站設於前深水埗碼頭的西九

⊕ 建築中錦上路站的候車月台，月台已裝設自動幕門。

⊕ 西鐵的車站設計寬敞，提供乘客足夠的候車空間。

龍新填海區南昌邨對開，定名為南昌站（Nam Cheong）；沿途於美孚（Mei Foo）、荃灣西（Tsuen Wan West）、錦田（Kam Tin）、元朗東（Yuen Long East）、朗屏（Long Ping）設站，最終以天水圍（Tin Shui Wai）作為近郊客運綫終點站。九廣鐵路公司將新鐵路綫命名為西鐵（West Rail, WR），同時將由紅磡來往羅湖的九廣鐵路英段正名為東鐵（East Rail, ER），而輕便鐵路亦改名為輕鐵（Light Rail, LR）。

　　正當九廣西鐵工程進行得如火如荼之際，有屯門居民提出訴求，指希望能將西鐵由天水圍進一步延伸至屯門。在港府規劃發展大綱時，其實已準備日後有需要可擴展西部外走廊鐵路的天水圍至屯門段，以天水圍為起點，經洪水橋、屯門北到達屯門一帶。最終九廣鐵路公司接納建議，將西鐵定綫由天水圍站繼續南延至屯門北站（Tuen Mun North）及屯門站（Tuen Mun）。

⊕ 西鐵錦上路站至屯門站採用高架橋設計，全長 13.4 公里，屬全港最長的高架橋。

九廣西鐵正式開通營運

經過五年的施工期，耗資 464 億港元，全長 30.5 公里的西鐵工程終於 2003 年底竣工，並於同年 12 月 20 日開通營運。部分車站名稱亦得以正名，包括錦田站正名為錦上路站（Kam Sheung Road）、元朗東站正名為元朗站（Yuen Long）、屯門北站正名為兆康站（Siu Hong）等。

鐵路小百科

西鐵大欖隧道

九廣西鐵工程的竣工，亦標誌着全港最長的運輸隧道——西鐵大欖隧道自 2001 年 4 月 2 日貫通後正式投入服務，全長 5.5 公里；另一邊廂，西鐵亦締造出全港最長的高架橋，由錦上路站一直延綿至屯門站，全長 13.4 公里。

列車方面，九廣鐵路公司早於 1999 年 3 月 8 日批出全新列車合約，向日本伊藤忠・近畿・川崎財團（Itochu Kinki Kawasaki Consortium, IKK）訂購 22 列七節車廂組合的 E300 系西鐵列車；並順帶訂購八列 12 節車廂組合的 E200 系列東鐵列車，以增加東鐵的行車班次和客運能力。由於該份合約編號為 SP1900，意即 Supply & Purchase 合約第 1900 號，故新車亦俗稱為 SP1900 列車，但其實這並非列車型號。是次批出全數 250 節車廂的訂單，價值逾港幣 31.01 億。

在西鐵建造期間，九廣鐵路公司以輕鐵作為新界西北區內主要交通工具的角色，並將成為西鐵的主要接駁交通工具而鋪路。輕鐵第四期發展路綫——天水圍支綫於 2001 年動工，並於 2003 年 12 月 7 日通車。當中包括於天城路及天福路拓展 1.7 公里路段，連接西鐵交匯站天水圍站與區內的主要屋苑。

↑ 九廣西鐵路綫圖。

← 九廣西鐵於 2003 年 12 月 20
日正式通車，貫通屯門至南
昌。相片攝於 2008 年兩鐵合
併後。

隨着天水圍北部居民人口於 2000 年代初大幅增長後，輕鐵亦
同時拓展天水圍預留區支綫。支綫全長 2.7 公里，將天華路以
北的主要屋邨進一步與西鐵站連繫起來。輕鐵新路綫通車當
日，輕鐵路綫隨即重組，並在稍後陸續加開新路綫以與西鐵服
務配套。

　　雖然西鐵與輕鐵在新界西北的網絡配套充足，但是屯門站
因受西鐵走綫的地理環境因素影響，屯門區居民利用屯門公路
巴士路綫往返市區往往比乘搭西鐵更為直接及快捷。另外，西
鐵第一期的市區總站設於西九龍新填海區的南昌站，未能直達
市區的中心地帶，亦是重要致命傷。致使西鐵在投入服務初年，
每日乘客量僅十萬人次左右，遠遠未達至預期乘客量的水平。

⊙ 九廣東鐵新列車模擬駕駛室。

⊙ 九鐵公司為東鐵引進 SP1900 列車，增加東鐵的行車班次和客運能力。

東九龍綫重新起步

至於馬鞍山至大圍鐵路及九廣鐵路尖沙咀支綫，原於 1993 年 4 月推出的鐵路發展研究（Railway Development Study）咨詢文件中，仍屬東九龍綫的一部分。直至《鐵路發展策略》出台，由於東九龍綫東南九龍段需視乎填海區土地用途規劃而存在不明朗因素，遂將馬鞍山至大圍鐵路及尖沙咀支綫項目優先興建，並交由九廣鐵路公司興建和營運。

鐵路小百科

東九龍綫

鐵路發展研究咨詢文件中的東九龍綫，連接馬鞍山至西九龍，是東部走廊的一部分。路綫以地下鐵路形式營運，以馬鞍山作為起點，先於大圍與九廣鐵路交匯，向南行至鑽石山與現有地鐵觀塘綫交匯，穿越東南九龍填海區後，在紅磡接駁九廣鐵路，在尖沙咀接駁地鐵荃灣綫，以西九龍與機場鐵路交匯作為終點。

其實早於 1976 年發表《香港整體交通研究》（Hong Kong Comprehensive Transport Study）報告中，便建議興建沙田環狀綫（Sha Tin Loop）及尖沙咀支綫（Tsim Sha Tsui Extension），而兩綫之間則沿用英段鐵路路段接駁。

↓ 東鐵 SP1900 列車頭等車廂。　　　↓ 東鐵 SP1900 列車普通等車廂。

英段鐵路重返尖沙咀

　　當中，新舊尖沙咀支綫規劃並分別不大，新舊兩鐵的走綫皆由紅磡車站出發，以明挖回填方式在梳士巴利道下修築一條鐵路隧道，新尖沙咀支綫會在中間道兒童遊樂場地底設立尖東站（East Tsim Sha Tsui），與 1976 年規劃尖沙咀支綫時預備在彌敦道以西的中間道新增設馬連拿站（Mariner）的位置有所出入。全長約一公里的尖沙咀支綫，於 2001 年 4 月動工，並於三年半後的 2004 年 10 月 24 日啟用。

　　隨着耗資 41 億港元建成的尖沙咀支綫的開通，九廣東鐵（即原英段鐵路）正式由紅磡車站伸延至尖東站作為總站，亦標誌着英段鐵路在 1975 年撤離尖沙咀接近三十年後正式重返尖沙咀。尖東站在興建時已裝設有由日本 Nabtesco Corporation 公司供應的月台幕門，除了是東鐵首個裝設月台幕門的車站外，更創造出全球最長月台幕門的創舉，全長達 300 米。另一方面，車站設有行人隧道連接地鐵尖沙咀站，且與地鐵接駁起來，方便轉車乘客。

↑ 尖沙咀支綫（圖中淺藍色綫）
路綫圖。

沙田環狀綫的全新演繹——馬鞍山鐵路

另一邊廂，港府早於 1998 年便已倡議興建一條馬鞍山至大圍的鐵路，以中等載客量系統，連接馬鞍山市中心、城門河東岸地區至大圍。研究報告初步建議馬鞍山至大圍鐵路的定綫設七個車站，由馬鞍山（Ma On Shan）出發，途經恒安（Heng On）、石門（Shek Mun）、第一城（City One）、沙角街（Sha Kok Street）、沙田頭（Sha Tin Tau），終點站設於大圍，與九廣東鐵交匯；走綫與 1976 年籌劃的沙田環狀綫（Sha Tin Loop）相近。

當年沙田環狀綫的籌劃旨在將網絡貫通沙田東部地區以作發展，定綫由火炭馬場出發，途經禾輋、圓洲角、沙田圍、沙田頭、車公廟、紅梅谷等六個新車站，再接回英段鐵路煙墩山鐵路隧道。當馬鞍山逐步發展成沙田新市鎮的擴展部分，沙田環狀綫在定綫上也要有所調適，遂演變成馬鞍山至大圍鐵路的新規劃。

↑ 馬鞍山鐵路於 2004 年 12 月 21 日落成通車，全綫採用「左下右上」的行車方向模式。

↑ 馬鞍山鐵路（圖中啡色綫）路綫圖。

馬鞍山至大圍鐵路由沙田環狀綫的火炭馬場至沙田圍重新規劃為馬鞍山至沙田圍；另外，先前規劃沙田圍西行路段主要在秦石邨以南、穿過新翠邨中央，並沿隆亨邨及顯徑邨以北的路段接回英段鐵路；新規劃則會改為較偏北路綫，在秦石邨以北並沿車公廟路直往大圍車站接駁英段鐵路。新走綫無疑會偏離不少現有屋邨，但卻能夠在周邊地區有更大規模的發展空間，潛在乘客量或會更大。

鐵路小百科

大圍車站預留土地

誠如港府於 1970 年代規劃屯門新市鎮時，早已預留土地作興建西北鐵路輕便鐵路系統一樣，馬鞍山作為沙田新市鎮的延伸部分，在 1980 年代中期規劃時亦早有同樣安排。大圍車站附近的大幅土地預留作新鐵路發展用途，當中包括自 1987 年開始以短期租約形式出租的青龍水上樂園、單車公園、駕駛學院等，一直到 2000 年才收回以作發展。

馬鞍山至大圍鐵路於 2001 年 2 月 12 日正式動工興建，並獲正名為馬鞍山鐵路（Ma On Shan Rail），簡稱馬鐵。路綫全長 11.4 公里，共設有九個車站，包括大圍、車公廟、沙田圍、第一城、石門、大水坑、恆安、馬鞍山及烏溪沙。為減少對地面環境的影響，大圍至石門一段屬鐵路南段，與屬於北段的大水坑至烏溪沙均建於高架橋上，而兩段之間則為大老山公路中央分隔帶。

馬鞍山鐵路於 2004 年 12 月 21 日落成通車，並以四節車廂連結的 D-P-M-D 配置模式運行，列車乃九廣鐵路特別於 2000 年 12 月再向日本伊藤忠・近畿・川崎財團以編號 SP1950 合約為新鐵路支綫訂購的 18 列四節 E500 系列列車。

當中 D 卡為設有駕駛室的無動力車卡、P 卡為設有集電弓的動力車卡、M 卡則為動力車卡。雖然馬鐵在通車初期只以四節車廂連結的中型鐵路模式營運，然而由於馬鐵採用重型鐵路規格興建，設計最終可按需求增至八節車廂連結服務。

鐵路小百科

馬鐵

大圍車站作為與東鐵的交匯站，在馬鐵施工期間亦得以擴建達三倍的面積。為着方便乘客在大圍車站橫過對面月台轉乘東鐵列車前往市區，馬鐵採用了「左下右上」的行車方向，有別於香港其他鐵路綫的「左上右下」的行車方向。

九龍南環綫──西鐵尖沙咀延伸

港府在《鐵路發展策略 2000》中建議興建九龍南環綫（Kowloon Southern Loop），並於 2002 年 9 月 24 日邀請九鐵建造及營運九龍南環綫，將西鐵接駁至尖沙咀，並與東鐵相連。

九龍南環綫東西兩鐵的研究接駁方案有二：一、1997年方案，在位於前佐敦道碼頭的西九龍填海區設立九龍西站（West Kowloon），由西鐵南延、東鐵則通過尖沙咀支綫後沿廣東道北上至九龍西站與西鐵交匯，西九龍總站以兩層月台層設計，下層月台為東鐵月台、上層月台則為西鐵月台，上面則是地面車站大堂層；二、1999 年方案，以紅磡為交匯站，當九龍南環綫建成後，尖沙咀支綫路段會歸入西鐵營運，屆時紅磡車站會以兩個雙島式同層月台交匯。然而，新鐵路項目最終採納以紅磡為交匯站的方案，並獲正名為九龍南綫（Kowloon Southern Link, KSL）。

2004 年 3 月 26 日，港府首次就九龍南綫項目刊憲，正式

研究籌劃細節。按原定走綫安排，九龍南綫自西鐵南昌站向南延伸，沿連翔道地底到達前佐敦道碼頭巴士總站設立九龍西站（West Kowloon），後繼續沿廣東道、梳士巴利道接駁尖東站。為使新鐵路項目更具效益，九廣鐵路公司早於 2001 年 7 月向港府遞交的初步建議已提及在廣東道設站計劃，後再於 2004 年 7 月與廣東道沿綫最大業主九龍倉集團磋商設立廣東道站的可行性。

設立廣東道站可行性研究

當時興建方案有二：一、地庫方案，將在位於廣東道的世界商業中心南北兩座的地庫建站；二、物業重建方案，即在重建後的世界商業中心下建站。經過詳細研究後，指出地庫方案將會造成不能接受的風險，故物業重建方案是唯一在技術上可行的方案，預計工程費用總額為 18 億港元。當中包括基本預留工程、車站工程，以及車站外殼結構和相關工程等。

然而由於九龍倉集團拒絕承擔相關工程費用，最終在雙方未能於工程費用方面達成共識的情況下，九廣鐵路公司在 2004 年 12 月 6 日正式宣布否決在廣東道建站；而港府對路綫項目的修訂亦於 2005 年 1 月 7 日正式刊憲。

鐵路小百科

九龍南綫計劃

乘客量估算方面，九龍南綫預計到 2016 年在不設廣東道站的非假日客量每日可達 245,000 人次，而增設廣東道站則只能帶來額外乘客量 25,000 人次。雖然整項九龍南綫計劃在財務上仍是可行的，然而廣東道站在財務上不但沒有收益，反而會拖低整個項目的回報率。

九龍南綫（圖中粉紅色綫）
路綫圖。

2005 年 11 月 8 日，九龍南綫正式動工。在經過接近四年的施工期，耗資 83 億港元、全長 3.8 公里的九龍南綫於 2009 年 8 月 16 日正式通車；而原計劃的九龍西站則因廣東道站被否決而稍作南移，即位於柯士甸道西附近位置，並改名為柯士甸站（Austin）。

增購列車應付乘客量增加

2006 年 1 月，九廣鐵路公司批出編號 KRS991 合約，續向日本伊藤忠‧近畿‧川崎財團訂購 34 節 E300 系列列車，總值 5.78 億港元。當中 28 節新車廂會組成四列 E300 系列七節編成的列車，於 2008 年 8 月至 10 月間先後投入西鐵服務，而另外六節新車廂則會用於擴編兩列原馬鐵 E500 系列的四節編成列車，且率先於同年 5 月 4 日及 6 月 1 日調往西鐵使用。經過是次增購列車，令西鐵營運的列車增至 28 列。

◉ 落馬洲支綫的開通，有助紓緩羅湖車站的壓力。

◉ 九廣西鐵採用近畿車輛供應的 E300 系列車，井然停放在八鄉車廠內。

全新過境口岸　落馬洲支綫

1999 年，由於羅湖口岸過境旅客日增，為及早紓緩東鐵羅湖車站的壓力，港府遂構思增建上水至落馬洲支綫，作為香港第二條跨境客運鐵路出入境通道。

鐵路小百科

北環綫工程

落馬洲支綫（Lok Ma Chau Spur Line）原屬九廣鐵路西鐵第二期——北環綫（Northern Loop）工程，籌劃中的北環綫全長 11 公里，會從西鐵錦上路站興建一條新支綫向北伸延，途經錦繡花園設站，再以「Y」形設計分岔前往落馬洲站及通過古洞站前往東鐵上水站。北環綫落成後，將形成一個環狀鐵路網絡，好比日本東京山手綫。

由於當時西鐵尚未開通，實際乘客量並未明朗，故遂先以東鐵於上水站興建一條新支綫向西北伸延，穿越塱原濕地、古洞及洲頭，連接落馬洲新過境口岸。全長 7.4 公里的落馬洲支綫，工程於 2003 年 1 月 29 日展開，主要工程包括上水站的改善工程，在穿越塱原濕地一段鑽挖隧道，以取代興建高架橋方案避免嚴重破壞塱原濕地的生境及地貌。隨後在古洞（Kwu Tung）設預留地底車站結構，以應付港府於 2003 年公布籌劃的古洞新市鎮計劃。落馬洲支綫隨後會以高架橋形式伸延至落馬洲（Lok Ma Chau）設站，作為落馬洲支綫管制站的出入境通道。

落馬洲支綫最終於 2006 年底竣工，後延至翌年 8 月 15 日下午 4 時正式啟用。繁忙時間來往紅磡至落馬洲的列車每小時共開出六班，非繁忙時間每小時亦有五班列車。

隨着九廣鐵路各路綫按年逐步開通，其服務不再局限於

來往羅湖及紅磡南北鐵路走廊。網絡的覆蓋更為廣泛，就如其
公司口號一樣：「九鐵動力，拓新領域」。

↓ 九廣鐵路網絡路綫圖。

兩鐵合併
一路帶動生活

踏入千禧年代，香港政府就《鐵路發展策略 2000》研究報告所規劃的鐵路項目，邀請地鐵公司及九廣鐵路公司承投有關項目，當中包括西部走廊鐵路（即西鐵）及沙田至中環路綫等。

　　2002 年，港府將沙中綫經營權批予九廣鐵路公司，卻引起市民對沙中綫與現有地下鐵路網絡日後的轉車問題的關注。由於地鐵公司早於 2000 年進行私營化成上市公司，投資者擔憂地鐵公司因未能投得此重要路綫而影響公司的發展前景，甚至擔心地鐵獨家經營的過海鐵路業務會被蠶食。社會上不少聲音認為兩鐵最終會形成惡性競爭之勢，港府遂於 6 月 25 日首次公布研究地鐵與九鐵系統合併的可行性，冀望兩鐵合併可提高香港鐵路運輸系統的效率。

　　事隔兩年，港府於 2004 年 2 月 24 日公布邀請九鐵與地鐵有限公司開始商討有關兩間公司可能合併的計劃，並制定五個範疇供兩鐵研究，當中包括客觀透明的車費調整機制、取消轉乘車費、降低票價、前綫員工職位保障，以及提供具整合性而又方便的轉車安排。及至同年 9 月 16 日，

兩鐵向港府提交聯合報告書，對政府制訂的五個範疇予以正面回應，制定合併後，冀為香港締造一個世界級統一鐵路網絡的藍圖。當時，港府指兩鐵可望於 2005 至 2006 年度落實合併安排。

鐵路小百科

政府產業私營化

隨着 1998 年金融風暴的陰霾散去，港府遂計劃將政府產業私營化，當中包括地下鐵路公司。地鐵公司於 2000 年 6 月註冊為有限公司，並於 10 月 5 日正式在香港聯合交易所以每股 9.38 港元、發售 11.5 億股上市，正式成為股份有限公司。另一邊廂的九廣鐵路則因西鐵及落馬州支綫工程項目有大筆舉債，以及折舊的支出，故預計最快亦要到 2006 年後才會詳細研究上市。

九鐵管理層失誤　促成合併的催化劑

然而，九廣鐵路公司的行政管理失當，催化了兩鐵合併的進程，這可追溯至 2005 年寒冬至 2006 年初夏期間的鐵路事故及人事問題。

2005 年 12 月，九鐵經過中期翻新的電氣化列車在日常例行檢查中被發現車底組件出現裂紋，當中包括靜態組件如電池箱等，也有些動態組件如壓縮器及發電機等也發現同樣的情況。部分列車更須利用尼龍索帶來穩固組件位置，同時需要改用人手控制列車，以避免自動操作系統的加速力惡化列車組件裂紋問題。另一方面，部分列車更因裂紋問題較嚴重而安排即時停駛。

2006 年 1 月 20 日，九鐵因發現有列車底部主器材箱的掛接位螺絲出現裂紋，這有別於以往的焊接位，九鐵考慮裂紋位

⬇ 九廣東鐵的鐵路事故，催化了兩鐵合併的進程。

置受力甚大，為免禍延其他列車，更一度計劃全面停駛。其後，由於在擴大檢驗時僅發現四節列車有同類問題，為免停駛會引致新界東出現交通大癱瘓，最後九鐵決定維持正常服務，繁忙時段班次亦由每小時 23 班縮減至 21 班。

最終裂紋事件得到圓滿解決，九鐵並於 2006 年 5 月 6 日發表《東鐵列車車底組件裂紋調查報告》，調查報告顯示車底組件裂紋形成的主因有二：一、靜態組件出現裂紋主要是由車身共振產生的過度震動所造成的，焊接不完善亦促成容易產生裂紋；二、壓縮器及發電機形成裂痕的主要原因乃是焊接不完善，而由車身共振產生的過度震動、轉動組件自行產生的過度震動亦是促成問題的原因。

鐵路小百科

調查報告中的改善措施

《東鐵列車車底組件裂紋調查報告》中亦羅列出多項改善措施，包括改善懸掛系統以減低車身震動，長遠改良承托架的設計，修訂列車預防性維修程序及時間表以加強列車掛件的檢驗，於列車及路軌安裝儀器，監察車輪及路軌彼此的互相影響，並制定路軌更換時間表，優先處理震動較嚴重的路段等。

九鐵管理層兵變　九天風雲

2006 年 3 月，延續東鐵列車裂紋事件的餘波，時任九鐵署理行政總裁的黎文熹連同 5 名總監及 19 名總經理去信九鐵管理局，指公司主席田北辰過分干預內部事務、要求過高的透明度及過度的問責，以致形成責難文化，並指出主席與行政總裁的權責不清。

其後，九鐵主席田北辰宣布辭職，九鐵管理局召開特別會議處理事件，以九鐵市務總經理黎啟憲為首的 20 名九鐵高層人員集體請假，並到場聲援黎文熹及支持田北辰辭職。及後，田北辰獲挽留，當時特首曾蔭權直指九鐵出現嚴重的紀律問題，並下令九鐵管理局慎重處理事件。最終 20 名九鐵高層人員因集體請假而獲處分，九鐵公司宣布解除黎啟憲的合約，其餘 19 名高層人員則獲發警告信；與此同時黎文熹亦須為出現嚴重紀律問題負責而辭去署理行政總裁一職。終於，九鐵管理層兵變終告一段落。

雖然鐵路事故及人事問題的起因是九鐵公司的內部事務，但九鐵一直被公認是「退休高官俱樂部」，公司文化一直為外界所詬病。鐵路事故和人事問題兩者皆乃管理層失誤所致，這也暴露出港府的監管不力，遂使兩鐵合併更顯得事在必行，也催化了合併進程。

為兩鐵合併之路掃除障礙

2006 年 4 月 11 日，香港特區行政長官會同行政會議通過兩鐵合併方案，並公布有關九鐵與地鐵系統合併的建議架構及財務條款。基於地鐵有限公司本已是一間上市公司，經過詳細研究後，港府認為將九廣鐵路的經營權轉交地鐵有限公司較為

恰當。《兩鐵合併諒解備忘錄》得以正式簽訂，兩鐵隨即展開合併安排。

鐵路小百科

兩鐵合併諒解備忘錄

《兩鐵合併諒解備忘錄》中訂明，地鐵公司將向九鐵公司一次性支付 42.5 億港元，以取得九廣鐵路網絡 50 年的服務經營權（包括本地及跨境運輸服務）及購入部分九鐵公司的鐵路資產，但部分鐵路資產則仍舊由九鐵持有。地鐵有限公司的中文名稱將更改為「香港鐵路有限公司」，唯英文名稱 MTR Corporation Limited 則予以保留。

《兩鐵合併諒解備忘錄》亦提及有關車務結構與轉乘問題：兩鐵合併後將調整車務結構，使用八達通繳付成人車費可減最少 2 角、取消相關轉乘車費、中程及長程車費調減半成以上及一成以上。合併後兩年內不會調整車務結構，並引入可加可減機制，使車費可因應物價指數及工資指數調整。至於轉乘問題方面，將拆除及或重組兩鐵共同轉車站內轉車時所經過的閘機，並取消相關轉乘車費，使乘客轉乘時更方便。沙田至中環綫亦會盡快定出細節，屆時將毋需繳付轉乘車費及提供綜合轉綫車站等。

《兩鐵合併條例》於 2007 年 6 月 8 日在立法會三讀通過，而相關附例亦於 2007 年 7 月 11 日獲得通過。由於地鐵有限公司為上市公司，故於 2007 年 10 月 9 日為獨立小股東舉行特別股東大會，了解地鐵小股東的意向。會上由小股東投票議決合併方案，由於政府及聯繫人因涉及關聯交易而須放棄表決權，其後共有 253,800,897 股支持、54,620,311 股反對，即分別佔投票總股數 308,421,208 股的 82.29% 及 17.71%。合併方案獲得小股東投票通過。

最後，兩鐵合併的程序在港府於 2007 年 10 月 26 日正式刊登憲報後正式完成。

兩鐵合併的軟硬件配套

隨着《兩鐵合併條例》於 2007 年 12 月 2 日生效，九鐵與地鐵系統正式合併營運，有關列車、車站設施、鐵路基建等全數租予港鐵公司作鐵路營運之用，而擁有權仍屬於九鐵公司。

回首當初九鐵與地鐵系統合併營運在即，為加快兩鐵標誌置換，九鐵列車在合併前已換上港鐵標誌，再在上面蓋回九鐵標誌；待合併前當晚收車回廠後，工作人員便旋即撕走列車上的九鐵標誌。另一方面，九鐵車站內需要改動的焗漆指示板在合併前亦預先換成港鐵樣式，再在新指示版上貼上紙板，好讓站內職員可於 12 月 1 日收車後迅即換走。部分九鐵車站出閘口上方的「多謝乘搭九廣鐵路 Thank you for traveling by KCR」牌箱，則被安排蓋上「一路帶動生活 The ride to great living」標語。

另外，原九廣東鐵及地鐵荃灣綫均設有旺角站。為免令乘客混亂，遂將九廣東鐵旺角站易名為旺角東站。

⬆ 為加快兩鐵標誌置換，九鐵列車在合併前已換上港鐵標誌，上面再蓋回九鐵標誌。

⬆ 荃灣西站外的大型九鐵標誌，在兩鐵合併後更換為港鐵標誌。

兩鐵合併後港鐵路綫版圖。

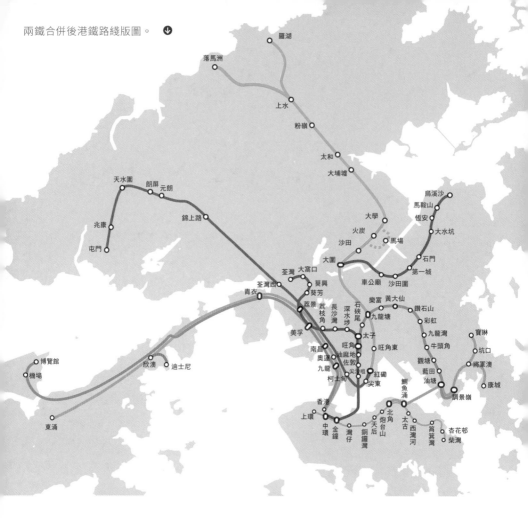

羅湖
落馬洲
上水
粉嶺
太和
大埔墟
天水圍　朗屏　元朗
兆康
錦上路
屯門
扁溪沙
馬鞍山
恆安
大水坑
大學
火炭
沙田　馬場
石門
第一城
荃灣　大富口
荃灣西
青衣
葵興
葵芳
荔景
荔枝角
長沙灣
深水埗
石硤尾
樂富　黃大仙
九龍塘
鑽石山
彩虹
美孚
太子
旺角
旺角東
九龍灣
牛頭角
寶琳
坑口
將軍澳
康城
博覽館
機場
欣澳　迪士尼
南昌
奧運
九龍
柯士甸
油麻地
佐敦
尖沙咀
尖東
紅磡
觀塘
藍田
油塘
調景嶺
東涌
香港
上環
中環
金鐘
灣仔
銅鑼灣
北角
炮台山
天后
太古
西灣河
筲箕灣
杏花邨
柴灣
鯉魚涌
車公廟　沙田圍

兩鐵合併前，九鐵公司隨九龍南綫工程為輕鐵購置新列車，並在合併後租予港鐵公司，改善服務質素。

輕鐵新列車的車廂內部採用鮮艷的顏色，予人煥然一新之感。

⬇ 兩鐵合併後，原九廣東鐵的旺角站易名為旺角東站，並為車站作出翻新。

⬇ 兩鐵的票務系統合併，長途車程的票價獲大幅調低。

合併票務系統

　　然而，在最受香港市民關注的票務系統方面，港鐵在兩鐵合併營運初期尚未趕及將原來的地鐵、九廣東鐵、九廣西鐵等票務系統整合，只能先按計劃於合併首日起調低票價。

　　按計劃，港鐵於合併首日起調低票價，包括：

合併後的票價

1	成人八達通所有收費減 2 角；
2	12 元或以上的長途車程，可額外減 1 元；
3	於九龍塘、美孚、南昌、尖沙咀或尖東站轉綫，除可享第 1 及第 2 項調減外，亦可享再入閘費調減，轉一次車減收 1 元至 3.5 元，轉兩次車則可減收 2 至 7 元；
4	12 元或以上的長途車程，經過上述第 1 至第 3 項調減後，如減幅不足 10% 者，最少減 10%；

（續上表）

5	8.5 元至 11.9 元的車程，經過上述第 1 及第 3 項調減後，如減幅不足 5% 者，最少減 5%；
6	使用單程車票於各獨立出入閘車程，亦可享第 4 及第 5 項調減；
7	特惠車費的減幅約為成人票價的一半；
8	學生憑學生個人八達通卡乘搭港島綫、荃灣綫、觀塘綫、將軍澳綫、東涌綫及迪士尼綫可享有特惠車費，而其餘路綫則須繳付成人車費，憑卡於九龍塘、美孚、南昌、尖沙咀及尖東站轉綫可享相等於成人車費百分比的減幅；
9	合併後一年內，逢星期日及公眾假期長者八達通每程只需 2 元；
10	票價凍結期、東鐵全月通、西鐵全月通及西鐵自悠通優惠，最少維持至 2009 年 6 月 30 日；
11	上述車費調減及長者優惠並不適用於輕鐵、東鐵綫過境路段全程、港鐵巴士及機場快綫；而列作九巴專利巴士的路綫改稱港鐵接駁巴士，並依專利巴士的車費水平調整；
12	再入閘費調減不適用於憑全月通或機場快綫旅遊票轉綫，以及使用機場快綫免費港鐵接駁服務或往返落馬洲及羅湖站的車程。

　　2008 年 9 月 28 日，港鐵完成整合三個票務系統，並在原九鐵路綫（東鐵綫頭等附加費、港鐵接駁巴士、羅湖及落馬洲站除外）向持有合資格之學生個人八達通使用者提供低至半價的特惠車費。這是自 1988 年 10 月港府實施學生車船津貼並取消學生車船優待證，原九鐵路綫撤銷學生特惠車費接近 20 年後再獲提供特惠車費優惠。

　　合併後的港鐵系統，由觀塘綫、荃灣綫、港島綫、東涌綫、將軍澳綫、東鐵綫、西鐵綫、馬鞍山綫、迪士尼綫及機場快綫共 10 條路綫所組成，路綫總長度達 211.6 公里，共有 84 個車站；另外，輕鐵系統亦設有 68 個車站。港鐵列車數目由地下鐵路公司成立時的 140 卡，增加至 1,863 個車廂。

23

貨運鐵路服務 走到時代的盡頭

一般來說，貨運鐵路服務在合適的情況下遠較道路貨運廉宜得多，也能節省能源，當中尤以長途兼大量貨物的區域載運最為適合。

自從九廣鐵路於 1911 年營運以來，這條英段鐵路已肩負起貨運鐵路服務的重任。通車初期，九廣鐵路局的主要車隊共有兩輛 Kitson 2-6-4 型蒸汽火車頭、八輛客卡和 50 輛貨卡，足以證明貨運鐵路服務的重要性。

直通貨運服務展開

1946 年至 1949 年間，國共內戰爆發，內地局勢不穩，直通客運服務因政治因素而被迫暫停。雖然如此，但香港和內地之間的經貿往來並沒有因此而中斷，直通貨運服務亦由此展開。

當時所有鐵路機車全由九廣鐵路提供，而來港的貨卡，則屬於由廣州鐵路局廣段管理的中國鐵路。供港的貨卡種

↑　運載貨櫃的敞車和載運乾貨的棚車，是貨運服務的主要車卡。

類繁多，當中包括用以運載乾貨的 P64K 型棚車、採用開頂設計用以運載貨櫃的 C64 型敞車、運載牲畜的牲口車，以及運載急凍貨品和新鮮食物的急凍車卡等。

　　到了 1950 年代中期，由於有不少內地人士逃到香港，九廣鐵路向廣州鐵路局租用了一輛 UZ22 型郵政車卡，將難民的大量書信寄返內地，同時亦將內地寄來香港的郵件運送到港。

鐵路小百科

整體載貨量變化

1950 年代的整體載貨量變化頗大。1950 年代初，韓戰爆發，兩地貿易斷絕，載貨量減少。1958 年，中國推行大躍進，提倡「超英趕美」。兩地貿易又受影響。可見經濟發展和政治發展關係密切，交通貿易也受到影響。

七十年代擬建船灣及葵涌支綫

　　1970 年代，本港貨運發展急速起飛，葵涌貨櫃碼頭首四個碼頭於 1972 年至 1976 年間相繼啟用，港府不斷提供新的

設施配套，以配合長遠貨運發展的需求。而根據九廣鐵路局1972/73 年度報告，鐵路貨運收益高達 10,225,736 港元，較之前一個年度增加 1,357,840 港元，增長率高達 15.31%，較同年度客運收益增長率 11.38%（收益增加 1,055,770 港元）還要高，為發展鐵路貨運打下一支強心針。

1974 年，港府計劃在大埔東北填海興建香港首個工業邨；九廣鐵路局局長遂提出興建一條船灣支綫，走綫由大埔墟車站出發沿大埔北連接至大埔工業邨，並以客、貨運的形式營運新支綫，以應對大埔工業邨的勞動人口及貨運需求。同時鐵路貨運亦避免了因路面擠塞而令運輸受阻，亦有助減少馬路上貨車的數目。另一方面，沙田民政事務處當時正就新界東新建屠房進行選址，其中一個方案便是大埔工業邨以東的臨海地，而興建船灣支綫將有助牲口由中國內地通過鐵路運送來港。按估算，九廣鐵路局每年單計這方面的收入將可達 100 萬至 130萬港元。

鐵路小百科

船灣支綫延伸至三門仔

船灣支綫在未來規劃上更計劃延伸至三門仔，有指當時三門仔曾計劃興建貨櫃港，配合吐露港水深的優勢；而由九廣鐵路興建船灣支綫，則可以鐵路運載貨物到市區、帶動貨物流轉，有助配合港口鐵路發展。

九廣鐵路局除擬建的船灣支綫外，局方還看準了貨物出口的南大門——葵涌貨櫃碼頭，欲將路綫進一步以葵涌支綫（Kwai Chung Line）形式延伸。鐵路部署理總工程師宋達仕（C.R. Saunders）表示，擬建的葵涌支綫由大圍徑口路以西從鐵路主綫分支，貫穿九龍水塘主水庫下石層抵達葵涌貨櫃碼頭

設側綫，再通往規劃中的葵芳地鐵站與地下鐵路交匯，屬一條客、貨運兼備的鐵路，建造期需時三年。

葵涌支綫的興建計劃無疑利便中國內地使用葵涌貨櫃碼頭進出口貨物，且可吸引更多內地貨物來港。九廣鐵路局局長高嘉禮認為，九廣鐵路必須藉此改善來往中國內地間之載貨量及效率，以應付國內進出口貨物劇增的需要，方能保持香港作為轉口港的地位，否則中國內地將會將部分途經香港的貨物轉移至其他港口。然而，建議中的葵涌貨櫃碼頭貨站限制在於可能只能容納貨櫃轉運，而沒有足夠空間來處理包括牲口在內的非貨櫃貨物；當然，隨着來自內地的出口貨物增長，內地貨物出口貨櫃化將是大趨勢。

在九廣鐵路貨運發展里程中，船灣支綫和葵涌支綫計劃的命運彷彿緊緊聯繫在一起。1977 年 7 月 15 日，在 K.C.R. Programme Plan Steering Group（譯：九廣鐵路項目計劃督導小組）會議中，有人指出大埔墟至船灣的延伸鐵路不太可能興建，故將放棄預留鐵路用地。另一邊廂，位於葵涌貨櫃碼頭的鐵路貨運站預留用地亦予以釋放以供貨櫃碼頭擴充之用，船灣支綫及葵涌支綫的計劃最後無疾而終。

鐵路小百科

九廣鐵路局高嘉禮局長

高嘉禮局長於 1974 年 4 月由英國鐵路局借調來港出任九廣鐵路局局長（General Manager, Railway），並於 1978 年 3 月 31 日離任，前往南非出任波扎那鐵路局局長。高嘉禮局長的離任，亦標誌着其上任後提出的九廣鐵路擴展宏圖正式落幕。

貨運鐵路服務的黃金時期

踏入 1980 年代，貨運鐵路服務進入黃金時期。隨着客運鐵路電氣化，柴油機車憑藉其強大馬力，仍然肩負着牽引貨卡及工程車卡等工作。當時香港的製造業十分蓬勃，香港貨品經常透過貨運鐵路服務運往內地出售，而內地製國貨例如日用品，亦會透過貨運鐵路服務輸港，致使貨運鐵路服務經常出現供不應求的情況。每班貨運列車動輒出現兩卡機車重連甚至三卡重連，以進一步增強列車馬力以拉動大量的貨卡。

貨運鐵路服務的全盛時期，九廣鐵路共設有六個貨場供貨運列車卸貨，當中包括紅磡貨場、何文田貨場、旺角貨場、沙田貨場、火炭貨場及羅湖貨場。紅磡貨場內設有行車室作機車維修場地。另外亦設有吊運貨櫃的大型龍吊機，而國際郵件中心也設於貨場內。何文田貨場亦稱為何文田牲口站，供運載牲畜的牲口車卸貨之用；後期則改於上水屠房站處理。在眾多貨場中，羅湖貨場的角色至為重要。

鐵路小百科

何文田貨場

何文田貨場只有一條渡綫與北行綫路軌接駁，牲口列車南行通過旺角車站後，便由路軌波口轉往北行綫路軌反方向前往何文田貨場，而此時由紅磡車站開出的載客電氣化列車，則經由南行綫路軌反方向前往旺角車站前的路軌波口才轉回北行綫路軌。

雖說直通貨運服務的發展時間不算短，但其實內地貨運列車並不會將貨卡直接牽引到香港各個貨場，而是先駛往羅湖貨場，然後內地方的機車解勾後便會駛回內地。羅湖貨場主要用作編組場，讓九廣鐵路的機車將貨場內載有不同類型貨物的

↑ 紅磡貨場的指示牌。

↑ 連接鐵路主綫與紅磡貨場間的渡綫。

貨卡重新編組，再交由各個機車將貨卡送往不同的貨場。相反，從各個貨場運來的貨卡，亦會在羅湖貨場按照貨卡的目的地重新編組，再待內地方機車將貨卡牽引回內地目的地。

港口鐵路綫

1990 年代初，香港政府運輸科就制定綜合鐵路發展策略，遂建議發展西部走廊鐵路，當中包括一條連接邊境至葵涌貨櫃港的港口鐵路綫（Port Rail Line）。根據港府於 1994 年 12 月發表的《鐵路發展策略》，港口鐵路綫將由邊境開始，經羅湖至錦田一段鐵路（即後來稱為「北環綫」），在錦田連接附近的西部走廊鐵路近郊客運綫（即現西鐵）前往位於葵涌的港口鐵路貨運站。另一方面，該綫在凹頭一帶將設置預留位置，長遠而言可通過往大嶼山客貨運共用綫以接駁位於大嶼山東南部的擬建新貨櫃港。

鐵路小百科

內地和本港間的貨櫃運送

根據九廣鐵路公司於 2000 年進行的一項研究，預計到了 2010 年，內地和本港之間經由鐵路運送的貨櫃，以 20 呎標準貨櫃單位計算，每年約為 50 萬至 70 萬個。到了 2020 年，會增加到 125 萬至 180 萬個。

　　本港和內地之間的貨運業務雖然前景甚佳，但是近年九廣鐵路公司卻要面對日趨激烈的本地和國際貨運公司競爭，以致貨運業務方面的增長速度不升反降。

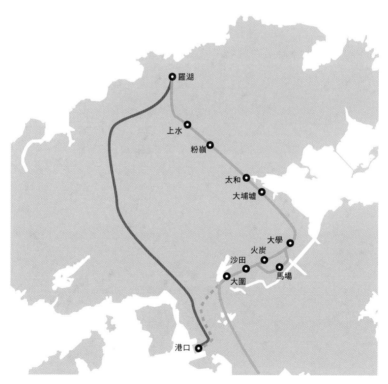

↑　港口鐵路綫西鐵方案（紫色綫）與東鐵（藍色虛綫）方案路綫圖。

　　九廣鐵路公司在 2000 年 5 月 9 日於立法會參考資料摘要中提到，1990 年九廣鐵路公司的貨運業務獲純利 5,970 萬元，但這一數字在 1996 年已急劇下降至 770 萬元；1997 年的純利則為 1,040 萬元。在 1998 年和 1999 年，該公司在貨運業務方面分別出現 2,350 萬元和 1,700 萬元的虧損。在同一時期，本港的貨運業市場每年平均有 9.7% 的增長。

　　為了充分利用九廣鐵路公司現有的鐵路基礎設施和工作人員，以及爭取未來的營商機會，當時九廣鐵路公司在立法會中提出未來將制訂一套貨運業務策略，訂定三項重要的發展建議：經營雙向的貨運代理業務、建造一條由大圍至葵涌貨櫃港的港口鐵路綫連港口鐵路總站，以及與內地組成合營企業，在平湖發展一個貨物貯存、綜合處理和分發中心。

擬建港口鐵路綫吸納內陸較偏遠腹地的貨運

　　到了 2000 年 5 月發表的《鐵路發展策略 2000》，港府再一次提綱挈領地建議興建港口鐵路綫，重申港口鐵路綫能吸納來自內陸較偏遠腹地的貨運，有助促進港口貨運量的增長，有利香港的經濟。至於港口鐵路綫何時興建，則視乎輸往葵涌貨櫃港的跨境鐵路貨運增長量而定。

鐵路小百科

西鐵北環綫

《鐵路發展策略 2000》研究報告中除重提採用西鐵北環線經錦上路至葵涌方案外，並多提出一個走綫方案：經東鐵和一條由大圍至葵涌的新隧道，前往位於葵涌的港口鐵路貨運站。根據香港路政署以 2006 年價格計算，興建費用預計為 50 億至 100 億港元。

　　香港港口發展局指出，兩個路綫方案均可採用只提供貨運服務的單軌模式，或同時提供客運和貨運服務的雙軌模式。在計算港口鐵路綫、港口鐵路貨運站及在本港進行的相關工程的資本成本和土地成本後，從上文提及的研究得出，東鐵方案總的來說較西鐵方案節省成本，因為西鐵方案需要進行較大規模的收地工作。此外，雙軌模式因可善用鐵路設施和土地，故與只提供貨運的單軌模式比較，更具成本效益。

計劃增設平湖物流中心

　　根據九廣鐵路公司建議，港口鐵路綫會由擬增設的平湖物流中心提供支援。該物流中心將擬建於平湖貨物編組站毗鄰，而該編組站是華南地區最大的鐵路編組樞紐，與香港及內地多個地區建立了完善的鐵路和道路連繫。平湖物流中心將鞏固該中心作為貨物、貨櫃和散裝貨物集散地的地位，平湖貨物編組站現已有來往葵涌、鹽田、蛇口和內地其他港口的穿梭鐵路及貨車提供運送服務。

　　研究報告亦指出，假如沒有平湖物流中心，便不大可能繼續推行港口鐵路綫及港口鐵路貨運站項目，因為該中心對實現港口鐵路綫及時運送服務和預先清關構想非常重要，而且也會對來往港口鐵路貨運站與碼頭的貨車運費有影響。

　　研究報告並表示，要落實港口鐵路綫項目，必須再進行多項詳細研究，包括對葵涌港口的跨境鐵路貨運量增長情況的研究。

鐵路貨運量的萎縮　港口鐵路綫計劃告終

　　時至 2009 年 10 月 16 日，時任運輸及房屋局副局長邱誠武終在立法會經濟發展事務委員會上表示，港府決定正式擱置推展港口鐵路綫計劃，並將預留作港口鐵路貨運站的土地作永

久物流用途。當局解釋擱置計劃有三個原因：一、中國內地沿海一帶有很多新興港口，使用這些港口的運輸成本較香港低；二、預留給港口鐵路貨運站的土地位於葵青貨櫃碼頭以外的地方，貨櫃運抵港口鐵路貨運站後仍需裝上當地貨櫃車運往貨櫃碼頭；三、香港與中國內地之間只有羅湖一處有鐵路過境，如建造港口鐵路綫，載貨列車將會沿東鐵或西鐵部分路綫行駛。無論採納哪一個走綫方案，載貨列車都會佔用原本供載客列車使用的行車時間，當地現有客運綫的載客能力亦會因而減低。

其實早於 1990 年代後期，由於香港的經濟轉型，許多廠家將工廠遷移往內地，貨運服務便開始沒落。相對於客運量的持續增長，經由鐵路運輸的貨物因內地交通網絡日漸完善，加上內地推行改革開放政策，泛珠三角地區的不少貨櫃碼頭、港口持續發展，以致香港的貨運量日見萎縮，而香港作為轉口港的地位也逐漸被取代。

引進新一代柴油機車　加強運輸效能

2001 年，九廣鐵路公司將一份總值 1.3 億港元的建造合約批予德國西門子有限公司，用以購買五輛新一代環保柴油機車，以取代五輛於 1950 年代引進的 G12 型柴油機車（機車編號 51 至 55），於東鐵用作拖動貨運及工程車輛。新機車於 2003 年 9 月 13 日運抵香港，並進行一系列的嚴謹測試，最後在 2004 年 1 月正式投入服務。

新一代柴油機車屬德國西門子 Euro-Runner 車系，型號為 ER20，電動機輸出率高達 2,000kW，機車編號為 8001 至 8005。供香港使用的 ER20 柴油機車採用奧地利聯邦鐵路的 Rh-2016 型機車設計，使用電傳動及四台 500kW 交流牽引電動機。與舊款 G12 型柴油機車比較，ER20 型具有低污染、低噪音等環保特點。

鐵路小百科

德國西門子 ER20 柴油機車

1989 年,「六四事件」發生後,歐盟對內地進行武器禁運。由於德國西門子 ER20 柴油機車使用了軍用技術以實現低噪音,故在相關禁令解除前,這批 ER20 柴油機車就只能在香港境內提供服務,而未能按計劃完全取代 G12 機車牽引車卡經羅湖橋進入內地。

　　隨着德國西門子 ER20 柴油機車正式投入服務,G12 型柴油機車終於完成其歷史使命,其中機車編號 51 的「亞歷山大爵士」號早於 1997 年退役後,經過多時的全面翻新修復,包括將已氧化的金屬部分潔淨、在車身鬃上原來的墨綠色,並加上當年九廣鐵路局徽號,務求保持昔日風采。最後終於 2004

⬇ 九鐵於 2004 年引入全新西門子環保柴油機車,取代 G12 型柴油機車。

⤓ 機車編號 51 的「亞歷山大爵士」號早於 1997 年退役，正在紅磡工場等候全面翻新修復。

⤓ 翻新修復完畢的「亞歷山大爵士」號，於 2004 年移往香港鐵路博物館作靜態展示。

↑ 編號 53 的「溫思勞」號 G12 型柴油機車，於 2005 年轉售往澳洲阿德萊德繼續服役。

↑ 機車編號 57 的「侯偉志」號現已退役，而編號 61 機車則仍然肩負工程車工作。

年 5 月 18 日完成復修，並捐贈予香港鐵路博物館作靜態展示，讓市民得以緬懷昔日的火車服務。

至於另外四輛機車編號 52 至 55 的 G12 型柴油機車，則售予澳洲芝加哥貨運列車租賃公司（Chicago Freight Car Leasing Australia），並於 2005 年 10 月 20 日離開香港，運返澳洲阿德萊德繼續服役。

貨運鐵路服務沒落

2007 年 12 月 2 日，隨着兩鐵合併，新成立的港鐵公司接手九廣鐵路公司的過境貨運經營權。於 2008 年，貨運鐵路服務為港鐵公司帶來 3,700 萬港元收入，進出香港的貨物為 10.9 萬公噸，與 2007 年的 14.1 萬公噸相比已大幅減少。到 2009 年，港鐵公司的貨運鐵路服務收入更銳降至 3,200 萬港元，載貨量則進一步減至 8.4 萬公噸。

以上提及的情況可歸咎於內地的陸路、鐵路網絡及港口發展日趨完善，往來內地的貨物運輸途徑增加，競爭加劇，以致鐵路貨運量急劇下降。事實上，在過去十年間，香港整體的貨運量上升了超過四分之一，而內地與香港跨境貨運量也增長了差不多三成；同時，鐵路貨運量卻萎縮了超過八成。

另一方面，鐵路貨運受制於鐵路網絡，靈活性較低；而貨物在鐵路運載後往往需再以貨車轉運，程序上不及公路貨運提供的點到點服務靈活。再加上在時間上，鐵路貨運在具體運作上亦有一些令運輸時間拉長的環節，包括車站調度、轉換機車和口岸轉關等。另一邊廂的公路貨運則隨着新過境設施的落成變得更方便快捷，水路貨運亦因能減省關卡的處理時間，並可由珠江三角洲經河道直接運抵香港，顯得更具競爭力。

鐵路小百科

鐵路貨運

早於合併前九廣鐵路公司已致力提升鐵路貨運的競爭力，包括與內地合作開行鄭州、武漢、西安、石家莊等八個城市來往香港的集裝箱快運列車，以及東莞來往香港的固定班列。針對運價高的問題，港段運費亦自 1988 年起凍結多年，更長期提供折扣優惠。可惜，折扣後的整體運價仍高於其他運輸模式。

　　有見及此，港鐵公司遂於 2009 年 10 月公布，決定在 2010 年 6 月 16 日停辦鐵路貨運業務，以便騰出貨運列車行車時間，更靈活調動客運列車的班次，令香港市民受惠。鐵路公司更為服務於貨運業務的員工安排調職，並透過再培訓、變革管理工作坊和實地參觀，協助他們順利過渡新崗位。

柴油機車新舊更替

　　2012 年，港鐵公司向中國北車集團訂購 23 輛 CKD0A 型柴油機車，新柴油機車由北車集團旗下大連機車車輛有限公司承造，當中 15 輛（編號 L9001 至 L9015）用於東鐵綫以取代年事已高的東鐵綫 GM G16/G26CU 型柴油機車，其餘 8 輛（編號 L9101 至 L9108）則用於西鐵綫（現屯馬綫）使用。CKD0A 型柴油機車採用 Caterpillar C32 型引擎，最大功率輸出僅 830kW，效能遠低於 GM G16/G26CU 型柴油機車的 1343kW 至 1641kW，或 Siemens ER20 型柴油機車的 2000kW，故新柴油機車較常以雙機重聯形式出勤，但仍可勝任一般廠內車輛調度、牽引維修車輛的任務。

　　話說回頭，退下鐵路貨運業務火線後，GM 柴油機車除用作夜間工程車外，港鐵亦有安排機車每日開往羅湖貨場反覆行

↑ 在東鐵綫更換新訊號系統後率先退役的柴油機車被安排停放在沙田貨場側線，與駛入沙田車站的電氣化火車重遇。

駛，以免路軌因長期荒廢而鏽蝕；以及日常由羅湖編組站往返何東樓車廠的車次。隨着東鐵綫於 2021 年 2 月 6 日更換「西門子」Traingurad MT（TGMT）新訊號系統，取代舊有 TBL 訊號系統，因 GM G16/G26CU 型柴油機車未有裝配 TGMT 新訊號系統，故在新訊號系統啟用後 5 輛 GM 柴油機車隨即被安排停用，停放在沙田貨場側線，成為不少市民前來沙田車站月台打卡的景點。港鐵公司並招標出售 4 輛已屆服務年限的柴油機車，並設有額外 1 輛之增購權選項，惟最終以流標告終。

疫情肆虐下的臨時鐵路貨運服務

2022 年初，由於 2019 新型冠狀病毒病全球大流行，香港爆發第五波疫情，中國內地收緊對跨境貨車司機的限制，內地與香港兩地跨境活動驟停，連帶內地供港物資也受到影響。經港府與中國國家鐵路集團有限公司、中國鐵路廣州局集團、港鐵公司和業界協商和配合，遂於同年 3 月 2 日起開辦由內地運載供港物資的「援港專列」跨境鐵路貨運服務。跨境貨運列車由兩輛東風 4B 型柴油機車正前後牽引九個平板貨卡，由平湖南裝載載滿供港防疫抗疫物資的貨櫃開往港鐵羅湖編組站羅湖貨場，再由俗稱「大象」的貨櫃起重機將貨櫃吊運到本地貨櫃車運走。

鐵路小百科

東風 4B 型柴油機車

兩輛肩負「援港專列」重任的東風 4B 型柴油機車為廣深廣茂共綫編號 2612 及編號 3998 機車，分別由大連機車車輛廠及資陽內燃機車廠承造。橙色車身塗裝原屬客運型，貨運型則採用墨綠色車身塗裝。機械配置上，客運型機車是在貨運型機車的基礎上對牽引齒輪傳動比加以改造而成，令最高運行速度由貨運型機車的時速 100 公里提升至時速 120 公里。

有消息指港鐵公司正安排檢視上水屠房側綫（Sheung Shui Slaughterhouse Sidings）及相關設施，是否為着延伸臨時跨境鐵路貨運服務以運載牲口至上水屠房作前期準備？就讓我們屏息靜氣、拭目以待。

香港鐵路百年蛻變（第三版）

↑ 相隔多年後，東風 4B 型柴油機車由以往的拖曳直通車變為「援港專列」再次駛入香港。

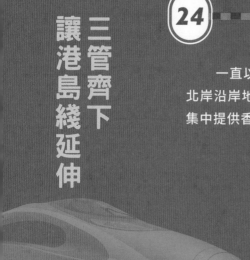

24

三管齊下 讓港島綫延伸

一直以來，香港島的人口主要集中在
北岸沿岸地區，故此各種集體運輸工具均
集中提供香港島北岸的運輸服務。

　　縱觀香港島交通發展，1904 年啟用的電車、1933 年
專營化的巴士，以至 1985 年通車的地鐵港島綫，各種集團
運輸工具均集中服務於香港島北岸沿岸地區，當中就只有
靈活性較大的專營巴士，能滲入人口較分散的地區提供公
共交通服務。

　　回首 1967 年 9 月，受政府委託對香港公共交通作出
進一步研究的費爾文霍士及施偉拔顧問工程公司（Freeman
Fox, Wilbur Smith & Associates），正式發表《香港集體運
輸研究》（*Hong Kong Mass Transport Study*）報告。研
究報告建議興建一個總長度達 51 公里的地底集體運輸城市
軌道交通系統，當中包括觀塘綫、荃灣綫、港島綫、沙田
綫四條路綫共 50 個車站，涵蓋港島北岸、九龍半島及新界
南等地區。

集體運輸計劃總報告書就港島綫的規劃

《香港集體運輸研究》建議中的港島綫以香港島北岸為服務地區，服務範圍由堅尼地（即現堅尼地城）至柴灣。到了 1970 年，費爾文霍士及施偉拔顧問工程公司發表《集體運輸計劃總報告書》（*Hong Kong Mass Transit: Further Studies*），進一步就建造鐵路系統作出更詳細而具體的建議。

總報告書中建議興建一個全長 52.7 公里的地下鐵路系統，分成三條主綫：港島綫、港九綫及東九龍綫。當中港島綫的上環街市（即現上環）至海軍船塢（即現金鐘）段會率先於第二期興建，海軍船塢至北角段及北角至柴灣中段則安排在第五期及第八期興建，最後的第九期則會興建堅尼地至上環街市段。

鐵路小百科

港島綫上環至柴灣段

港英政府於 1980 年 12 月 23 日正式批准地下鐵路公司興建港島綫的上環至柴灣段，當中金鐘至柴灣段於 1985 年 5 月 31 日正式通車；而上環至金鐘段則延至 1986 年 5 月 23 日才啟用。，唯堅尼地至上環段未有落實興建時間表。

 建議延伸港島綫至青洲填海區

根據香港政府運輸科於 1993 年發表的鐵路發展諮詢文件，當中建議港島綫長遠可由上環站延伸至青洲填海區，中途於屈地街及堅尼地城設站，並接駁連接青洲至屯門的西部外走廊鐵路。然而這需視乎青洲填海區的發展而定。

直至 2000 年 5 月，香港政府運輸局（即現運輸及房屋局）發表《鐵路發展策略 2000》，將西港島綫（West Island Line）納入港島綫延綫的範圍。因應青洲填海計劃無限期擱置，

↑　西港島綫堅尼地城站工程地盤。

西港島綫的計劃以港島綫上環站延伸至堅尼地城，中間除設寶翠園站（即前屈地站）及西營盤站外，還建議在兩站之間增設德輔道站，但其後卻予以取消。

　　2003 年，地鐵公司建議西港島綫上環至堅尼地城段採用中型鐵路服務，並延長至黃竹坑站，以便和籌劃中的南港島綫黃竹坑站交匯。立法會交通事務委員會於 2004 年 5 月 28 日舉行會議，聽取不同公共交通營辦商及運輸業團體代表對興建南港島鐵路、西港島綫及四號幹線的意見。當中時任城巴及新巴董事總經理李日新表示，在南區經營專利巴士服務只能取得輕微利潤。若建造擬議的鐵路線，將對兩間專利巴士公司的營運造成嚴重影響。地鐵公司遂於 2005 年 2 月修訂有關建議，將西營盤至上環一段恢復為港島綫延綫，而西營盤至黃竹坑則維持使用中型鐵路系統，但仍未能平息關注團體的不滿。

　　立法會交通事務委員會於 2004 年 5 月 28 日通過動議，建議政府暫時擱置規劃中的西港島綫計劃。及至 2005 年 2 月，地鐵公司在考慮過立法會議員及公眾對西港島綫建議的意見後，完成分段興建的可行性研究及將有關方案遞交港府審議。港府最終於 2005 年 6 月 30 日批准地鐵公司興建西港島綫，

並由現時港島綫上環站向西伸延，途經西營盤、香港大學、並以堅尼地城為終點站，全程約三公里，預計最快可於 2014 年落成通車。

鐵路小百科

西港島綫定綫方案過程

2005 年方案的定綫較 1970 年的建議向南移，地鐵公司宣稱目的是減少工程對區內居民的滋擾；而其後先後於 2006 年 8 月 30 日及 2008 年 10 月提交的西港島綫最後定案及環境評估報告最終訂本，西港島綫定綫方案才得以落實。

　　2009 年 3 月，港府按《鐵路條例》正式批准西港島綫的方案。同年 5 月 26 日，行政會議通過西港島綫項目的撥款安排，以擁有權融資模式批准港鐵公司興建、擁有及營運西港島綫。工程並於同年 8 月 10 日正式動工。

　　2011 年 7 月 22 日，港鐵公司再向中國北車集團長春軌道客車訂購七列列車，供西港島綫使用，是繼 2008 年 10 月 14 日以造價總值 11.3 億港元訂購十列新車同型號列車，並追加五列新列車後再度增購。首列長春列車並於 2010 年 12 月 6 日

↓　西港島綫（藍色虛綫）定綫。

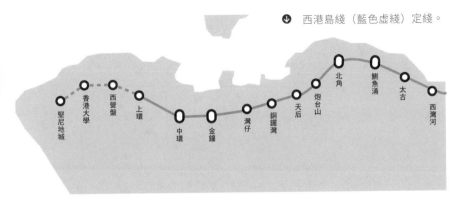

↑ 長春列車已率先於 2011 年 12 月 7 日投入觀塘綫服務。

↓ 長春列車與英製現代化列車相比，
新列車外型更為圓渾。

↓ 中國長春製新列車已於 2011
年 4 月 30 日起陸續付運抵港。

↑ 長春列車駕駛室與緊急逃生門。

↑ 長春列車車廂內部，感覺寬敞而舒適。

在中國長春完成生產和下綫，翌年 4 月 30 日付運抵港。新列車採用輕量化免塗裝不鏽鋼車體，採用八節車廂編組而成，車卡配置為 A-C-B-B-C-B-C-A；即與韓國製 Rotem 列車一樣：A 卡為有駕駛室並附集電弓的拖卡，B 卡為動力車廂，C 卡為附集電弓的動力車廂。

鐵路接駁巴士服務

　　為配合西港島綫項目在上環站進行軌道接駁前期工程，包括重置軌道走綫、信訊系統及架空電纜工程，港鐵上環站於 2011 年 8 月 5 日深夜至 8 月 8 日清晨暫時關閉 54 小時。故此，港島綫列車服務由 8 月 5 日晚上 11 時 30 分起改以金鐘站為終點站。為此，港鐵公司在工程期間安排了鐵路接駁巴士服務（Rail Replacement Service）以接載受影響乘客，中途不停站往來金鐘站及上環站之間。

⬇ 港島綫臨時以金鐘站為終點站，圖中「SD」側綫（Sliding）燈號指示列車以金鐘側綫調頭。

⬇ 西港島綫大型軌道工程示意圖。

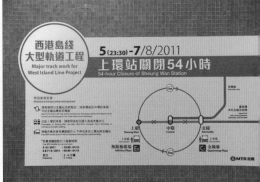

⬆ 西港島綫於 2014 年 12 月 28 日正式通車，港島綫由上環站延伸至堅尼地城站。

⬇ 為進行西港島綫大型軌道工程，上環站關閉 54 小時。

⬇ 港鐵公司為上環站乘客安排鐵路接駁巴士服務前往灣仔站。

⬆ 相隔接近 30 年，城巴再次肩負鐵路接駁巴士服務重任。

⬆ 城巴提供的鐵路接駁巴士，車頭貼有特別標示。

> **鐵路小百科**
>
> **鐵路接駁巴士服務**
>
> 如此大型的服務停頓在香港實屬罕見，港鐵公司亦嚴陣以待，安排城巴非專利部肩負鐵路接駁巴士服務。但其實基於鐵路服務暫停而安排鐵路接駁巴士服務的事件，其他國家如英國等則時有發生。

　　港島綫延綫（西港島綫項目）原預計於 2014 年前完成，最終於 2014 年 12 月 28 日落成啟用，西營盤站則在 2015 年 3 月 29 日啟用。整項工程造價約 154 億港元，港府資助其中 127 億港元。

服務港島北岸新填海區的北港島綫

　　在 1993 年 4 月香港政府運輸科發表的鐵路發展諮詢文件中，提出於港島北岸的新填海區興建一條東西向鐵路綫——北港島綫（North Island Line）。在翌年 12 月推出的《鐵路發展策略》中，更初步擬定北港島綫全綫設有五個車站，包括接駁東涌綫的香港站，另外新增設添馬站（Tamar）、會展中心站（Exhibition）、維園站（Victoria Park），並連接港島綫的天后站。計劃中的北港島綫，將視乎新填海區的發展模式及密度，來決定最終以中型鐵路或地下鐵路模式興建，並預計北港島綫約於 2011 年投入服務，造價 23 億港元。

　　然而在其後發表的《鐵路發展策略 2000》報告指，北港島綫將重新定位成為東涌綫的延綫。研究報告中指出現有港島綫將一分為二成為兩條東西向走廊，第一條由柴灣至東涌，並由港島綫柴灣至炮台山段、北港島綫與東涌綫組成；另一條則由將軍澳至堅尼地城，並將將軍澳綫、港島綫天后至上環段與西港島綫合併。北港島綫會由連接天后站改為連接炮台山站，港島綫天后站至炮台山站一段將會廢置。

基於北港島綫需配合中環及灣仔填海工程計劃，而該填海工程計劃在 2003 年分階段展開，預計於 2017 年與中環灣仔繞道同時建成，故有可能要修訂定綫。在各種因素影響下，港府於 2003 年決定將北港島綫完成時間押後至 2016 年以後。在港鐵 2011 年年報中，北港島綫仍計劃按《鐵路發展策略 2000》報告所建議的去興建。

🚦 北港島綫「換綫」及「交匯」方案

2013 年 2 月 21 日，路政署展開「我們未來的鐵路」第二階段公眾諮詢，諮詢文件中就北港島綫的設計包括「換綫」及「交匯」兩個方案。

「換綫」方案採用《鐵路發展策略 2000》中的北港島綫原有方案——東涌綫將由香港站沿港島北岸延伸，增設添馬、會展、銅鑼灣北站，再接駁港島綫炮台山站及其餘港島綫以東路段至柴灣站；而將軍澳綫則由北角站延長至天后站，並承接港島綫以西路段前往堅尼地城站。原港島綫將會一分為二，炮台山站至天后站一段則會永久廢置。

新公布的「交匯」方案中，東涌綫同樣會由香港站向東延伸至添馬站，而將軍澳綫則會由北角站現有的列車掉頭隧道延伸，穿過港島綫隧道下方後設置銅鑼灣北站、會展站及添馬站。添馬站將作為東涌綫及將軍澳綫的轉車站。原港島綫將得以完整保留，港島綫乘客轉乘東涌綫及將軍澳綫可沿用現有的乘車模式，但此方案未能達到起初北港島綫設計以分流港島綫乘客量的效果。

港府於 2014 年 11 月 20 日發表《鐵路發展策略 2014》，終落實採用「交匯」方案興建北港島綫，初步建議落實時間為 2021 年至 2026 年。惟經過七年光景至 2021 年底未有定案，

更有消息指運輸及房屋局考慮到擬議北港島綫方案中走綫的施工難度，港鐵應當局要求研究施工難度較簡單的北港島綫新替代方案。方案建議僅由將軍澳綫北角站延長至會展站，以接駁東鐵綫過海段，並不設銅鑼灣北站及添馬站，亦不會將東涌綫向東延伸，大大削弱當初規劃北港島綫以分流港島綫乘客量的效果。

另一邊廂，港鐵計劃將機場鐵路香港站掉頭模式由站前分叉軌道改為站後掉頭隧道，以便日後按需要提升機場鐵路東涌綫的班次。有關掉頭隧道延展段工程的顧問合約已於 2022 年初批出，由於有關掉頭隧道的設計將對往後添馬站與北港島綫有深遠影響，未來方案進展如何，不妨拭目以待。

合縱連橫造就南港島綫雛形

隨着港府於 1960 年代計劃發展香港仔，香港房屋協會遂於 1962 年興建漁光邨，是南區和香港仔第一個落成的屋邨。自此，港島南區的人口便隨時日逐漸增加。其實早於 1980 年代，港府早已將南港島綫（South Island Line）列入長遠交通發展計劃，以早年計劃興建的地下鐵路東九龍綫經由上環林士站向南繼續延伸至香港仔。

當時南港島綫的路綫雛形，大致分為縱綫和橫綫兩部分：縱綫往來金鐘、田灣、鴨脷洲邨及利東邨；橫綫則往來鋼綫灣（即現數碼港）、華富邨、華貴邨、田灣、香港仔、黃竹坑及香港海洋公園。南港島綫的縱綫和橫綫於田灣站交匯，而南港島綫則利用縱綫於金鐘與港島綫接駁。這種合縱連橫的設計，造就出南港島綫的雛形。

直到 1993 年香港政府運輸科發表的鐵路發展諮詢文件，詳述南港島綫將計劃採用中型鐵路系統，定綫則沒有多大變

⬆ 南港島綫金鐘站工程地盤。

動，並將南港島綫縱綫於在港島北岸的金鐘站以南設立太古廣場站，再伸延至新填海區與北港島綫的會展中心站交匯，而造價則估計約 58 億港元。然而當時港府認為南港島綫沒有迫切興建需要。港府在 1999 年發表的鐵路發展研究中，建議南港島綫改為以上環林士站的原東九龍綫預留月台作為港島北岸的總站；唯港府經研究後仍然認為未有迫切興建需要，甚至於 2000 年 5 月公布的《鐵路發展策略 2000》報告中也隻字不提。

　　2002 年，港府邀請地鐵公司重新研究南港島綫的發展方案，並建議定綫採用環狀鐵路設計，由香港大學經鴨脷洲接駁至灣仔。唯此定綫忽略了香港仔居民的需要，故地鐵公司於 2003 年 7 月展開南港島綫及西港島綫可行性研究，並於翌年 3 月提交的項目建議中提出修訂方案，將南港島綫一分為二，並將分拆出來的西段與當時建議的西港島綫合併，演變成上環至黃竹坑；東段由金鐘，途經灣仔及跑馬地，並伸延至香港海洋公園、黃竹坑及鴨脷洲。地鐵公司在 2004 年 5 月 28 日的立法會交通事務委員會會議中聽取意見後，於 2005 年 2 月進一步修訂有關建議，將西營盤至上環一段恢復為港島綫延綫，而西營盤至黃竹坑則維持使用中型鐵路系統。當時香港西港島綫關注小組對此方案表示反對，認為地鐵將西港島綫採用中型鐵路系統，將重點放在南區上而嚴重忽視西區的需要，因此地

鐵新方案未能平息關注團體的不滿。2005 年 6 月 30 日，港府宣布批准興建西港島綫的同時，亦表示南港島綫的計劃需留待規劃署完成的南區旅遊及商業發展規劃及海洋公園重建計劃的審議結果，才作決定。

🚦 南港島綫東段落實興建

2007 年 10 月 10 日，行政長官曾蔭權於施政報告中表示落實興建南港島綫，預計於 2011 年動工，2015 年完成。同年 12 月 18 日，行政會議批准率先興建南港島綫（東段），路綫由金鐘站出發，途經海洋公園、黃竹坑、利東及海怡半島共五個車站，全長約七公里，車程需約十分鐘，以中型鐵路形式設計，造價約 70 億港元，政府會以黃竹坑站的前黃竹坑邨地皮興建車廠上蓋物業作為補貼。

鐵路小百科

擱置興建跑馬地站

香港賽馬會曾建議南港島綫（東段）在跑馬地馬場旁設站，然而雙方經過磋商設站問題後，最終於 2009 年 1 月正式擱置興建跑馬地站。

2009 年 7 月 23 日，南港島綫（東段）設計方案刊登憲報。行政會議並於 2011 年 5 月 18 日通過南港島綫（東段）的財務安排，政府會批出黃竹坑邨的地皮予港鐵發展，令這個耗資 124 億港元的工程得以落實進行。2012 年 4 月 16 日，港鐵進一步公布南港島綫（東段）詳情，預計路綫將於 2015 年竣工；全長七公里的路綫將由中西區的金鐘出發，穿過隧道後到達南區於香港仔隧道收費廣場附近轉到高架橋，經過海洋公園、黃

⬆ 南港島綫東段（粉紅色綫）及南港島綫西段（青綠色綫）定綫。

竹坑，再穿越香港仔海峽後轉向地底，到達利東邨後續前往海怡半島作為終點站。

另一邊廂，南港島綫（西段）將計劃由中西區的香港大學出發，沿途經過南區的數碼港，再經華富邨及香港仔，並以黃竹坑為終點站。全綫共設有五個車站。黃竹坑站則屬於轉車站，乘客屆時可在轉車站轉乘西段或東段的列車。

2013 年 2 月 21 日，路政署就「我們未來的鐵路」第二階段公眾諮詢文件中，建議把南港島綫（西段）細分為香港仔段及薄扶林段，前者由黃竹坑站至華富站，預計最快於 2015 年動工；後者則為香港大學站至華富站一段。2014 年 1 月 15 日，時任行政長官梁振英於施政報告中宣布重建華富邨，同時計劃興建南港島綫（西段）以配合該區域的人口增長。

終在 2014 年 9 月公布的《鐵路發展策略 2014》提出興建南港島綫（西段），由南港島綫（東段）的黃竹坑站向南區西部延伸一條支綫連接港島綫，路綫由黃竹坑站出發，沿綫包括香港仔站、華富站、田灣站、數碼港站、瑪麗醫院站，並以港

島綫香港大學站為終點站。全綫共設有七個車站，乘客可於香港大學站轉乘港島綫，或於黃竹坑站轉乘南港島綫（東段）。初步建議南港島綫（西段）於 2021 年動工，2026 年落成通車；但實際落實時間需視乎華富一帶實際發展和華富邨重建時間表。以 2013 年價格估算，工程造價達 250 億港元。2019 年 6 月，港府正式邀請港鐵提交南港島綫（西段）項目的計劃書，為落實項目踏出第一步。

南港島綫（東段）應用無人駕駛自動控制系統

籌劃中的南港島綫（東段），繁忙時間的單向客流預計只有約為每小時 20,000 人次，故此港鐵認為南港島綫較適合採用中型鐵路系統。遂於 2011 年 7 月 22 日向中國北車集團長春軌道客車，拆資 5.41 億港元訂購十列三節編組的中型鐵路列車。

⬆ 南港島綫正式通車，金鐘站貼有特別標示提示乘客前往轉乘南港島綫。

　　新列車由法國公司 MBD 設計事務所設計，中國北車集團屬下長春鐵路車輛公司製造，每列列車共有三卡，採用全自動列車控制系統，以無人駕駛模式運作，行車時司機毋須親自操控，故列車不設獨立駕駛室。開放式車廂設計可讓乘客飽覽列車前方景色；而列車上亦將安排一職員在車廂負責解答乘客的查詢，有需要時，該職員亦可透過設於車頭位置的控制板作人手駕駛。列車車廂內靠近車門位置的扶手為欖形設計，方便乘客把握；而吊環亦分為兩行，並採用人體工學設計。

　　2016 年 12 月 28 日，港鐵南港島綫（東段）正式通車，貫通金鐘至海怡半島，亦標誌着港鐵於全港 18 區皆有提供鐵路服務。

　　隨着港島綫按計劃循三方向延伸，香港鐵路網絡將一路擴展，開拓新紀元。

⬆ 全長只設有三節車廂的南港島綫無人駕駛列車正駛往海洋公園站。

⬆ 位於黃竹坑的港鐵南港島綫車廠，可將整卡列車升起。

25 半世紀的夢與想 沙田至中環綫

一個人追尋夢想，過程中往往充滿祈望和等待；一條鐵路的發展，承載的是人們對城市發展的理念，亦同樣需要時間來實踐。

1967 年 9 月，費爾文霍士及施偉拔顧問工程公司（Freeman Fox, Wilbur Smith & Associates 發表了一份《香港集體運輸研究》報告。研究報告中建議興建地底集體運輸城市軌道交通系統，服務涵蓋港島北岸、九龍半島及新界南等地區。其中更包括一條連貫沙田禾寮坑（即現火炭近沙田馬場一帶）至尖沙咀，並途經慈雲山及九龍城區共 13 個車站的沙田綫（Sha Tin Line）。

由沙田綫到東九龍綫

沙田綫的規劃具有重要的策略性意義，沿綫由沙田禾寮坑開始，途經沙田海（即今城門河）東岸一帶的住宅區，穿越獅子山後進入東南九龍市區，最終以尖沙咀作為終站。

當年公共運輸調查小組（PTSU）推算出香港人口在 1986 年將達至 6,867,900 人，沙田綫的興建正正令新籌劃的地底集體運輸城市軌道交通系統服務可以覆蓋更多未來人口。

鐵路小百科

沙田綫

在《香港集體運輸研究》報告中建議的地下鐵路沙田綫設計，九廣鐵路（英段）乘客可於禾寮坑站轉乘沙田綫；另外沙田綫亦會於紅磡設站，作為與九廣鐵路的另一個轉車站。預計九廣鐵路乘客會利用沙田綫前往尖沙咀站再轉乘觀塘綫、荃灣綫，甚至天星小輪過海，故沙田綫紅磡站和設於尖沙咀海防道地底的尖沙咀站，月台均設計有三條路軌及四個月台，以應付各綫的龐大轉綫乘客量。

然而，1960 年代的中期人口統計預計 1986 年的香港人口僅 5,647,000 人，遠較早前預計的少近 120 萬人，當中以沙田及屯門等新界區衛星城市的人口減幅最為顯著。費爾文霍士顧問工程公司（Freeman Fox & Partners，1996 年改名 Hyder Consulting）連同費爾文霍士施偉拔等七間顧問公司遂進一步就建造鐵路系統作出更詳細具體的建議，並於 1970 年發表《集體運輸計劃總報告書》。研究報告將原先規劃的沙田綫易名為「東

○ 港島綫上環站預留月台層，原計劃作為東九龍綫林士站。

九龍綫」（East Kowloon Line），走綫亦有所修訂，將沙田禾寮坑至鑽石山一段剔除，路綫由鑽石山出發，經東南九龍至尖沙咀後，再延伸過海前往位於上環林士街的林士站與港島綫接駁。

> **鐵路小百科**
>
> **東九龍綫林士站**
>
> 雖然地下鐵路東九龍綫一直未有落實興建時間表，但在 1980 年代中興建港島綫上環站時，已在林士街下的上環站車站大堂層與候車月台層之間，多興建一個預留空間予東九龍綫林士站。這個預留空間有完整的島式月台布局，長度足以容下四節車廂，只是未有鋪上路軌及架空電纜。

九廣鐵路的延綫部署

　　緊接着九廣鐵路（英段）於 1975 年底由尖沙咀總站遷址紅磡，費爾文霍士顧問工程公司翌年便發表了《香港整體交通研究》報告，建議九廣鐵路興建沙田環狀綫（Sha Tin Loop）及尖沙咀支綫（Tsim Sha Tsui Extension），而兩綫之間則沿用英段鐵路路段接駁。1981 年，由港府委託的茂盛（亞洲）工程顧問有限公司（Maunsell Consultants Asia Limited）就沙田馬鞍山新市鎮運輸發展進行研究，在《馬鞍山運輸研究一期報告》（*Ma On Shan Transport Study Phase-I Report*）中提出沙田集體運輸系統的建議，如九廣鐵路、地下鐵路和輕便鐵路（LRT）等系統，當中包括興建九龍鑽石山往來沙田至烏溪沙的鐵路。直至 1980 年代末，九廣鐵路更部署過海鐵路計劃，將九廣鐵路（英段）自旺角站以地底隧道方式延伸，途經何文田及黃埔後過海到達香港島的炮台山，作為第三條過海鐵路，並預計在 1998 年前落成。

　　然而，1989 年港英政府發表香港機場核心計劃，並於《香

↑ 東鐵綫將由紅磡車站延伸過海，成為一條貫通南北的鐵路走廊。

港第二次整體運輸研究》中以資源分配不足為由，暫緩地下鐵路東九龍綫及九廣鐵路過海延綫計劃。翌年，政府更以機場鐵路計劃連接港島及西九龍，並以第三條過海鐵路姿態，取代原有地下鐵路東九龍綫及九廣鐵路過海延綫計劃，以解決地下鐵路荃灣綫的擠塞情況。

　　1993 年 4 月，香港政府運輸科為香港鐵路發展研究並進行公眾咨詢，計劃將東九龍綫由原有過海性質改以中型鐵路模式連接機場鐵路九龍站，並接駁當時倡議中的尖沙咀支綫、馬鞍山鐵路（即今馬鞍山綫），連貫馬鞍山至西九龍，形成東部走廊。及至 1994 年 12 月，港府正式發表《鐵路發展策略》報告，落實興建尖沙咀支綫、馬鞍山鐵路及將軍澳支綫，前二者由九廣鐵路興建，後者則交由地下鐵路負責；而其餘路段包括東部走廊及第四條過海鐵路綫則需再作考慮。

　　1998 年 3 月，政府委聘顧問展開《第二次鐵路發展研

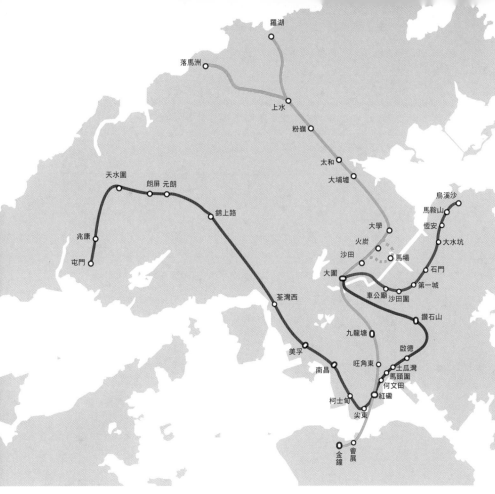

↑ 沙中綫項目竣工後港鐵南北走廊（藍色綫）
與東西走廊（啡色綫）定綫。

究》，進一步探討直至 2016 年擴展本港鐵路網絡的策略性規
劃，研究對多個東部走廊路段設計方案加以闡釋。2000 年 5
月，政府遂發表《鐵路發展策略 2000》，進一步就東部走廊
鐵路的組成篩選出主要方案。

　　研究指出連接鑽石山至紅磡的東九龍綫有助促成馬頭圍

及紅磡區的重建，並可配合啟德的土地使用與鐵路發展。至於大圍至鑽石山綫，如可與東九龍綫互相連接成直通綫，則可考慮在大圍設置一個三向交匯站，如能更進一步連接馬鞍山至大圍綫（即馬鞍山鐵路），既可避免在大圍進行複雜的交匯站工程，這樣既可減輕成本，亦可組成一條連接馬鞍山與東南九龍的策略性鐵路走廊。

另外研究亦指出，第四條過海鐵路綫的發展對鐵路網絡發展計劃的影響深遠，可供選擇的路綫能縮窄至延伸東鐵或建議中的東九龍綫。前者可提供一條由邊界至港島的完整南北走廊（North South Corridor），並藉此連接西鐵、九龍南環綫、東九龍綫、大圍至鑽石山綫、馬鞍山至大圍綫等鐵路項目，形成一條橫跨九龍的新東西走廊（East West Corridor）；而後者則可連貫東九龍綫、大圍至鑽石山綫、馬鞍山至大圍綫等鐵路項目，從而發展成為一條由馬鞍山貫通東南九龍至港島的新走廊。

鐵路小百科

第四條過海鐵路綫

第四條過海鐵路綫在港島的路綫，一是走經會展（即香港會議展覽中心）及金鐘站；另一則是走經維園（即維多利亞公園）、禮頓山、灣仔南及香港公園站。兩個方案均可延長至中區西的一個新車站，將新鐵路擴展至市區心臟地帶；沙田至中環綫的框架亦隨之應運而生。

兩鐵競投沙田至中環綫

港府在《鐵路發展策略 2000》中建議興建九龍南環綫（Kowloon Southern Loop），並以路綫為東鐵及西鐵延伸綫為理由，遂於 2002 年 9 月 24 日邀請九鐵建造及營運九龍南

環綫，將西鐵接駁至尖沙咀與東鐵相連，而毋需作出競投。另一邊廂，港府卻邀請地鐵及九鐵參與競投沙田至中環綫項目；雖然市民普遍認為地鐵對沙中綫項目志在必得，然而九鐵再以路綫為馬鞍山鐵路延伸綫為理由入標，兩鐵正式正面交鋒。

　　兩鐵在沙中綫的主戰場交鋒之際，紅磡區黃埔一帶的居民亦反映一直受到鐵路公司的忽視。為此，地鐵公司表示計劃會提出觀塘綫延綫至黃埔的方案，而九鐵則表示將興建自動行人系統連接紅磡與黃埔之間。

　　2002 年 6 月 25 日，行政長官會同行政會議通過把沙中綫的營辦權批予九廣鐵路公司。九鐵當時提出的方案，是將當時仍在興建的馬鞍山鐵路向南延伸，途經大圍至鑽石山綫、東九龍綫，然後通過第四條過海隧道直達中環；走綫與《鐵路發展策略 2000》的建議不謀而合。

　　港府向立法會匯報的有關選出九鐵方案的理據，實際上兩鐵提交的方案十分相似。九鐵提交了兩份標書，而地鐵提交的標書更達九份之多。在轉綫安排上，九鐵方案對大圍站及紅磡站的安排較好，而地鐵方案則在鑽石山站及金鐘站的處理較完善。以通車時間及工程技術等方面來看，兩者都各有優劣，例如九鐵方案的工程可以減少對交通的干擾，收地也較少；而地鐵方案在較多路段採用鑽挖方式進行，並顧及對地面樓宇的影響，故政府對兩者的評價不相伯仲。

　　最後，財務方面成為了九鐵方案致勝的一環。雖然九鐵方案成本較高，但車費卻較地鐵便宜，可吸引更多乘客乘搭，從而抵銷較高的成本。最重要的關鍵在於九鐵方案完全不需要政府運用公帑資助，反而地鐵需要政府三幅車站或車廠的物業發展權益以作資助，故此九鐵稍勝一籌。

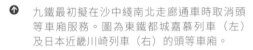
⬆ 九鐵最初擬在沙中綫南北走廊通車時取消頭等車廂服務。圖為東鐵都城嘉慕列車（左）及日本近畿川崎列車（右）的頭等車廂。

⬆ 沙中綫將以馬鞍山綫向南延伸至紅磡車站，接駁西鐵綫直達屯門，成為一條東西走廊。

沙田至中環綫的變奏

　　2004 年，九鐵經過詳細研究後，決定將沙中綫修訂為 1990 年代方案，即是將沙中綫修改為在紅磡車站連接九龍南綫而不連接第四條過海隧道，正名「東西走廊」。東鐵則改以由紅磡車站連接第四條過海隧道直達中環，並正名為「南北走廊」。誠如早前《鐵路發展策略 2000》的規劃，兩條鐵路走廊對連貫香港的東西南北有其策略性意義。

　　東西走廊將連貫馬鞍山至屯門，形成一條橫跨九龍的新鐵路走廊；而南北走廊則貫通羅湖邊境至香港島，但由於港島可發展的地底空間有限，未能興建可容納 12 卡車廂的車站月台，故屆時東鐵的列車服務將會由 12 卡車廂縮減至 9 卡，並會取消頭等車廂服務。

　　的而且確，以東鐵擠迫的情況，減卡會降低每列列車的載客量；然而減卡後列車的長度也相應縮短，配合新訊號系統，列車班次密度卻可有所增加，減卡後的實際載客量其實不跌反升。另外，為配合東鐵接駁第四條過海隧道連接中環，旺角站以南路段將會改用地底模式運作前往紅磡車站新增建的地底月台，然而才延伸過海。

↑ 首列港鐵東鐵綫韓國製列車於 2015
年 9 月 18 日凌晨抵港。

↑ 第三列港鐵東鐵綫韓國製列車於 2016
年 9 月 22 日凌晨抵港。

↓ 第二列由中國中車長春軌道客車供應港鐵的屯馬綫列車
於 2016 年 10 月 7 日凌晨運抵八鄉車廠。

↑ 第三批由日本近畿川崎電動列車於 2016 年 10 月 13 日於
屯門內河碼頭上岸。

⬆ 進入混合車隊模式運營（Mixed Fleet Operation）前的東鐵綫，標誌着日本製列車在東鐵綫的最後時光。

兩鐵合併增沙中綫項目變數

　　然而，自從港府將沙中綫經營權批予九鐵公司後，投資者擔憂地鐵公司作為上市公司因未能投得此重要路綫而令沙中綫發展前景不明朗，甚至擔心地鐵獨家經營的過海鐵路業務會被蠶食。社會上不少聲音認為兩鐵最終會構成惡性競爭，港府遂計劃設計地鐵與九鐵系統，並於 2002 年 6 月 25 日首次公布研究兩鐵合併的可行性，冀望合併能提高香港鐵路運輸系統的效率。

　　隨着時任行政長官曾蔭權會同行政會議於 2006 年 4 月 11 日通過兩鐵合併方案，2007 年 6 月 8 日在立法會三讀通過《兩鐵合併條例》，而相關附例亦於 2007 年 7 月 11 日獲得通過，在掃除了兩鐵合併的障礙後，兩鐵隨即於同年 7 月 12 日公布沙中綫的合併方案。合併方案將包括一條南北綫及一條東西綫，沙中綫過海段會以南北綫於紅磡站向南延伸，並於會展、金鐘以及中環南設站——即取消了原設計的銅鑼灣北站；而東

西綫則是沿馬鞍山鐵路貫通至大圍，沿綫於鑽石山、啟德、馬頭圍、土瓜灣、何文田設站，並到達紅磡站連接西鐵。

鐵路小百科

觀塘綫延綫

黃埔則會以觀塘綫延綫方式，由油麻地站向東延伸，興建一條全長約 2.6 公里的鐵路延綫，途經何文田到達黃埔，取代九鐵公司在黃埔建造自動捷運系統的計劃。觀塘綫延綫將來有需要更可進一步延伸過海，與港島綫炮台山站交匯，成為香港第五條過海鐵路。觀塘綫延綫原訂 2015 年 8 月落成啟用，唯因黃埔站工程延誤，終於 2016 年 10 月 23 日正式通車。

　　港府於 2008 年 2 月 29 日宣布將沙田至中環綫項目判予香港鐵路有限公司負責，並於 2010 年 11 月 26 日將《沙田至中環綫鐵路方案》刊登憲報，方案中沙中綫全長約 17 公里，將設有十個車站，分別位於大圍、顯徑、鑽石山、啟德、土瓜灣、馬頭圍、何文田、紅磡、會展和金鐘，較原方案增設顯徑站；而途經東九龍的走綫亦作出修訂，走綫由原先沿土瓜灣道改為馬頭圍道，以更靠近區內人口。因應走綫改動，車站的位置及名稱亦有所調整，港府其後於 2017 年 11 月正式宣布土瓜灣站及馬頭圍站分別改名為「宋皇臺站」及「土瓜灣站」。

　　東鐵綫旺角東至紅磡的地底路段，以及沙中綫大圍至紅磡段可在 2018 年完成，紅磡至金鐘段則會在 2020 年竣工，而金鐘至中環南段則暫時擱置。

　　2012 年 3 月，港府公布沙中綫造價為 798 億港元。港府將會全資興建造價達 374 億港元的沙中綫，然而港鐵公司將會以 918 億港元取得鐵路項目服務的專營權。至於觀塘綫延綫，由於這條路綫屬於原有地鐵網絡的延伸，港府屬意以擁有權方

式判給港鐵公司興建及營運；同時也可以發展何文田站的前山谷道邨地皮，作為觀塘綫延綫 22 億港元資金的差額補貼，但沙中綫則不獲批准物業發展權補貼。

行政長官會同行政會議於 2012 年 3 月 27 日，批准進行沙田至中環綫鐵路項目，項目工程亦於同年 6 月 22 日正式動工，整項工程施行期間可以創造約 1.5 萬個就業崗位。

工程造價方面，港鐵於 2017 年 12 月 5 日公布，調整沙中綫項目的主體工程成本由 708.27 億港元增加 165.01 億元至 873.28 億元，整體工程造價達 971.63 億元。2020 年 2 月 28 日路政署再將主體工程成本調整至 816 億元，較最初估算超支 108 億。

沙中綫項目工程屢因工程問題延誤，包括宋皇臺站發現考古遺蹟、灣仔北工地延遲接收、建築工人短缺等問題；及至 2018 年更先後有指沙中綫土瓜灣站的車站結構牆被剪走鋼筋及疑以建築廢料建牆，而紅磡站鋼筋涉造假及偷工減料醜聞，最終雖決定進行加固工程，包括在不同位置加裝鋼筋及工字鐵等以鞏固結構，以符合建築規範標準，免卻拆毀整個即將完工的月台層。

🚦 沙中綫新列車由中日韓奪標

列車方面，由於東鐵綫行駛中的 29 列綽號「烏蠅頭」的英國製「都城嘉慕」中期翻新列車已服務接近 30 年，加上當東鐵綫延伸過海時列車需要由 12 卡減為 9 卡，港鐵遂決定斥資 40.7 億港元向韓國現代（Rotem）批出購置 37 列 9 卡車廂組合的交流電列車，隨後並增購 6 列至 43 列新列車。新列車將配置全新引入的「西門子」Trainguard MT（TGMT）訊號系統，取代東鐵綫一直使用的 TBL 訊號系統。

首列東鐵綫韓國現代 Rotem 列車於 2015 年 9 月 14 日運抵青衣 9 號貨櫃碼頭，並分三晚凌晨以貨櫃車拖運至火炭貨場。港鐵於 2016 年 4 月正式對外展示新列車，新列車較現有東鐵綫列車寬闊，車廂內設有 LED 照明系統及動態路線圖等，扶手則為欖形設計，方便乘客把握，而列車走廊上的吊環亦分為兩行設計。列車亦保留了頭等車卡，讓乘客日後仍可選擇較高檔次的服務。

由於東鐵綫將轉用新訊號系統，故東鐵綫載客列車將會被悉數取代，除全數中期翻新列車會退役拆毀外，8 列日本製近畿川崎列車則會調往西鐵綫，並會進行車廂重編工程。重編工程除將原本 12 卡車廂組合重編為 8 卡外，還包括安裝 SelTrac 訊號系統及車廂改裝等，而原先的頭等車廂則會在運回日本近畿車輛廠房改裝為普通車廂之後，連同新購置 36 卡車廂運回香港。整個重編工程合約於 2013 年 12 月 11 日向日

⬇ 中期翻新列車退役後在羅湖編組場內拆毀，並運往屯門內河碼頭。

↑ 世紀列車正穿過自 1910 年啟用的五號鐵路隧道，這情景將不復再。

↑ 港鐵安排英國都城嘉慕列車與韓國現代列車以混合車隊模式運營作為過渡期。

本伊藤忠‧近畿‧川崎財團批出，合約總額 11.8 億港元。同日，港鐵另外批出一份價值 13.8 億港元合約予中國中車集團長春軌道客車股份有限公司，訂購 14 列 8 卡車廂組合的新列車，以供馬鞍山綫加強服務使用，新列車外觀設計與日本近畿川崎列車相似；港鐵其後在 2017 年增購 3 列至 17 列。首列新列車於 2016 年 6 月抵港，並於 2017 年 3 月 12 日投入服務。

隨着東鐵綫於 2021 年 2 月 6 日切換至 Trainguard MT 新訊號系統，9 卡車廂組合的韓國現代列車亦正式投入服務，與 12 卡車廂組合的英國都城嘉慕中期翻新列車同時於東鐵綫運作，東鐵綫展開 18 個月的混合車隊模式運營（Mixed Fleet Operation, MFO）；而未有安裝 Trainguard MT 訊號系統的近畿川崎列車亦於同日起停駛，稍後由柴油機車沿紅磡車站的渡綫拖往西鐵錦上路車廠進行重編工程。

 沙中綫沙田至紅磡段通車

而原訂於 2019 年通車的沙中綫東西走廊，港鐵內部一直以東西綫（East West Line, EWL）命名，就連新車站內的標貼

⬆ 港鐵屯馬綫一期通車後，中國中車長客列車正前往新啟用的顯徑站。

⬅ 中國中車長客列車車廂。

⬅ 屯馬綫一期以啟德站為終點站。

上原本亦以 EWL 顯示，直到 2019 年 7 月 18 日宣布改名為屯馬綫（Tuen Ma Line, TML）。首階段屯馬綫一期會以原馬鞍山綫的大圍終點站延長至顯徑、鑽石山、啟德等站，並於 2020 年 2 月 14 日通車。而啟德至紅磡段則於翌年 6 月 27 日啟用，正式與西鐵綫及屯馬綫一期合併為一條貫通烏溪沙與屯門、全長 56.2 公里、沿綫車站總數高達 27 個的東西走廊。

鐵路小百科

屯馬綫

整條屯馬綫前後共分六個階段建構而成，當中包括：
2003 年 12 月 20 日啟用的九廣西鐵屯門至南昌段；
2004 年 10 月 24 日啟用的尖沙咀支綫尖東至紅磡段；
2004 年 12 月 21 日啟用的馬鞍山鐵路烏溪沙至大圍段；
2009 年 8 月 16 日啟用的九龍南綫南昌至尖東段；
2020 年 2 月 14 日啟用的屯馬綫一期大圍至啟德段；
2021 年 6 月 27 日啟用的屯馬綫啟德至紅磡段。

↑　港鐵沙中綫工程期間，在宋皇臺站地盤位置發現考古遺址。

沙中綫紅磡至金鐘段工程

　　沙中綫南北走廊（過海段）的紅磡至金鐘段全長六公里，將東鐵綫由紅磡總站向南延伸過海，途經灣仔北設置會展站，預留車站結構轉乘規劃中的北港島綫，然而再向西延至金鐘設終點站，與荃灣綫、港島綫、南港島綫交匯成大型轉綫站。

　　為配合東鐵綫接駁過海鐵路隧道延伸至港島北，東鐵綫旺角東站以南路段需要由架空路軌漸次下潛，並改以地底模式運作前往紅磡站靠近國際都會廣場的新建地底月台，取代現有靠近康莊道的地面月台，然而才延伸過海。全長約 1.7 公里的過海鐵路隧道，主要利用沉管隧道方式興建；全條隧道由 11

⬇　為接駁沙中綫紅磡至金鐘段，港鐵需於八個週日暫停東鐵綫旺角東至紅磡段的列車服務，以進行相關路段的軌道接駁工程。

節長約 160 米、重約 23,000 噸的鋼筋混凝土管道預製組件組成，預製組件在位於石澳的工場製造，完成後由躉船拖到維多利亞港並沉放在海床內預先挖掘的坑道，最後回填海床坑道以固定隧道位置。

為配合將東鐵綫旺角東站至紅磡站新月台之間路段的新軌道接駁工程，包括重置軌道走綫、信訊系統及架空電纜工程，東鐵綫列車服務獲安排於 2021 年 1 月至 10 月期間的八個指定星期日暫停來往旺角東站至紅磡站之間的列車服務，並以旺角東站為終點站。為此，港鐵公司在工程期間安排了免費接駁巴士服務以接載受影響乘客，中途不停站往來九龍塘站及紅磡站之間。

2022 年 1 月 31 日，隨着東鐵綫過海段的建造工程大致完成，港鐵宣布東鐵綫過海段正式踏入試營運階段，並由營運團

⬇ 東鐵綫新軌道接駁工程期間，港鐵安排了冠忠巴士及城巴等免費接駁巴士服務以接載受影響乘客。

隊進行通車前的準備工作，包括鐵路服務及車站設施的系統測試、列車試運行以及一系列的演練。5月6日，就在電氣化火車投入服務40週年當日，港鐵為英國製「都城嘉慕」中期翻新列車舉行告別儀式，告別「烏蠅頭」之餘，歷時15個月的混合車隊模式運營亦正式告終。5月15日凌晨1時15分，在最後一班由韓國現代列車D009提供載客服務的南行列車駛進紅磡站4號月台後，車站地面月台正式完成載客服務的歷史使

↑　2022年5月6日，中期翻新列車最後一日提供載客服務。

↑　東鐵綫紅磡站為着過海段通車而需轉用地底新月台，地面月台最後一班列車於2022年5月15日凌晨駛離月台一刻，大批市民歡送。

↑　港鐵於夏慤花園下挖掘 50 米深地底，興建金鐘站擴建部分，以大型天窗將更多自然光引入車站。

↑　東鐵綫過海段通車日會展站乘客熙來攘往。

命。東鐵綫過海段於 5 月 15 日正式通車，貫通港島金鐘至羅湖及落馬洲邊境，而列車亦正式轉用紅磡站新建地底月台。

　　一條由 1960 年代展開籌劃超過半世紀的鐵路發展項目，承載着的確實是人們對城市發展的理念。如今沙中綫得以落實動工，並相繼落成投入服務，彷彿印證着夢與想的實踐。

←　金鐘站成為四綫交匯的大型轉車站，站內設有多條大型扶手電梯貫通各樓層。

廣深港高速鐵路

區域快綫的變奏

九廣鐵路於 1910 年代落成啟用，接通九龍車站至廣州大沙頭火車站；市民便可乘坐火車連接粵漢、京漢鐵路，進而通過西伯利亞鐵路（Trans-Siberian Railway）前往俄羅斯甚至西歐地區，無遠弗屆。香港，遂成為了這條貫通歐亞鐵路幹綫的南端終點站。

藉引進高速列車應付市場需求

時至 1990 年代，兩地交流日漸頻繁，中國鐵道部遂成立專門工作組，與九廣鐵路公司多次商談後，籌備開行北京及上海至九龍的直通旅客列車服務。時值香港即將回歸中國，鑒於內地來港旅客及市場需求日增，國務院遂於 1997 年初春批准有關方案，並要求北京鐵路局及上海鐵路局於 1997 年 7 月 1 日香港回歸前開通京九直通旅客列車，以及滬九直通旅客列車。隨後，雙方終就列車編組、運行時間、行李託運和售票方法、票價等範疇達成了共識。1997 年 5 月 18 日，籌辦歷時一年的京九直通車及滬九直通車正式開通，當日早上 7 時 30 分，時任國務院副總理的吳邦國主持開行典禮暨剪綵儀式。

　　1998 年 8 月，負責廣九直通車服務的九廣鐵路公司和廣鐵集團（即前廣州鐵路局，後改為中國政府全資擁有並以商業模式運作的企業），分別引進新型號高速列車提供服務，藉以逐步增加班次以應付市場需求。

　　早於 1995 年 11 月，為配合廣深鐵路電氣化，九廣鐵路公司遂向瑞士 SLM 訂購兩輛 Lok 2000 型電力機車，和向日本近畿車輛（Kinki Sharyo）訂購近 12 輛無動力的雙層客車卡。新列車於 1997 年 5 月 11 日抵港，經過測試後率先於 1998 年 1 月 24 日被派往行走東鐵，來往紅磡與羅湖之間的特別頭等服務。當時每日上午 10 時正提供一班於紅磡預辦離境直抵羅湖的直通服務，及於上午 11 時 20 分提供一班由羅湖開出前往紅磡沿途各站的回程服務。紅磡至羅湖的去程頭等車費為港幣 66 元，回程票價則相等於東鐵頭等車費。

⬇ 九鐵公司於 1998 年調派「九廣通」列車往直通車服務，
　　旁為東風 4 型內燃機車。

　　1998 年 6 月 1 日，廣深鐵路電氣化完成後，列車正式調往廣九提供直通車服務；九廣鐵路公司並將新列車命名為「九廣通」（Kowloon Canton Railway Through Train, KTT）。九廣通列車一般以兩輛電力機車前後牽引七至九卡雙層客車卡，全車載客量（視乎牽引客車卡的數量）達 666 至 886 人，速度最高可達時速 160 公里。

　　另一邊廂，廣鐵集團於 1996 年 11 月與瑞典 ADTranz 簽訂租用一列 X2000 列車，為期兩年，以提供廣深綫鐵路服務，並測試 X2000 這種擺式列車（Tilting Train）在應對廣深綫多彎道的限制，以便對日後在既有鐵路上進一步提速作研究。X2000 新列車於 1998 年初運抵中國天津，並命名為「新時速」高速列車。X2000 新時速列車在中國鐵道科學研究院北京環行鐵路完成試驗後，由 1998 年 8 月 28 日起肩負每天各兩對廣九直通車和廣深城際列車。然而在運行約八年半後，2007 年 1 月 15 日，X2000 新時速列車在途經深圳筍崗站時車尾突然冒煙故障，事後更由 2007 年 4 月 19 日起停運，並退出廣九直通車服務。這部 X2000 新時速列車最終在 2012 年 5 月 27 日於廣州黃埔港經貨輪運返瑞典。

⬇ 廣鐵集團的「新時速」X2000 擺式列車，
　 為直通車服務帶來新氣象。

鐵路小百科

擺式列車（Tilting Train）

擺式列車是一種列車車身在轉彎時可以側向擺動的列車，讓重力抵銷因轉向另一方向側重的離心力。與普通列車相比，擺式列車在轉彎時能夠較高速行駛，可以節省車程。

西部走廊鐵路長途客運綫

香港政府運輸科在 1993 年 4 月發表《鐵路發展研究公眾咨詢文件》，文件中預測內地與香港鐵路交通會有顯著增長。據統計數字顯示，1992 年出入境旅客的數目多達 3,700 萬人次，並預期至 2011 年會增加一倍。港府遂建議興建西部走廊鐵路計劃，建設新鐵路綫通往邊境羅湖口岸，並於落馬洲建設第二條出入境通道。

1994 年，港府發表《鐵路發展策略》時，正式提議推行西部走廊鐵路計劃。根據《鐵路發展策略》的建議，整個西部走廊鐵路分為三部分：港口鐵路綫、長途客運綫及近郊客運綫，項目被建議優先興建，預計耗資 231 億港元，2001 年落成啟用。當時在籌劃西部走廊鐵路的長途客運綫工程時，已着意考慮興建新的直通車終點站，選址為西九龍填海區近長沙灣的一幅土地上。

然而到了 1995 年，港府決定重新部署，改為優先興建近郊客運綫的部分路段（即今西鐵），並暫時擱置港口鐵路綫及長途客運綫計劃。

重新上路的區域快綫

1998 年 3 月，香港特區政府委聘顧問進行第二次鐵路發展研究，以為香港鐵路網絡直至 2016 年的進一步擴展作出規劃。

研究報告中建議興建一條「區域快綫」（Regional Express Line）連接九龍市區和邊境，並可能進一步延伸至港島。報告中亦建議紅磡應繼續發揮集體運輸中心的作用，作為城際列車服務的終點站，提供出入境及海關設施，並作為主要的運輸交匯處。

1999 年 9 月，時任廣州市市長的林樹森在上海舉行的財富全球論壇上，提出穗港磁懸浮鐵路計劃，提議穗港兩地開通磁懸浮列車，兩地直達只需半小時。據當時估計興建磁懸浮鐵路耗資約 300 億港元，由穗港兩地各承擔一半。

於 2000 年 5 月，特區政府運輸局發表了一份新的鐵路發展策略 ──《鐵路發展策略 2000》。建議香港新建六條鐵路走廊，其中包括在新界北部連接東鐵和西鐵的北環綫，以及連接紅磡和邊境的區域快綫。根據 1998 年的價格估算，興建區域快綫預算耗資約 130 至 170 億港元，並可由九廣鐵路公司或地下鐵路公司承建，視乎市區終點站設置的地點而定。

鐵路小百科

區域快綫

當時區域快綫的構想，乃一條連接市區和邊境的通勤快速鐵路通道，只設少數中途站，並也可讓來往香港與內地的城際直通車運行，減輕東鐵負荷。然而，這絕非一條高速鐵路。

區域快綫初步的走綫方案有二：一、東綫方案，走綫建議由紅磡站出發，新建路綫先經石硤尾站再達至東鐵新增的粉嶺南站並連接羅湖站，或於羅湖以東新建鐵路過境通道；二、西綫方案，新建路綫由紅磡站出發，同樣先經石硤尾站再經西鐵錦上路站，連接北環綫接駁羅湖站或落馬洲站。

2001 年中，香港運輸局開始與深圳市政府、內地鐵路部門探討區域快綫採用磁懸浮技術的可行性，並積極研究利用磁

懸浮技術建設香港到廣州等地的快速通道。研究指出，採用磁懸浮列車可將由香港至深圳的運行時間由 40 分鐘縮減至 15 分鐘。同年 10 月，時任特首董建華在上海舉行的亞太經合組織首腦會議期間，正式向國家計委提出在穗港間建設磁懸浮鐵路快綫的計劃。與此同時，廣鐵集團也提出了廣九直通車提速的計劃。

廣深港高速鐵路　廣深段初試啼聲

2002 年 1 月，區域快綫的構想終於有突破性的發展。中央政府初步就連接廣州、深圳和香港的鐵路區域快綫的設計及協調正式立項研究，並將這條鐵路正式定名為廣深港高速鐵路，並由鐵道部牽頭成立專家小組對新高速鐵路進行研究。

2002 年 2 月，香港特區政府環境運輸及工務局，與國家鐵道部共同組成「廣深港高速鐵路規劃小組」，並針對鐵路的必要性、功能、定綫、過境位置、鐵路技術，以及經濟效益等進行前期研究。香港及內地的專家於比較了不同走綫後達成共識，商定了「廣州東—東莞—蓮塘—香港」與「番禺—南沙—蛇口—香港」兩個較可取的方案，規劃目標是將廣州市中心至香港之間的旅行時間從 100 分鐘縮短至 60 分鐘以內。此外，有效地與全國高速鐵路網連接，及與規劃中的珠三角城際快速軌道交通網絡連接，也是重要的規劃目標。

在研究過程中，因應雙方的整體城市規劃及交通網絡規劃的最新進展，鐵道部與環境運輸及工務局分別對廣深港高速鐵路項目的內地及香港段考慮了一些新構思並作出調整。在內地方面，國家鐵道部曾考慮以廣深港高速鐵路內地段兼顧珠三角快速軌道網廣深城際綫的可行性；而香港方面，港府則開始考慮利用西鐵及北環綫作為廣深港高速鐵路香港段的可行性。

◐ 嶄新設計的和諧號 CRH380A
高鐵列車。

◐ 高鐵列車的二等客卡。

⬆ 頭等客卡車廂，座椅更寬敞舒適。

⬆ 二等客卡車廂，座位以「3+2」
模式排列。

鐵路小百科

傳統輪軌及磁懸浮技術

規劃小組對傳統輪軌及磁懸浮技術作出探討和比較，由於磁懸浮技術方案的造價、營運成本及維修成本均比傳統輪軌技術高，預計建造期亦較長，而且缺乏兼容性，不利於現有鐵路網。輪軌高速鐵路的營運速度已高達每小時 350 公里，且可達到一小時內穿梭三地的目標，故沒必要採用造價及技術難度相對較高的磁懸浮技術。因此，雙方都傾向於選擇比較成熟的高速輪軌方案。

2004 年 1 月 7 日，中國國務院審議通過中國第一份《中長期鐵路網規劃》，決定建設 1.2 萬公里以上的「四縱四橫」客運專綫，並將香港納入規劃之中。同年 7 月，廣深港高速鐵路內地段的走綫決定採用「番禺石壁—東莞虎門—深圳龍華」的走綫方式，而位於番禺的新廣州站同時也成為規劃中的武廣客運專綫車站。2004 年 12 月 30 日，為配合武廣客運專綫的整體進度，新廣州站率先動工。

2005 年 12 月 18 日，廣深港高速鐵路廣深段亦正式動工興建。廣深港高速鐵路的廣深段連接廣州南站至深圳福田站，沿途並於慶盛、虎門、光明城、深圳北設站，全長 105 公里，設計速度為每小時 350 公里。工程總投資成本約 167 億元人民幣，由國家鐵道部與廣東省政府各按一半股分出資，並於 2006 年 8 月 18 日成立廣深港客運專綫有限責任公司進行建設。高鐵廣深段原計劃於 2010 年 11 月廣州亞運舉辦前開通，其後通車時間多次延後。後來於 2011 年 7 月 23 日發生溫州動車追撞意外，故高鐵廣深段需要經過反覆測試，最後始能於 2011 年 12 月 26 日通車。

鐵路小百科

溫州動車追撞意外

溫州動車追撞意外發生於杭福深客運專綫，一列 D3115 次「和諧」號 CRH1 型列車於 2011 年 7 月 23 日晚上由永嘉站開往溫州南站途中因故慢駛，然而尾隨另一列 D301 次「和諧」號 CRH1 型列車卻因信號控制系統故障，即鐵路路段的自動閉塞系統或列車自動保護系統（Automatic Train Protection, ATP）發生故障，無法指令列車在閉塞區之間行駛而作出自動制動，導致兩列列車發生追撞。事故發生後 D301 次列車首四節車廂墜橋，最後造成 40 人死亡、172 人受傷，是中國高速鐵路首次發生重大傷亡事故。

⑧ 高鐵香港段緊隨上馬

另一邊廂，港府在 2006 年 2 月 6 日要求九廣鐵路公司就共用通道方案對北環綫及廣深港高速鐵路香港段以綜合項目的形式作進一步的規劃。走綫以新建北環綫連接落馬洲邊境，並沿西鐵及九龍南綫前往西九龍終點站，路綫全長 30 公里。

除了共用通道方案外，另一專用通道方案亦在高鐵方案考慮之列。顧名思義，專用通道方案採用一條全新建造的鐵路，直接由西九龍接駁至高鐵廣深段。當中，專用通道方案亦有兩條走綫設計，一是連續隧道方案，以全段隧道將邊境與西九龍連接起來；另一則是斷續隧道方案，將會繞經新界東部，當中在大埔附近會有一段約兩公里長的地面路段。

2007 年 5 月，九廣鐵路公司對高鐵香港段的設計傾向採用全隧道方式的專用通道方案。雖然興建成本會較共用通道方案多出 47%，然而廣深及香港兩段的總行車時間僅 48 分鐘，卻可縮減 12 分鐘之多。此外，專用通道方案亦可避免與西鐵共用通道而成為東鐵的翻版，以致產生惡性競爭，影響到西鐵與高鐵的列車班次。港府於同年 8 月 2 日敲定以專用通道方案興建香港段，並在西九龍總站內設有八條路軌及四個候車月台。

香港西九龍總站建築由凱達環球（Aedas）建築師安德魯

⬆ 剛抵達蘇州站的高鐵列車。

⬆ 高鐵列車車廂內設有車速顯示。

布朗伯格（Andrew Bromberg）設計，其建築頂部設有天空走廊觀景台；內部分為五層，由高至低分別為地面層的車站大堂、售票大廳、入境層、離境層及月台層。車站所有月台均採用港灣式月台的結構，不設月台幕門。月台層東面設有四座島式月台和一座側式月台，可停靠 16 卡編組列車；而西面則為停靠八卡編組列車的短月台，共設五座島式月台和兩座側式月台。

鐵路小百科

廣深港高速鐵路香港段定綫

路綫全長 26 公里的廣深港高速鐵路香港段，由西九龍總站出發後，將不停站途經油麻地、大角咀、深水埗等西九龍填海區，繼而轉經葵涌、尖山、金山進入新界，再沿大帽山、石崗、八鄉、雞公嶺、牛潭尾、米埔前往落馬州邊境，全程在地底行走。

菜園村收地爭議

高鐵香港段的走綫規劃中，將在石崗橫台山菜園村位置興建列車停車側綫及緊急救援站，故需對該村進行清拆，事件引起村民與香港保育人士極大的迴響。他們自 2008 年 11 月開始發起抗爭運動，表示村民希望維持新界既有的生活模式而拒絕遷出，並指高鐵項目工程師在設計時沒有考慮到當地村民的處境。抗爭運動引發起多次衝突事件，最後港府對橫台山菜園村村民發出 8,600 萬特惠賠償金，並在元崗新村旁覓地興建菜園新村，事件才得以平息。

最終，廣深港高速鐵路香港段於 2009 年 10 月 20 日獲得特區政府行政會議拍板興建，並由特區政府全力承擔港幣 669 億元的造價，當中鐵路建造工程佔 550 億元，非鐵路工程佔 118 億元，包括對橫台山菜園村村民發出的特惠賠償金。有關撥款在 2010 年 1 月 16 日獲立法會財務委員會通過後，香港段

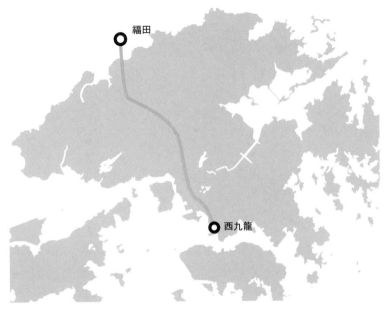

福田

西九龍

⬆ 廣深港高速鐵路香港段定綫。

工程於 2010 年 4 月正式動工，預計 2015 年建成通車。隧道
鑽挖工程自 2011 年 8 月 10 日展開，至 2016 年 11 月 18 日整
段廣深港高速鐵路香港段隧道的路軌鋪設工程全部完成貫通。
港府並於 2017 年 12 月將營運高鐵香港段的權益歸屬由港府
全資擁有的九廣鐵路公司，九廣鐵路公司隨後再按《服務經營
權補充協議》以服務經營權模式租賃予港鐵營運。

港鐵動感號高鐵列車

2012 年 4 月 16 日，中國南車集團正式與港鐵公司簽約
落實為廣深港高速鐵路購置九列 CRH380A 電動車組，每列
八節編組，設計最高時速可達 350 公里。首列列車將於 2013
年年底交付，總額為 13.6 億元人民幣。新型號高鐵列車將在
CRH380A 平台上為港鐵度身訂做開發，在保持原車安全性、
可靠性、經濟性、舒適性等特色基礎上，並於防碰撞、防火、

電磁相容等列車性能上作出進一步的提升。高鐵通車初期，香港及內地各自購買九列，每列八卡的高鐵列車，屆時每日可有208 班列車往返香港至廣州。

首列廣深港高速鐵路列車（編號 CRH380A-0251）於2013 年 11 月 7 日在青島完成生產和下線，並先後在中國鐵道科學研究院北京環行鐵道、南昌鐵路局南昌車輛段南昌西動車所及杭長客運專線進行試驗。隨後於 2016 年 9 月 23 日再經海路抵港，並在緊接的 9 月 26 日至 29 日凌晨，由屯門青山灣貨物裝卸區沿屯門公路、元朗公路、新田公路及錦田公路運往石崗車廠，每次運送兩節車卡。而次列高鐵列車（編號 CRH380A-0252）則於 2017 年 1 月 24 日至 27 日凌晨運抵石崗。而隨着整段廣深港高速鐵路香港段隧道的路軌鋪設工程於 2016 年 11 月 18 日全部完成貫通，第三列高鐵列車（CRH380A-0253）則於 2017 年 7 月 6 日經廣深港高速鐵路路段駛入石崗車廠；餘下 6 列高鐵列車亦繼續沿用這種甲類運送形式由青島駛到香港。

港鐵公司於 2018 年 1 月 25 日至 2 月 14 日期間為新列車舉辦列車命名比賽，隨後於同年 3 月 23 日高鐵竣工禮上正式定名為港鐵動感號（MTR Vibrant Express）高速電車組。

高鐵香港段營運安排

2018 年 8 月 23 日，港府正式公布高鐵香港段營運安排，高鐵香港段將於同年 9 月 23 日投入服務，列車會直達內地包括廣深港客運專線 6 個短途站點，以及沿京廣客運專線、杭福深客運專線、滬昆客運專線和貴廣客運專線等 38 個長途站點等合共 44 個站點，接通全國 25000 公里的國家高鐵網絡，加強香港與內地的交通連接，促進香港與內地各大城市之間的經貿和人文交流。

鐵路小百科

高鐵香港段票價

香港西九龍站至各個短途站點的二等座票價由福田的人民幣 68 元（約 78 港元）至廣州南的人民幣 215 元（約 247 港元）；至於京廣客運專線、杭福深客運專線、滬昆客運專線和貴廣客運專線上的長途站點的直達列車二等座票價，最高分別為北京的人民幣 1077 元（約 1239 港元）、福州的人民幣 349 元（約 401 港元）、上海的人民幣 1008 元（約 1159 港元）及貴陽的人民幣 538 元（約 619 港元）。

經營權方面，港府及九廣鐵路公司簽署法律文件，把高鐵所需的土地或就該等土地所享有的權益或其他權利歸屬九廣鐵路公司，以及把高鐵的動產轉讓予九廣鐵路公司。九廣鐵路公司按《服務經營權補充協議》，把高鐵香港段的經營權授予港鐵公司，為期十年。港鐵公司須向九廣鐵路公司支付的經營費按高鐵實際乘客量計算。同時，港府與港鐵公司簽訂《營運修訂協議》，以規管港鐵公司日常營運高鐵香港段的運作及管理事宜。

而為顧及港府、九廣鐵路公司與港鐵公司的商業考慮及平衡收益與風險的情況，三方同意設立「乘客量上下限機制」，當高鐵香港段實際乘客量與預期偏差較大時，九廣鐵路公司與港鐵公司會攤分實際乘客量與預期有偏差時所帶來的收益或風險。如果實際乘客量與預期偏差在 15% 以內，港鐵公司會全數承擔風險或攤分收益；如果實際乘客量與預期偏差在 15% 以外，港鐵公司和九廣鐵路公司將按三七比例承擔風險或攤分收益。

高鐵香港段正式啟用

港府在 2018 年 8 月公布高鐵香港段營運安排時，預計高鐵香港段在 2018 年的每日平均乘客量為 80100 人次。2018 年

9 月 23 日，廣深港高速鐵路香港段正式通車，造價高逾 860億港元。惟根據入境事務處公布的香港西九龍站出入境人次數據，通車初期的乘客量均沒有達標，在中秋節假期及十一黃金周期間最高一日的乘客量僅為 2018 年 10 月 5 日錄得 80,020人次。而根據港鐵業績報告，高鐵香港段在 2018 年通車後及2019 年全年的乘客量分別為 5.3 百萬及 16.9 百萬人次，收入分別為 6 億港元及 20.98 億港元。

2019 年底，全球各地開始陸續出現 2019 新型冠狀病毒病個案。及至翌年 1 月 23 日，香港政府衛生署衛生防護中心正式公布一宗由 1 月 21 日從武漢乘高鐵抵港的中國旅客確診個案，這成為本港首宗外來感染個案，正式揭開 2019 新型冠狀病毒病在香港流行之序幕。港府為此收緊對內地的通關政策，遂於 2020 年 1 月 30 日起關閉包括高鐵香港西九龍總站等六個往來中國內地的口岸，高鐵香港段及城際直通車隨即暫停營運。根據港鐵業績報告，高鐵香港段於停運前的 2020 年總乘客量為一百萬人次，2021 年則因持續停運而乘客量為零；縱然如此，港鐵在 2020 年、2021 年及 2022 年仍隨高鐵營運權中錄得分別 12.77 億港元、13.63 億及 14.01 億港元收入，相信是在《服務經營權補充協議》中的「乘客量上下限機制」下獲得由九廣鐵路公司提供的「包底」補貼。

原訂 2015 年建成通車的廣深港高速鐵路香港段因工程滯後而延至 2018 年 9 月 23 日正式啟用，往返兩地將更為便捷；惟受到 2019 新型冠狀病毒病全球大流行的影響，兩地跨境活動驟停。然而基建活動並未因疫情而驟停，伴隨建造贛深客運專線於 2021 年投入服務而於東莞市塘廈鎮增建的塘廈交匯處，令廣深港高鐵可由香港西九龍站出發，停靠深圳北站後沿贛深客運專線西北雙向聯絡綫前往東莞南站，再連接廣深鐵路直達位於廣州市中心天河區的廣州東站，全程行車時間最快僅1 小時 30 分，此舉無疑令百年歷史的城際直通車的需求進一

步降低。

　　隨着疫情減退，廣深港高鐵香港段於 2023 年 1 月 15 日恢復營運。而自同年 4 月 1 日起，廣深港高鐵全面重啟跨省長途服務。同年 6 月 26 日，中國國鐵集團鄭州局於其官方微信公布，中國國鐵將於第三季啟動新的列車運行圖（即時刻表），恢復隔日開行車次 Z97/98 的京九直通車，惟最終相關之微信貼文被刪除下架。2024 年 6 月 4 日，中國鐵路集團公布京九、滬九直通車將會由 6 月 15 日起升級為北京、上海往返香港西九龍的「夜發朝至」動臥列車。高鐵成為了香港與內地重要聯繫交通。

← 首列廣深港高鐵 CRH380A 列車於 2016 年 9 月 26 日凌晨從陸路運往石崗車廠。

↓ 港鐵廣深港高鐵 CRH380A 列車，以「動感號」命名。

「起動九龍東」啟德單軌捷運系統

為了充分利用內地迅速發展的機遇，並維持香港的地位和長遠發展，穩定而充足的優質辦公室供應至為關鍵。

國家「十二五」規劃表明支持香港鞏固其作為國際金融、貿易、航運中心的地位，亦支持香港發展成為國際資產管理中心和離岸人民幣業務中心，香港在全球的影響力將日益增大。

「起動九龍東」計劃

一直以來，中環作為香港傳統的核心商業區（Central Business District, CBD），區內有甲級寫字樓、大型購物中心、政府及公共機構，還有康樂設施以及各種完善的設施。然而，隨着各方面尤其是經濟的發展，這個核心商業區已逐漸無法滿足經濟增長對於寫字樓的需求。港府遂計劃開

↑ 城巴早於 1999 年已展開無軌電車測試，為拓
展啟德發展區服務而鋪路。

拓另一個核心商業區──九龍東，藉以在核心商業區以外發展
新辦公室樞紐。

　　時任特首曾蔭權於 2011 年 10 月 12 日發表任內最後一份
《施政報告》，報告中提出要增加香港寫字樓供應以支持香港
經濟發展。翌日，發展局局長林鄭月娥遂就「起動九龍東」
（Energizing Kowloon East）計劃作出進一步闡釋。隨着啟德
發展的上馬，這片難得的市區用地將發展成為維港灣畔富有特
色、朝氣蓬勃、優美動人、與民共用的社區，再加上鄰近的觀
塘和九龍灣工業區的轉型，成為了起動九龍東莫大的機遇。

　　因此，九龍東成為全新核心商業區，港府考慮到通達性
及人流的重要性，希望能利用環保系統將啟德新區與九龍灣、
觀塘舊區緊緊連接起來，遂在啟德分區計劃大綱圖中預留了
以鐵路為主的環保連接系統（Environmentally Friendly Linkage
System, EFLS）。希望除了達到催化九龍灣和觀塘舊區活化的
功能外，亦透過連接三個港鐵車站，即觀塘、九龍灣和將來的
沙中綫啟德站，把九龍東和香港其他地方連接起來。

⬆ 國產純電動客車。　　　　　　⬆ 九巴於 2011 年試行的超級電容
　　　　　　　　　　　　　　　　巴士。

啟德單軌捷運系統

　　發展局認為，現時九龍灣至觀塘的一段港鐵觀塘綫採用的高架設計，零碳排放，再輔以現代化的單軌列車作為連接系統，將能夠提供全天候、方便、舒適，同時是零排放的接駁，另一方面單軌列車可以為九龍東加添色彩，增加其吸引力。

　　高架單軌列車的初部設計走綫全長約九公里，設 12 個車站，繁忙時間約兩分鐘一班車，每列車有兩卡，總載客量約250 人。到 2031 年，估計每日總流量達 20 萬人次，最早可望2023 年通車。根據 2010 年價格計算，初步估計建造費用約120 億港元。

　　全長約九公里的啟德單軌捷運系統，走綫計劃由港鐵九龍灣站出發，沿觀塘道南行前往行動區一（Action Area 1），建有車廠和車站，上蓋更有接近 50 萬總樓面面積發展空間；再經九龍灣商貿區沿宏光道轉入麗晶花園，並進入公共房屋區，然後到沙中綫啟德站的車站廣場（將成為政府寫字樓所在地）。之後會途經比鄰私人住宅區的多用途體育館區，然後進入都會公園；接着會到跑道的商住區，兩面分別是住宅和作商業用途。經過在跑道南端的郵輪碼頭和旅遊中心，再透過一條跨過啟德水道的大橋至行動區二（Action Area 2），最後沿開

源道直接連接港鐵觀塘站，並藉此與對面的觀塘市中心的重建項目連接起來。

鐵路小百科

捷運系統落成前的過渡安排

由於捷運系統需配合啟德發展，因此最早要到 2023 年才能通車。第一期啟德發展包括公共房屋和郵輪碼頭等已於 2013 年完成，故在捷運系統落成前的過渡期間，將需要採用混能車、電動車等環保交通工具。

海外單軌列車系統個案

其實過往海外也有不少個案可供參考，近至日本東京，便有一條輕軌運輸系統——東京臨海新交通臨海綫「百合海鷗」號（Tokyo Waterfront New Transit , Yurikamome），連接東京市區內的新橋地區至東京臨海副都心台場及豐洲一帶，全

⬇ 啟德單軌捷運系統的車站設計與東京臨海新交通臨海綫台場站設計相近。

長 14.7 公里。「百合海鷗」號自 1995 年 11 月 1 日啟用新橋至有明段，到 2006 年 3 月 27 日開通全綫，並採用電腦控制的無人駕駛方式行走，全綫高架化，搭配膠輪路軌系統。

另外遠至澳洲悉尼也有單軌鐵路系統——悉尼單軌電車（Sydney Monorail），連接了達令港、悉尼唐人街、悉尼的商業中心區以及購物區。單軌鐵路全長 3.6 公里，共設有七個車

⊙ 「百合海鷗」號列車採用無人駕駛設計。

⬆ 東京臨海新交通臨海綫「百合海鷗」號輕軌運輸系統。

站，全綫單程行車。然而新南威爾斯州州政府在 2012 年 3 月 23 日宣布，由於這條每年乘客量達 300 萬人次的悉尼單軌電車主要依靠旅遊業的收入，可是近年收益十分微薄，故將會在 18 個月後停運，並於 2015 年至 2016 年間拆卸。

⬇ 悉尼單軌電車的列車停放區。　　⬇ 悉尼單軌電車採用單向式運作。

⬆ 悉尼單軌電車車站採用圓管型設計。　　⬆ 連接了達令港、悉尼唐人街、悉尼的商業中心區以及購物區的悉尼單軌電車。

九龍灣建單軌列車早有構思

其實，有地產發展商早於 2000 年已就九龍灣興建單軌架空運輸鐵路系統與地鐵公司進行磋商，地鐵公司於年報中亦有提及「地鐵初步研究九龍灣工業區引入輕便鐵路的可行性」。唯各方一直未能就計劃取得共識，及至香港爆發沙士疫潮，對樓市帶來衝擊，有關計劃亦被迫擱置。

2005 年 11 月，隨着香港經濟復甦，並帶動商貿活動，在九龍灣商貿區內持有物業的五大發展商，包括嘉里建設、信和置業、合和實業、南豐集團與其士國際等，計劃夥同地鐵公司，自資於區內興建本港首個單軌架空運輸鐵路系統，貫穿區內的商廈及酒店項目，用以改善九龍灣商貿區的交通及引入大量人流，冀把九龍灣區打造成東南九龍的商貿及消費新焦點，促使地價及樓價大躍進。

構思中的單軌架空運輸鐵路系統，路線是由九龍灣地鐵站作起點，伸延至常怡道，再通往宏光道，經啟祥道至偉業街，然後折返地鐵站，全長約六至十公里，視乎實際走線而定。然而，由於發展商所持有的物業分布於商貿區內的不同位置，個別發展商基於切身利益而積極爭取單軌火車的路綫可途經旗下物業，其中地鐵便曾建議把路綫伸延至啟業邨，以便把人流從屋邨帶到旗下的德福商場。

雖然發展商願意自資興建單軌架空運輸鐵路系統，但這個發展藍圖最終仍遭到港府否決。

港府於 2004 年至 2006 年間就啟德發展區進行公眾咨詢，其後更計劃以造價 20 億港元於啟德發展區建單軌列車系統。

時至 2009 年 8 月，港府才計劃聘請顧問公司就啟德環保運輸系統進行詳細的可行性研究，當中涵蓋網路發展、工程、專題、財務及經濟、實施策略及計劃等五大範疇的研究。期望透過在啟德發展區建設輕型至中型環保運輸，接駁現有的九龍

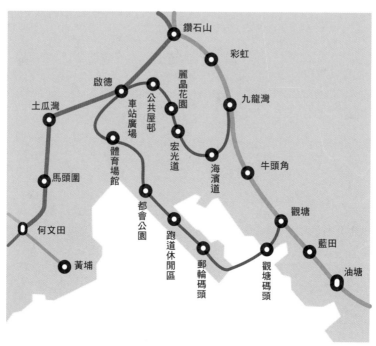

⬆ 啟德單軌捷運系統定綫。

灣、觀塘港鐵站及擬建的沙中綫啟德站，將啟德發展區與觀塘、九龍城等周邊腹地緊密相連，同時藉此活化鄰近地區發展。

鐵路小百科

不同的運輸系統模式的可行性研究

當時，港府對系統採用的運輸系統模式仍持開放態度，希望藉顧問研究一併考慮無人駕駛列車、單軌列車、有軌電車、無軌電車，甚至是磁浮列車等不同的運輸系統模式的可行性，並研究各種列車的特性、優劣、可載客量及成本等。

現代化電車系統

時至 2012 年，港府就啟德環保運輸系統正式展開公眾諮詢。另一邊廂，香港電車公司委託顧問進行可行性研究，建議在東九龍興建現代化電車系統，以取代港府建議的環保連接系統。電車公司隨後於 2013 年 4 月 29 日向發展局提交建議方案，建議在啟德發展區發展現代化電車系統，新電車系統計劃於 2018 年至 2031 年分三階段啟用，全長 12 公里，造價 28 億港元，遠較港府建議的環保連接系統便宜。然而發展局認為電車雙向路軌及車站約需要佔用兩至三條行車綫，而九龍灣和觀塘的行車道路空間不足，亦受制於密集樓宇而不能夠再擴闊道路；加上啟德發展區土地規劃用途並無預留相關用地容納電車在地面行駛，而《啟德分區計劃大綱圖》內已預留用地的環保連接系統是高架鐵路系統，其支撐結構僅需要佔用很少的路面空間。

然而，土木工程拓展署在進行詳細可行性研究的過程中，遇到較預期多和複雜的挑戰，在系統定綫上更具挑戰，包括系統走綫在跑道末端經開源道連接港鐵觀塘站，需建設一條連接橋跨越現有觀塘避風塘，這要按《保護海港條例》的規定作出適當處理。同時這段高架系統走綫在觀塘舊區的狹窄街道上興建，或未能符合《消防安全（建築物）條例》中消防拯救工作時所需要的空間要求。另外，系統定綫在跨越現有觀塘道及港鐵觀塘綫連接港鐵九龍灣站時，需建造一段跨度大而彎的高架系統，工程亦極具挑戰性。

多元組合模式取代單一基建

2020 年 11 月 25 日，時任特首林鄭月娥發表任內第三份《施政報告》，報告中提到有關九龍東環保連接系統的詳細可

行性研究，建議在區內推展「多元組合」模式的環保連接系統，比單一的基建更為有效和可取。擬議的「多元組合」模式環保連接系統，包括在區內新增巴士／專線小巴路線；發展自動行人道網絡串連啟德前跑道區、九龍灣行動區和港鐵牛頭角站；打造貫通啟德發展區內海濱長廊和休憩用地的行人與單車共用的共融通道；建造高架園景平台連接港鐵觀塘站，以及在啟德發展區設置水上的士站。這意味着九龍東環保連接系統計劃被正式擱置。

2021 年 1 月 26 日，發展局向立法會發展事務委員會提交有關「九龍東環保連接系統詳細可行性研究的結果和建議」文件。文件中指出擬議連接系統在九龍東建造單元高架模式的連接系統，尤其在部分已發展的地區，涉及多項複雜的技術挑戰，包括擬議連接系統難以在區內狹窄的道路空間和人多車多的環境下有效率地建造；於跨越觀塘繞道和港鐵高架橋上空建造連接系統期間，難以確保道路和鐵路交通的運作與安全不受影響；以及擬議系統走線途經開源道難以符合法定消防通道要求等。研究結果亦顯示面對多項複雜技術挑戰的情況下，倘若在區內建造高架模式的系統，其建造和運作成本將會十分高昂，並非可持續和可取的選項。

九龍東環保連接系統詳細可行性研究的分析顯示，在九龍東日趨完善的道路和鐵路基建設施，以及便捷公共交通服務的基礎上，輔以推展「多元組合」模式的環保連接系統，可切合區內市民的出行需要。因此，推展「多元組合」模式的連接系統能夠暢達地連接毗鄰社區，並打造啟德發展區成為綠色社區。擬議「多元組合」模式環保連接系統將包含多種具環保元素和暢達連接功能的倡議設施，相互兼容運作。

鐵路小百科

擬議「多元組合」模式環保連接系統

(i) 加強九龍東公共交通服務，並採用電動車輛行駛區內新增巴士／專線小巴路線

(ii) 發展自動行人道網絡串連啟德前跑道區、九龍灣行動區和觀塘行動區

(iii) 打造貫通啟德發展區內海濱長廊和休憩用地的行人與單車共用的共融通道

(iv) 建造高架園景平台來連接港鐵觀塘站

(v) 在啟德發展區設置「水上的士」站

　　啟德單軌捷運系統的計劃正式告吹，現代化電車系統建議未被接納；然而，「多元組合」模式環保連接系統的效益亦未見彰顯。

啟德智慧綠色集體運輸系統

　　2023 年 4 月下旬，時任特首李家超率領特區政府官員及立法會議員到深圳考察，包括到訪新能源汽車公司的基地參觀，並了解及試乘高架軌道純電自動列車——「雲巴」。「雲巴」屬無人駕駛、以電力推動的捷運系統，每卡可載約 70 人，可增至八卡，即載 560 人，其爬坡能力最高可達每 100 米爬 12 米，最高時速 80 公里。立法會議員在考察過後紛紛指出啟德環保運輸系統應採用「雲巴」技術重新上馬，而特區政府亦表示對在香港引入「雲巴」持開放態度。

　　同年 12 月，運輸及物流局發表《香港主要運輸基建發展藍圖》，為香港未來的運輸基建發展提供規劃框架，宏觀勾劃

遠至 2046 年及以後的策略性鐵路及主要幹道網絡，以滿足香港長遠的運輸及物流需求。藍圖中就過往興建高架環保連接系統至九龍東，指出「在九龍東部分已發展的地區興建有關系統，技術上將受制於毗鄰的稠密發展，其建造和運作成本亦會十分高昂，並非可持續和可取的選項」。港府並在藍圖中進一步闡釋，建議於啟德前跑道區引入全長約四公里的智慧綠色集體運輸系統，連接啟德前跑道區至港鐵啟德站，服務旅客和居民，強化連繫啟德區內商住發展、旅遊、文娛、康體及社區設施，以及和鐵路網絡的連繫。

到 2024 年 3 月，土木工程拓展署在九龍城區議會轄下交通運輸委員會上交代擬議啟德智慧綠色集體運輸系統。系統長約 3.5 公里，設五個車站，連接啟德前跑道區的郵輪碼頭、前跑道區住宅帶、都會公園、啟德體育園及港鐵啟德站，車程約為十分鐘。智慧綠色集體運輸系統一般不需要架空電纜等設施，機電支援系統相對簡單。土木工程拓展署並爭取於 2026 年就項目工程進行招標，以期於 2027 年批出工程合約。

然而，最新提出的智慧綠色集體運輸系統方案，剔除了啟德單軌捷運系統原計劃由啟德郵輪碼頭連接觀塘碼頭及港鐵觀塘站的路段，形成人流單向前往港鐵啟德站，未能做到與觀塘綫接駁分流，勢將大大加重屯馬綫運載壓力。而取消觀塘開源道路段，亦變相解決了早前啟德單軌擬運系統及現代化電車系統方案所面對的問題。

無論是啟德單軌擬運系統、現代化電車系統、「多元組合」模式環保連接系統，還是智慧綠色集體運輸系統，計劃最終會否成事，就留待時間作驗證。

蛻變中的香港鐵路

香港鐵路走過百年,列車的巨輪仍不斷向前進發滾動,沒有放慢步伐。山頂纜車、香港電車,以至整個香港鐵路發展,正揭開香港百年鐵路史的新一頁。

山頂纜車發展計劃

早於 2012 年,山頂纜車每日平均載客量已達 12,000 人次,當中九成為遊客。山頂纜車有限公司有鑑於訪港遊客人數持續上升,每逢假期乘搭纜車的輪候時間更達兩個小時,乘客需求遠超其可承載量;有見及此,遂聘請顧問研究提升服務質素及縮減輪候時間的可行性。

山頂纜車有限公司遂於 2015 年計劃耗資約 6.84 億港元進行升級發展計劃,以提升山頂纜車系統及改善現有設施,包括採購新纜車,將山頂纜車載客量從每個車卡由 120 人增至 210 人,並翻新及擴建中環花園道總站及山頂纜車總站等。

山頂纜車於 2019 年 4 月 23 日展開首階段改善工程並暫停服務，工程包括延長現有纜車交匯處、全面翻新山頂總站及擴建花園道總站，首階段工程歷時三個月至同年 7 月 22 日重新投入服務；其後再進行花園道總站擴建及裝修工程，乘客須在站外排隊，並使用臨時月台候車。第二階段工程由 2021 年 6 月 28 日全面展開，正式告別兩列擁有酒紅色車身、一直運作了接近 32 年的第五代山頂纜車，纜車服務再次暫停。工程包括更換全新的第六代山頂纜車、全新動力及拖曳系統、控制及信號系統、纜索和軌道等，及完成山頂總站改建及花園道總站擴建工程。

第六代山頂纜車由瑞士 Garaventa、CWA 和 Frey 等廠商製造，使用電腦控制驅動的全鋁製車廂，車身色彩回復到第三代和第四代沿用的墨綠色復古設計。新纜車除配備八個更寬闊的車門、更便利殘疾人士上落車的無梯級設計外，更設有 270 度全景玻璃窗，乘客可透過天窗仰頭飽覽上空的美景。第六代山頂纜車共有兩卡車廂，每卡載客量由昔日 120 人大幅增加至

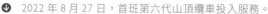

⬇ 2022 年 8 月 27 日，首班第六代山頂纜車投入服務。

210 人，並設有 22 個下山前向座位。同時，山頂總站也進行大翻新，擴建後可容納 1300 名乘客等候，候車月台並裝設有半高式月台閘門，提升候車安全。

山頂纜車整項升級發展計劃共耗資港幣 7.99 億元，進一步提升了山頂纜車的形象，並保持纜車作為重要旅遊休閒設施的地位。山頂纜車終於 2022 年 8 月 27 日重新投入服務。

第七代香港電車投入服務

同樣在香港服務超過一個世紀的，還有在港島北岸穿梭東西的香港電車。香港電車有限公司自 1974 年被九龍倉集團收購後，經過 35 年營運及發展，先於 2009 年 4 月 7 日將香港電車的一半股份以少於一億歐元的價錢售予與法國交通發展集團與巴黎大眾運輸公司的合營企業威立雅交通—巴黎地鐵亞洲（RATP Dev Transdev Asia）；其後九龍倉集團在 2010 年 2 月 17 日再宣布於同年三月將所持有的香港電車剩餘股份悉數出售，令 RATP Dev Transdev Asia 全資擁有香港電車公司。RATP Dev Group 並於 2020 年 10 月全面收購 RATP Dev Transdev Asia。

➜ 電車正在西營盤車廠內翻新，重建鋁合金車身成為第七代電車。

⬆ 尚未翻新的 10 號電車及後方兩輛已翻新的第七代電車。

　　自法資企業入主香港電車後，第七代電車亦於 2010 年 11 月 28 日正式面世。新一代電車結合了現代內部設計與傳統車身外貌，令電車傳統形象得以保存。電車公司並於翌年起展開新一輪電車翻新工程，將大部分木架結構的雙層電車改為鋁合金結構的第七代電車，全車設有 45 個坐位及 70 個企位。驅動系統方面，第七代電車仍倚賴架空電纜提供 550V 直流電電力，惟驅動組件則換上交流電馬達以取代過往的直流電馬達，令電車可透過制動回生技術將制軔時所產生的電流回饋到電網，供其他電車使用，從而達至提升環境保護及節約能源效益。電車公司預期每月可以完成一至兩輛新型號電車翻新推出。

　　2012 年，香港電車宣布斥資 500 萬港元於全線電車和沿線路軌安裝無線射頻識別技術（RFID）的實時定位系統，是本地首個地面的實時定位系統。該系統透過在全線電車路段地底埋下的 600 個無線射頻收發器，當安裝於電車底部的讀碼器經過路面收發器時，便會利用第三代流動通訊技術接收及發放訊息，再傳送至車務控制中心，以便控制中心能夠實時掌握行駛狀況；系統更能夠利用駕駛室的輕觸式屏幕，顯示由車務控制中心向車長發出的指示以作出相應調度，增加電車效率。並利用實時定位系統，於香港電車網頁引入「實時電車到站」功能，

乘客可透過於電車站安裝的二維碼，獲得接續到站電車班次的目的地及到站時間等資訊，讓乘客更容易地安排旅程。

港鐵開展第二次大規模地鐵列車翻新計劃

焦點由有軌電車轉到重鐵發展，時間線再調到 2009 年，時值地下鐵路系統投入服務 30 年。當時，港鐵公司計劃於 2013 年開始翻新市區綫英製都城嘉慕列車，並於 2018 年完成車隊翻新。2011 年，港鐵車務工程部提出「鐵路願景」（Railway Vision）計劃，將車站、列車、票務系統等三大鐵路範疇及設備進行更新。時至 2013 年 6 月，正當首列國產長春列車在觀塘綫投入服務僅 18 個月，港鐵正式展開歷來第二次大規模地鐵列車翻新計劃，預期 2014 年第三季批出工程合約，為平均車齡高達三十年的英製列車進行翻新延長壽命。翻新項目包括車頭、車頭燈、車身及車門裝飾、車廂地板等，並會更換乘客資訊系統、座椅、照明及動態路線圖等，並計劃在車廂內加裝煙霧探測系統及閉路電視，提升消防安全。

惟經過考慮成本效益後，港鐵於 2014 年 10 月決定押後批出翻新列車合約，並發出新的招標公告，購買 78 列全新列車全面更換市區綫列車，共接獲四份標書。港鐵於翌年 7 月 22 日發出新聞稿，宣布斥資約 60 億元並落實向中國南車青島四方股份公司購買 93 列八卡車廂列車，全面取代現時行走觀塘綫、荃灣綫、港島綫及將軍澳綫的第一代列車，平均每列列車售價 6,400 萬，比原本預算低近三成。新購置的港鐵列車將配備更先進的運作系統及設備，並於 2018 至 2023 年陸續運送到香港。整個招標過程歷時約九個月，較過往三次招標購買新列車需時約 14 至 15 個月，大幅縮短六個月。當時有指南車四方所生產的新加坡 C151A 列車質素有問題，需逐一退還南

車四方青島廠房替換，而運輸及房屋局的資料更顯示港鐵早在 2014 年 4 月至 6 月期間已知悉事件。

🚦 新世代鐵路服務「鐵路 2.0」新時代

2015 年 3 月，港鐵亦宣布投放 33 億元予阿爾斯通 （Alstom） 及泰雷茲（Thales） 兩間國際公司合組的財團，分階段更換前地鐵網絡內七條鐵路綫的信號系統，包括荃灣綫、港島綫、觀塘綫、將軍澳綫、迪士尼綫、東涌綫和機場快綫，引入通訊式列車控制系統（Communication-Based Train Control technology, CBTC），望透過引入新信號系統能加密列車班次，提升載客量，同時改善現有信號系統經常故障的問

⬇ 市區綫四方青島列車自 2018 年 1 月運抵香港，並配備 Advanced SelTrac CBTC 新信號系統。列車一直在小濠灣進行不載客測試，圖中列車 A613 是 11 列相關列車的其中一員。

題。港鐵並於 2016 年 1 月宣布旗下服務在未來數年將進入新世代鐵路服務「鐵路 2.0」新時代，包括提升七條營運中鐵路綫的信號系統、購買 93 列新列車等，為香港提供新一代鐵路服務。

新信號系統率先於荃灣綫路段逐步進行安裝工程，並於荃灣綫現有 36 列英製都城嘉慕列車加裝新信號系統以作信號系統測試，並同時在全新國產青島列車卡生產時安裝有關信號系統。根據 2016 年 11 月 23 日立法會會議，運輸及房屋局局長張炳良教授表示，港鐵市區綫新信號系統會於 2018 年率先於荃灣綫投入服務；信號系統提升工程完成後可令受惠的鐵路綫各自增加其運載力約 10%，最後一期的工程預計於 2026 年完成。港鐵於同年年底起安排荃灣綫列車於凌晨收車時段於荃灣站至長沙灣站以新信號系統行駛進行測試，其後並於 2017 年 9 月擴大測試範圍，將深水埗站至中環站段納入系統測試當中。

然而，港鐵荃灣綫列車於 2019 年 3 月 18 日凌晨進行新信號系統測試期間發生相撞意外，一列編號 A131 / A218 的列車在準備駛入中環站時攔腰猛撞向另一列正經渡綫駛離中環站的編號 A187 / A112 列車；事發後港鐵隨即緊急暫停新信號

❸ 2019 年 3 月港鐵荃灣綫列車相撞意外。

系統測試。2022 年 12 月，港鐵向立法會交通事務委員會鐵路事宜小組委員會提交文件透露，各線更換信號系統工程，與2020 年中預期完成時間比較，大多延遲一至兩年，最遲完成的將軍澳綫信號系統要 2028 至 2029 年才完成；而荃灣綫則要到 2025 至 2026 年才可完成。新信號系統原設有三套電腦系統，即是正、副系統外，再設一個備用系統；但發生荃灣綫列車相撞意外後，機電署調查報告指因系統過於複雜，港鐵承認檢查和修正技術工作，其複雜程度較預期大，形容猶如重新編寫整套軟件，故改為採用承辦商的核心標準產品及配置，原本特設的備用電腦系統已不再需要。

　　同時受新信號系統延誤所影響的，還包括港鐵向中國南車青島四方股份公司訂購的全新市區綫列車。首列配備Advanced SelTrac CBTC 新訊號系統的國產青島新列車自 2017年 9 月 27 日於中國青島工場完成組裝，並在 2018 年 1 月 25日抵港後一直於小濠灣車廠進行不載客測試，但投入服務無期。為免延誤取締英製都城嘉慕列車日程，港鐵遂向中國南車青島四方股份公司要求在新列車上加裝市區綫現有 SACEM 訊

⬆ 由於新信號系統投入服務無期，港鐵於 2021 年業績報告中表示，全數市區綫四方青島列車將裝配舊有 SACEM 訊號系統。首列列車 A753 已於2021 年 8 月 28 日正式抵港。

2024 年 1 月 28 日早上 9 時許，市區綫四方青島列車開始拓展至港島綫提供服務。

首列加裝市區綫現有 SACEM 信號系統市區綫四方青島列車於 2022 年 11 月 27 日正式在觀塘綫投入服務。

號系統，首列編號 A753 的新列車於 2021 年 8 月 28 日運抵本港，經過超過一年測試，全新青島四方列車（Qingdao-Train, Q-Train）於 2022 年 11 月 27 日率先投入觀塘綫服務，正式展開逐步取代由 1979 年開始服務香港市民的市區綫第一代列車的新里程，為乘客提供更好的乘車體驗。經過 26 個月更替期，於 2024 年 1 月 15 日起將英製都城嘉慕「現代化列車」（M-Train）於觀塘綫從日常的載客服務中悉數替換。期後新列車更在同年 1 月 28 日開始拓展至港島綫提供服務，首列新車於當日早上 9 時 47 分由柴灣站開出，標誌着更替尚在服役的英製「現代化列車」的步伐再邁向一個里程碑。

　　全新國產青島四方列車的車廂以藍、白色為主調，一改以往紅、白色的風格。車廂設計承襲了屯馬綫的國產中車長客列車，車廂內座位設計符合人體工學，乘坐更感舒適；每排座位數目由六個減至五個，令車門旁邊的玻璃屏風稍微移入車廂內，騰出更多空間讓乘客上落車更暢順；新列車改用環型扶手

↑　市區綫四方青島列車的車廂以藍、白色為主調，一改以往紅、白色的風格。

桿，每卡車廂內設有 64 個扶手吊環，方便乘客更容易緊握扶手。全車車廂採用節能 LED 照明系統，車廂更見光猛，另外亦設有動態路綫圖為乘客提供更清晰資訊；最後，座椅下亦裝有「智能伺服器」裝置監察列車行駛狀況，並透過大數據分析加強列車的預防性維修。港鐵公司香港客運服務總監楊美珍亦表示：「我們希望藉此機會提升列車設計，包括提供更好的乘車體驗設施，以及在新列車增加具備智慧功能的設備，以提升列車運作的可靠性。」

迪士尼綫更換全新電池驅動列車及信號系統

　　時至 2024 年 4 月 11 日，港鐵公司公布迪士尼綫資產更新計劃，包括向中國南車青島四方股份公司購買三列配備電池

↑ 迪士尼綫列車。

↑ 迪士尼綫列車車廂。

驅動功能（Advanced Battery-driven Systems）的全新四卡車廂
新型列車，列車充電後可無需架空電纜供電下驅動行駛，亦可
沿用架空電纜供電來運行；而更新後的信號系統則使用通訊式
列車控制系統。港鐵公司表示會與香港迪士尼樂園度假區就新
列車的設計合作，融入迪士尼特色的設計，並預計迪士尼綫在
2028 年後將以全新面貌投入服務。

輕便鐵路展新章

　　隨着 2007 年兩鐵合併，原由九鐵公司用以應付九龍南綫
通車後輕鐵所增加的客量而進行採購的 22 輛第四期新列車，
在兩鐵合併後合約（合約編號為 KRS999）得以繼續進行，並
安排租予港鐵公司提供服務。新輕鐵列車由澳洲 United Group
以第三期輕鐵列車為藍本進行車體總體設計，並委託中國南車
南京浦鎮有限公司於 2008 年至 2010 年負責整裝和調整測試，
是香港首次引入中國製列車。

　　全數 22 輛新列車車隊編號 1111 至 1132，於 2009 年 12

月 14 日開始至 2011 年 1 月間相繼投入服務，列車車身以白色為主色，並配襯淺紫色和鮮綠色的線條設計。車廂內設有 37 個座位、248 個企位及 3 個輪椅停泊位，全車可載客 285 人。

2016 年 7 月 29 日，港鐵公布以 7.45 億港元向中國南車南京浦鎮有限公司購買 40 輛第五期新輕鐵列車，當中包括 30 輛用以換自 1992 年開始服務的第二期輕鐵列車，其餘 10 輛則用作擴充車隊。合共 40 輛新列車包括 30 輛編號 1133 至 1162、設有駕駛室的輕鐵列車及 10 輛編號 1211 至 1220 僅設有後備駕駛台的拖卡，當時預計首批新輕鐵可於 2019 年投入服務。

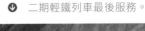
← 第五期輕鐵列車。

↓ 二期輕鐵列車最後服務。

　　首輛第五期輕鐵列車於 2018 年 12 月抵港，並於翌年 1 月 14 日假輕鐵屯門車廠舉行新輕鐵接收典禮。第五期列車的車身設計有別於過往輕鐵列車，車身改以純平面不銹鋼車體設計，而列車內壁則改用上蜂巢狀骨架設計，車身塗裝亦有第四期輕鐵的硬朗線條改為同色系的波浪紋彩帶，車廂則換上了 LCD 顯示屏幕。最終新列車於 2022 年 11 月 17 日開始正式投入服務，並於 2023 年 8 月全數投入載客行列。

　　隨着第五期輕鐵列車的引入，第二期列車亦完成其歷史使命退下火線。2023 年 2 月 26 日，港鐵特別安排兩列川崎列車（編號 1090 列車拖編號 1210 車卡及編號 1086 列車拖編號 1209 車卡）行走「第二期輕鐵感謝之旅」的特別班次，於當日早上由輕鐵元朗站開出，中途不停站前往輕鐵兆康站，到達終站後並稍作停留供市民拍照留念，以向第二期輕鐵服務超過 30 年致敬。

　　而踏入 2023 年，輕便鐵路也迎來通車 35 週年慶典。港鐵特意為兩輛編號 1001 及 1066 的第一期輕鐵列車翻漆成以橙色及白色為主調的第一代輕鐵車身塗裝，並安排舉行一系列展覽。

氫燃料電池輕鐵及洪水橋綠色運輸系統

　　為配合中國國家能源局早前奠定的氫能產業中長期發展原則，特區政府也在 2023 年初開始規劃本地相關的發展。2023 年 6 月 7 日，由環境及生態局領導的氫能源跨部門工作小組原則上同意港鐵在屯門輕鐵網絡試驗氫能源有軌電車。輕鐵試驗計劃稱為「氫燃料電池輕鐵」（HFC LRV, Hydrogen Fuel Cell Light Rail Vehicle）。試驗涉及三卡低地台氫燃料電池輕鐵，為期六個月，相關列車不會載客。

配合試驗計劃，港鐵會在屯門建安站附近，設立一個低地台月台進行試車，收集營運數據。同時，屯門輕鐵車廠將設立加氫站，支援這個試驗項目，由工業氣體供應商林德港氧有限公司（Linde HKO Limited）供應氫氣。氫燃料電池輕鐵如測試成功，對於港鐵未來拓展輕鐵新路線時，可直接以氫能發電行駛，毋須使用電纜，省卻興建及維修電纜電網成本。整個籌備工作預計在 2024 年完成。

與此同時，由於洪水橋／廈村新發展區將發展為現代服務業樞紐的新一代新市鎮，並提供多元經濟活動以促進區域的經濟發展，土木工程拓展署早於 2017 年已展開分階段研究，構思全長 16 公里的綠色運輸系統網絡，貫通洪水橋／廈村新發展區和元朗南發展，並連接港鐵屯馬綫天水圍站和興建中的洪水橋站、輕鐵頌富站和泥圍站等，以及新建和現有的公共運輸交匯處，以推廣綠色出行。

綠色運輸系統初擬環保路面模式或環保軌道模式，前者包括環保巴士或無軌電車，後者則以自動捷運系統或有軌現代化電車作考慮。經過首階段研究，特區政府表示考慮到路線靈活性、車站可行性、視覺影響、整體行程時間和建造成本等因素，建議新運輸系統採用環保路面模式，因為毋須另設專用行車路，車站可達性較高，營造成本亦較低。

然而讓位於新界西北輕鐵網絡核心的洪水橋／廈村新發展區採用獨立於現有輕鐵網絡的運輸系統，是否合乎整體集體運輸效益實在值得商榷。而「氫燃料電池輕鐵」作為環保軌道模式中有軌現代化電車的變奏，又能否作為輕鐵系統邁向現代化的階梯？相信香港市民樂見其成。

香港鐵路的未來發展

為配合社會最新的發展及規劃因素的變更，應付長遠鐵路運輸需求；港府會定時檢討及修訂《鐵路發展策略》（*Railway Development Strategy*），為規劃香港鐵路網絡的進一步擴展，提綱挈領制定出發展藍圖。

　　從 1967 年發表的《香港集體運輸研究》，到 1970 年發表的《集體運輸計劃總報告書》，之後亦有分別在 1976 年及 1989 年提出的《香港整體運輸研究》及《香港第二次整體運輸研究》，均就香港這彈丸之地的集體運輸勾劃出發展藍圖。1993 年提出的《香港鐵路發展研究》，更是開始針對香港鐵路發展性的策略性文件。隨後提出與香港鐵路發展的相關文件分別有 2000 年 5 月及 2014 年 9 月發表的《鐵路發展策略 2000》及《鐵路發展策略 2014》，主要針對鐵路網絡擴展，並指出香港未來仍會以鐵路為公共運輸的骨幹，減低污染及對土地的需求，以維持運輸系統的可延續性。

檢討及修訂發展策略的因素

對於檢討及修訂《鐵路發展策略2000》的原因，港府提出了五個不同的因素：

（一）香港2030研究——為香港至2030年的發展作出指引，建議規劃策略應循提供優質生活環境、提高經濟競爭力，以及加強與內地的聯繫三大方向實施。為更切合香港長遠的規劃需要，鐵路發展亦須作出相應配合；

（二）滿足人口增長的需求——當局在2010年公布最新的人口推算數字，調整人口預測數字、人口和就業分布等規劃參數。因此，鐵路網絡發展藍圖亦須作出相應調整；

（三）配合新發展區的規劃——2007年行政長官在施政報告提出從速籌劃新發展區（包括古洞北、粉嶺北、坪輋和打鼓嶺以及洪水橋）的工作，以紓緩已發展地區的壓力，以及應付人口增長帶來的土地需求；因此鐵路發展亦需作出配合，滿足這些新發展區的交通需要；

（四）支援對外交通聯繫——香港與內地和世界各地的往來越趨頻繁。2009年陸路跨界旅客量為平均每日47萬人次，香港國際機場的客運量為全年4,600萬人次，分別較十年前增加超過七成及五成。鐵路運輸規劃須作出相應調整，以配合香港國際機場、港珠澳大橋、各跨界口岸，以至珠三角地區的規劃及整體發展策略；

（五）社會意見——社會各界（包括各區區議會以及其他地區人士）不時就香港的鐵路發展提供不同意見，當中包括建議延長或增加新綫路／車站、優化現有鐵路服務等。當局認為有必要仔細研究這些概念方案，以滿足社會各界的期望，回應大眾訴求。

網絡發展研究及專案研究

檢討及修訂主要包括網絡發展研究及專案研究兩部分。

網絡發展研究會以《鐵路發展策略 2000》為基礎，考慮上述各種因素對未來鐵路服務需求的影響，全面地檢討未來鐵路網的規劃，包括在《鐵路發展策略 2000》提出而未落實的鐵路計劃（如：北港島綫、北環綫、第五條過海鐵路綫等），以及鐵路發展策略公布至今由政府或市民提出的其他鐵路計劃及相關建議（如港深西部快速軌道、東涌綫往港珠澳大橋香港口岸的支綫或延綫、屯門至荃灣的沿海鐵路綫、在現有鐵路綫上增加鐵路站等）。

網絡發展研究會從整體運輸規劃、土地用途和發展、陸路跨境旅客及航空旅客的鐵路交通需求等角度檢討各鐵路項目，從中挑選值得推展的項目，建議項目的緩急先後次序，並就這些項目進行工程規劃、土質評估、策略性環境評估、經濟和財務評估等方面的初步研究。

為了配合網絡發展研究，檢討內容會包括一系列的專案研究，例如現有鐵路載客量的潛在樽頸地帶及負荷問題、鐵路服務的優化空間、跨界交通需求研究、鐵路項目的財務和資助安排等。

鐵路發展策略 2014

港府於《鐵路發展策略 2014》概述了多個新鐵路項目，並邀請港鐵為其中四個項目提交項目建議書，分別為屯門南延綫（及洪水橋站）、北環綫（及古洞站）、東九龍綫和東涌綫延綫（及東涌東站）。經過多年的研究，部分鐵路項目在近年亦有所進展。

屯門南延綫

屯門南延綫全長 2.4 公里，主要將現有的屯馬綫從屯門站沿屯門河向南延伸，並於輕鐵屯門泳池站附近設屯門 16 區站，再延伸至屯門碼頭一帶設屯門南鐵路站。屯門南延綫並將在走綫設計上作配合，為銜接未來鐵路項目所需的條件，以便日後進一步連接至重新規劃的內河碼頭及鄰近地區，甚至龍鼓灘填海區等，以配合未來屯門西的發展。

根據路政署於 2020 年向立法會鐵路事宜小組委員會提交的文件中指出，按 2015 年 12 月價格計算，屯門南延綫的預算建造成本約為 114 億港元。2022 年 1 月 28 日，港府按《鐵路條例》規定就屯門南延綫的鐵路方案進行刊憲；建造工程預計於 2023 年開展，並在 2030 年竣工。另外亦為配合洪水橋／廈村新發展區的發展，建議於屯馬綫的天水圍站及兆康站之間增設洪水橋站，以方便鄰近市民選用以鐵路為本的交通模式出行。洪水橋站的主要工程預計約於 2024 年開展，並在 2030 年竣工。

北環綫

北環綫（Northern Link）主要包括一條大型跨區鐵路綫連接屯馬綫的錦上路站。北環線第一期將在落馬洲支綫增設的古洞站，第二期將包括沿新田公路興建一條約長 10.7 公里的鐵路綫以連接屯馬綫錦上路站及新增的落馬洲支綫古洞站，沿途於新田、牛潭尾及凹頭設站，以配合行政長官林鄭月娥於 2021 年 10 月 7 日發表的施政報告中提及北部都會區的發展。北環線並連接東鐵綫及屯馬綫，以疏導東鐵綫的客流量。

港府先後於 2022 年 4 月 14 日及 2023 年 10 月 6 日按《鐵路條例》（第 519 章）就北環綫第一期及第二期工程的相關鐵路方案分別刊憲。北環綫第一期工程已按計劃於 2023 年動工，

目標於 2027 年竣工；而北環綫第二期工程則預計於 2025 年動工，目標於 2034 年竣工。北環綫長遠方案包括興建直接前往落馬洲的分支，以及將北環綫延伸至粉嶺北，坪輋與打鼓嶺一帶。

北環綫全綫擬採用地底走綫和地底車站設計，有助減少對周邊自然生態的影響，附近社區亦可以有更多發展空間。

東九龍綫

東九龍綫隨《鐵路發展策略 2014》策略文件中提出，主要包括一條沿着觀塘北部運行的新鐵路綫，連接觀塘綫及屯馬綫的鑽石山站和將軍澳綫的寶琳站，以提供額外的運載能力，服務觀塘北部地區已落實興建的發展區，並改善鐵路網絡的營運穩健性。路綫約長 7.8 公里，由現時觀塘綫及屯馬綫的鑽石山站出發，新建一條鐵路綫設彩雲、順天、秀茂坪、寶達、寶琳站，並與將軍澳綫交匯，路線全程建於地底；建議於 2019 年至 2025 年落實興建。然而這規劃至 2021 年底仍只聞樓梯響，有消息指港鐵已就東九龍綫方案向港府提交建議書，建議東九龍綫以全高架鐵路形式建造，起點站改為彩虹站，走綫沿新清水灣道及秀茂坪道設置彩雲、順利、順安、秀茂坪、寶達等 6 個車站，而未有進一步延伸至將軍澳綫與寶琳站交匯。

東涌綫延綫

東涌綫延綫主要包括東涌西延綫，以及東涌東站。東涌綫延綫長 1.3 公里，從現有的東涌站伸延至東涌逸東邨西側並設一個新站；另外需在現時東涌綫欣澳站及東涌站之間重置長約 1.2 公里的路軌以新建東涌東站，新車站將配合總面積達

130 公頃的東涌東填海區的發展，以應付該區新增約 11.7 萬人口的龐大交通需求。

運輸及房屋局預計東涌綫延綫建造成本約 187 億元，港府已於 2021 年 12 月 10 日在憲報刊登東涌綫延綫項目的相關鐵路方案。2023 年 5 月 25 日，港鐵舉行東涌綫延綫動工典禮，主體工程隨即展開，目標於 2029 年通車。工程完成後，新綫將貫通整個北大嶼山鐵路和公共交通網絡，便利東涌區現有和新增人口出行，預計由東涌東往返中環或尖沙咀將較現時快 21 分鐘，會帶來巨大經濟價值。另外，東涌綫延綫項目亦包括在香港站東面建造機場鐵路掉頭隧道延展段餘下長約 460 米的一段，目標於 2032 年竣工。

位於小蠔灣的鐵路車站

2017 年 1 月 18 日，時任行政長官梁振英發表任內最後一份施政報告，報告中指中長期可發展港鐵小蠔灣車廠的上蓋物業。2018 年 1 月 5 日，城規會就《小蠔灣分區規劃大綱圖》作討論；按規劃，港鐵車廠上蓋將興建約 50 座樓高介乎 15 至 22 層的上蓋物業，並會於現有的東涌綫軌道兩旁設立小蠔灣站（暫名 Siu Ho Wan Station, 車站縮寫 SHO）的月台及車站設施，以為龐大的區內人口提供對外的交通配套。

其實早於 1990 年代地下鐵路公司與政府顧問就機場鐵路進行可行性研究，按研究報告中規劃，當時已建議在小濠灣及大濠灣設置車站，後因港府縮減北大嶼山新市鎮的發展規模而未有發展小濠灣及大濠灣。2021 年 6 月 11 日，港府就增設東涌綫小蠔灣站方案刊憲；刊憲文件中顯示，小蠔灣站將合併當年擬議於小濠灣及大濠灣設置的兩個車站，位置靠近現時港鐵小蠔灣車廠位置的西南端。

　　小蠔灣站鐵路上蓋第一期項目招標程序在 2023 年 2 月 8 日截標，最終只收到三份標書，港鐵亦未有接納任何標書，結果流標收場。據招標條款顯示，港鐵會先收入場費 12 億元，並以入標者建議的住宅銷售分紅比例高低，來決定項目合作的發展商。縱然項目有發展潛力，但因涉及搬遷和重置路軌、增建車站和興建公共交通交匯處、興建結構平台等工程，成本相對較高，亦較難控制成本。發展商出價較為保守，或與經濟環境不太理想、看淡後市有關。

鐵路小百科

港鐵小蠔灣站

港鐵小蠔灣車廠原稱小濠灣車廠，原址為一個名為「小濠灣」或「小蠔灣」的海灣，英文「Siu Ho Wan」。港鐵公司於 2022 年 3 月 16 日正式為小蠔灣車廠上蓋物業發展項目第一期發展進行招標，項目並已命名「小蠔灣 Oyster Bay」。故日後東涌綫小蠔灣站的英文站名或會改用「Oyster Bay」，而放棄使用一直沿用的拼音「Siu Ho Wan」。

南港島綫（西段）

　　南港島綫（西段）主要包括一條連接南港島綫（東段）及西港島綫的新鐵路綫，以應付港島南區西部潛在發展可能衍生的公共運輸需求，及紓緩薄扶林地區道路網絡的壓力。南港島綫（西段）全長約 7.4 公里，由南港島綫（東段）的黃竹坑站向南區西部延伸一條支線連接港島綫，路線由黃竹坑站出發，沿線設香港仔、華富、田灣、數碼港、瑪麗醫院站，並以港島綫香港大學站為終點站。全綫共設有七個車站，乘客可於

香港大學站轉乘港島綫，或於黃竹坑站轉乘南港島綫（東段）。初步建議南港島線（西段）於 2021 年至 2026 年落實。港鐵公司已於 2020 年 12 月底向港府提交南港島綫（西段）項目的建議書，決策局將因應薄扶林南部近華富一帶發展情況、華富邨重建時間表和躍動港島南帶來的運輸需求增長，考慮項目未來路向。2021 年 6 月 2 日，時任運輸及房屋局局長陳帆在出席立法會會議中指出，預計薄扶林地區人口未來一段時間會保持平穩，至華富邨重建後才有較明顯增長，也有待居民陸續由華富邨遷至薄扶林南的接收屋邨、騰空華富邨內空間作工地後，南港島線（西段）相關工程才可展開。

🚦 北港島綫

北港島綫按《鐵路發展策略 2014》規劃主要包括將東涌綫向東延伸和將軍澳綫向西延伸，在港島北岸形成的一條新鐵路綫，以分流過海客運量、應付擴展中的核心商業區的運輸需求，及改善鐵路網絡的營運穩健性。路綫約長五公里，將東涌綫由香港站向東延伸至添馬站，而將軍澳綫則會由北角站現有的列車掉頭隧道延伸，穿過港島綫隧道下方後設置銅鑼灣北站、會展站及添馬站。添馬站將作為東涌綫及將軍澳綫的轉車站。

惟經過七年光景至 2021 年底仍未有定案，更有消息指運輸及房屋局考慮到擬議北港島綫方案中走綫的施工難度，港鐵應當局要求研究較簡單的北港島綫新替代方案。該方案建議僅由將軍澳綫北角站延長至會展站，以接駁東鐵綫過海段，並不設銅鑼灣北站及添馬站，亦不會將東涌綫向東延伸。這個改變可能將大大削弱原有規劃北港島綫以分流港島綫乘客量的效果。2022 年初，港鐵就機場鐵路香港站掉頭隧道延展段工程批出顧問合約，有關掉頭隧道的設計將對往後添馬站與北港島

綫有深遠影響。2023 年 12 月，運輸及物流局局長林世雄表示港島綫載容量將因信號系統提升有所而增加，預計現有港島綫可應付交通需求，因此直至 2046 年都沒迫切性開展北港島綫。未來方案進展如何，不妨拭目以待。

香港主要運輸基建發展藍圖

　　2021 年，港府公布《香港 2030+：跨越 2030 年的規劃遠景與策略》的最終報告，當中提出兩個都會區（「北部都會區」及「維港都會區」）、兩條發展走廊（西部經濟走廊和東部知識及科技走廊），以及緊密交織的運輸走廊，全盤並客觀地分析了全港主要運輸基建的供應和需求。時至 2023 年 12 月 12 日，港府進一步發表《香港主要運輸基建發展藍圖》，為香港未來的運輸基建發展提供規劃框架，宏觀勾劃能滿足遠至 2046 年及以後的運輸及物流需求的策略性鐵路及主要幹道網絡。

　　港府的願景是通過「基建先行」及「創造容量」的規劃方針，以運輸基建驅動發展，構建一個宜居、具競爭力及可持續發展的香港。《藍圖》以「驅動發展」、「加強連繫」和「提高效能」為目標，以滿足市民和旅客的出行需要及城市的發展需求，促進與內地尤其是粵港澳大灣區內其他城市的跨界融合，並和世界接軌。

港深西部鐵路（洪水橋至前海）

　　港深西部鐵路（洪水橋至前海）全長約 18 公里，當中香港段長約八公里，由屯馬綫洪水橋站附近位置出發，途經廈村和流浮山，跨越后海灣經深圳灣口岸接入前海，使兩地成為珠江東岸交通走廊的策略性樞紐，促進香港與大灣區的融合發

展。港深西部鐵路（洪水橋至前海）並擬於廈村及流浮山增設車站，服務沿線市民。日後並進一步接駁交椅洲人工島項目擬議的港島西至洪水橋鐵路，以加強交椅洲人工島與「北部都會區」及至前海的連繫。工程方面，港府建議以隧道及其他合適的形式建造鐵路的跨灣路段，減少對生態系統的潛在影響。

中鐵綫

中鐵綫全長約 17 公里，由元朗錦田途經葵涌連接九龍塘。中鐵綫將接通「北部都會區」及「維港都會區」，並連接現有的屯馬綫、荃灣綫、觀塘綫、東鐵綫，以及與興建中的北環線、擬議的北環線東延線及新界東北線等，可以為市民提供更直接及快捷的路線往返「北部都會區」與港九各區。另外，中鐵綫在錦上路站與屯馬綫連接，有助紓緩屯馬綫的載運壓力。因應市民對中鐵綫增設更多中途站的期望，港府建議於荃景圍、荃灣東北部及葵涌東北部（梨木樹邨附近和石蔭／石籬一帶）設置中途站，配合當區市民及日後房屋發展的交通需求，並可轉乘港鐵荃灣綫，加強中鐵綫的覆蓋範圍、功能與效益。

中鐵綫能接駁屯馬綫、東鐵綫、觀塘綫、荃灣綫及北環綫，大幅提高鐵路網絡的通達性及穩健性。預期在中鐵綫落成啟用後，乘客往返錦上路及九龍灣的車程時間將由現時約 43 分鐘縮短至約 32 分鐘，大大縮減交通時間。

將軍澳綫南延綫

將軍澳綫南延綫全長約四公里，以配合將軍澳第 137 區的發展。港府建議以現有將軍澳綫為基礎，自康城站向南伸延，以隧道方式經過將軍澳創新園外的海床，延伸至將軍澳第

137 區的地底車站。

有市民關注到將軍澳綫南延綫建成後，將軍澳綫可能會超出負荷。港府表示會透過提升信號系統和加密班次，以提高將軍澳綫的載客量，以滿足將軍澳區長遠發展的交通需求。

北環綫東延綫和新界東北綫

根據《北部都會區行動綱領》，規劃中的新界北新市鎮（包括打鼓嶺、香園圍、坪輋、恐龍坑、皇后山、羅湖／文錦渡等地區），連同現時的粉嶺／上水新市鎮，以及建設中的古洞北／粉嶺北等，將會組成口岸商貿和產業區。再配合正規劃的新界北新市鎮（包括羅湖／文錦渡），涵蓋約 1500 公頃土地，另外更計劃將沙頭角及紅花嶺一帶發展成「藍綠康樂旅遊生態圈」。配合相關發展，港府建議在「北部都會區」東面發展增建兩條鐵路，即北環綫東延綫和新界東北綫。

建議興建的北環綫東延綫全長約 9.5 公里，屬東西走向的鐵路綫，將北環綫從古洞站向東延伸至坪輋，途經新界北新市鎮（包括羅湖／文錦渡）的各個發展節點，連接新發展區至鐵路網絡。北環綫東延綫計劃在坪輋與擬建的新界東北綫連接。

另一條擬建的新界東北綫全長約 8.5 公里，屬南北走向的鐵路綫，由香園圍途經坪輋及皇后山等地區連接東鐵綫粉嶺站，連繫新界北新市鎮的主要發展地點，方便市民使用香園圍口岸和轉乘東鐵綫。

智慧綠色集體運輸系統

前文提及《鐵路發展策略 2014》擬在九龍東部興建東九龍綫，連接觀塘綫彩虹站。然而沿線地勢起伏，受重型鐵路的

爬升能力所限，原方案部分路段須深入地底，乘客需以較長時間往返地面及月台，影響交通成效。港府遂建議在東九龍、啟德、洪水橋／廈村新發展區引入包括「雲巴」、「智軌」或「巴士快速公交系統」等智慧綠色集體運輸系統。

港府擬於東九龍引入智慧綠色集體運輸系統，全長約七公里，取代原本的地下重型鐵路模式，為觀塘上坡地區提供便捷的交通接駁服務，便利市民前往港鐵彩虹站及油塘站，途經彩雲、順利、順安、秀茂坪、寶達及馬游塘，並透過行人通道接駁安達臣道一帶，改善東九龍的交通。整個運輸系統主要在高架道上運作，並於馬游塘以隧道形式伸延至油塘，配合地勢發展。

另一方面，港府亦建議於啟德前跑道區引入全長約四公里的智慧綠色集體運輸系統，連接啟德前跑道區的郵輪碼頭、前跑道區住宅帶、都會公園、啟德體育園及港鐵啟德站，服務旅客和居民，強化連繫啟德區內區內商住發展、旅遊、文娛、康體及社區設施，以及和鐵路網絡的連繫。然而興建高架環保連接系統至九龍東部分已發展的地區，港府認為在技術上將受制於毗鄰的稠密發展，其建造和運作成本亦會十分高昂，並非可持續和可取的選項。

至於洪水橋／廈村新發展區亦擬建智慧綠色集體運輸系統，全長約 16 公里，貫通洪水橋／廈村和元朗南發展，並連接港鐵屯馬綫天水圍站和興建中的洪水橋站、輕鐵頌富站和泥圍站等，以及新建和現有的公共運輸交匯處，以推廣綠色出行。

鐵路未來發展

自九廣鐵路（英段）於 1910 年代投入服務，1950 年代由蒸汽火車發展至柴油機車，繼而進入 1980 年代的電氣化時代；另一邊廂的地下鐵路亦於 1970 年代投入服務，由短短一條修

正早期系統發展成多條市區及機場鐵路綫。近年更於 2000 年代合併成香港鐵路有限公司,為香港市民提供更優質及快捷方便的整合交通運輸服務。

　　鐵路作為城市發展的基石,並作為公共運輸的骨幹,相信可以繼續維持運輸系統的可延續性。

↑　2024 年 1 月 23 日,柴頭與黃頭運送離開何東樓車廠。

↑　港鐵於 2024 年 4 月 27 日起假紅磡站推出「『站見』鐵路展」的全新鐵路體驗館。

↑ 九廣鐵路於 1999 年保留了一組三卡未有進行現代化翻新工程的第一代電氣化列車，至 25 年後終於回到紅磡車站。

↓ 黃頭 E44 列車原屬近郊型設計，設有兩卡普通等車廂（左）及一卡頭等兼普通等混合式車廂（右）。

↑ 港鐵公司和「100% 多啦 A 夢 &FRIENDS」巡迴特展（香港）主辦單位 - 創意品牌 AllRightsReserved 合作，2024 年 5 月 27 日起，推出三列主題列車，分別遊走輕鐵、東鐵綫及機場快綫，讓乘客與好友於愉快旅程中暢聚，將歡樂沿港鐵網絡帶到香港各區。

⬆ 港鐵公司和「100% 多啦 A 夢 &FRIENDS」巡迴特展（香港）主辦單位 - 創意品牌 AllRightsReserved 合作，2024 年 5 月 27 日起，推出三列主題列車，分別遊走輕鐵、東鐵綫及機場快綫，讓乘客與好友於愉快旅程中暢聚，將歡樂沿港鐵網絡帶到香港各區。

附
錄

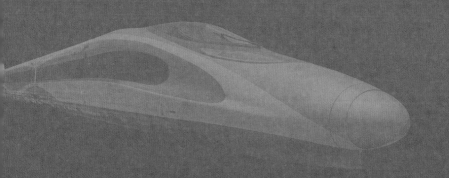

機車及載客列車資料

九廣鐵路蒸汽機車資料

機車編號	製造商	輪軸配置	級別	年份	序號	氣缸容積	備註
1	Kitson	2-6-4 T	A	1909	4698	19" × 26"	內置氣缸 轉運往中東
2	Kitson	2-6-4 T	A	1909	4699	19" × 26"	內置氣缸 轉運往中東
3	Kitson	2-6-4 T	A	1912	4874	19" × 26"	轉運往中東
4	Kitson	2-6-4 T	A	1912	4881	19" × 26"	轉運往中東
5	Kitson	2-6-4 T	A	1914	5038	19" × 26"	轉運往中東
6	Kitson	2-6-4 T	A	1915	5127	19" × 26"	
7	Kitson	2-6-4 T	A	1915	5128	19" × 26"	
8	Kitson	2-6-4 T	A	1915	5129	19" × 26"	
9	Hudswell Clarke	0-6-0 T		1906		14" × 20"	前工程機車 1924 年改為編號 13
10	Hudswell Clarke	0-6-0 T		1906		14" × 20"	前工程機車 1924 年改為編號 14
9	Kitson	4-6-4 T	B	1924	5375	22" × 28"	
10	Kitson	4-6-4 T	B	1924	5376	22" × 28"	
11	Kitson	4-6-4 T	B	1924	5377	22" × 28"	
12	Kitson	4-6-4 T	B	1924	5378	22" × 28"	
13	Hudswell Clarke	0-6-0 T		1906		14" × 20"	1924 年前為編號 9 1932 年退役
14	Hudswell Clarke	0-6-0 T		1906		14" × 20"	1924 年前為編號 10 1932 年退役
13	Bagnall	0-4-0 T	S	1934	2503	12" × 18"	前城門水塘於 1937 年引進
14	Bagnall	0-4-0 T	S	1934	2504	12" × 18"	前城門水塘於 1937 年引進
15	RSH	2-6-0 T	S	1942	7017	17 1/2" × 24"	

機車編號	製造商	輪軸配置	級別	年份	序號	氣缸容積	備註
16	RSH	2-6-0 T	S	1942	7018	17 1/2" × 24"	
20	Kitson	4-6-0	C	1930	5435	21" × 28"	
21	Kitson	4-6-0	C	1930	5436	21" × 28"	
22	Kitson	4-6-0	C	1930	5437	21" × 28"	
21	Vulcan Foundry	2-8-0		1944	5061	19" × 28"	英國戰爭部 78660
22	North British	2-8-0		1944	25139	19" × 28"	英國戰爭部 77268
23	North British	2-8-0		1944	25313	19" × 28"	英國戰爭部 70805
24	Vulcan Foundry	2-8-0		1944	5025	19" × 28"	英國戰爭部 77509
25	Vulcan Foundry	2-8-0		1944	5006	19" × 28"	英國戰爭部 77490
26	Vulcan Foundry	2-8-0		1944	4994	19" × 28"	英國戰爭部 77478
27	North British	2-8-0		1944	25140	19" × 28"	英國戰爭部 77269
28	North British	2-8-0		1944	24898	19" × 28"	英國戰爭部 70820
29	Vulcan Foundry	2-8-0		1944	5095	19" × 28"	英國戰爭部 78694
30	Vulcan Foundry	2-8-0		1944	4966	19" × 28"	英國戰爭部 77450
31	Vulcan Foundry	2-8-0		1944	5060	19" × 28"	英國戰爭部 78659
32	Vulcan Foundry	2-8-0		1944	5180	19" × 28"	英國戰爭部 79237

九廣鐵路柴油機車資料

機車編號	名字	年份	製造商	型號	序號	引擎	馬力	備註
51	Sir Alexander	1954	Clyde	G12	55-059		1,125	保留
52	Lady Maurine	1954	Clyde	G12	55-061		1,125	2005 年售予澳洲 CFCL 編號 TL152
53	H.P. Winslow	1957	Clyde	G12	57-143		1,310	2005 年售予澳洲 CFCL 編號 TL153
54	R. Baker	1957	Clyde	G12	57-144		1,310	2005 年售予澳洲 CFCL 編號 TL154
55	R.D. Walker	1957	Clyde	G12	57-163		1,310	2005 年售予澳洲 CFCL 編號 TL155
56	I.B. Trevor	1961	EMD	G16	700054	567C	1,800	
57	Bobby Howes	1961	EMD	G16	700055	567C	1,800	
58	Gordon Graham	1961	EMD	G16	700056	567C	1,800	
59	Gerry Forsgate	1966	Clyde	G16	66-478	567C	1,800	
60	Peter Quick	1974	Clyde	G26CU	713095	645E	2,000	
61		1977	EMD	G26CU	768000-1	645E	2,000	
62		1977	EMD	G26CU	768000-2	645E	2,000	
8001		2003	Siemens	ER20	20972			
8002		2003	Siemens	ER20	20973			
8003		2003	Siemens	ER20	20974			
8004		2003	Siemens	ER20	20975			
8005		2003	Siemens	ER20	20976			

香港鐵路柴油機車資料

機車編號	年份	服務路綫	製造商	型號	引擎	馬力
L9001 - L9015	2014	東鐵綫	大連機車車輛有限公司	CKD0A	Caterpillar C32	830kW
L9101 - L9108	2014	屯馬綫	大連機車車輛有限公司	CKD0A	Caterpillar C32	830kW

地下鐵路（香港鐵路）列車資料

車型	產地	服務路綫	全長（毫米）	全闊（毫米）	全高（毫米）	投入服務年份	車廂數目	設計最高時速	營運最高時速
都城嘉慕電動列車（直流電）M-train	英國	觀塘綫 荃灣綫 港島綫 將軍澳綫	先頭車廂 22,850 其他車廂 22,000	3,200	3,910	1979-1998	744 +6 後備	90	80
		迪士尼綫	先頭車廂 22,850 其他車廂 22,000	3,200	3,910	1994-1998	12	90	70
ADTranz-CAF 電動列車 A-stock	德國 西班牙	東涌綫 機場快綫	先頭車廂 24,600 其他車廂 22,500	3,096	3,700	1998	184	140	135
Rotem 電動列車 K-stock	韓國	將軍澳綫	先頭車廂 24,000 其他車廂 22,500	3,118	3,698	2002	104	90	80
		東涌綫	先頭車廂 24,000 其他車廂 22,500	3,118	3,698	2006	32	140	135
北車長春客車電動列車 CRC-stock	中國	觀塘綫 荃灣綫	22,000	3,100	3,800	2011	176	90	80
中車長春客車電動列車 S-stock	中國	南港島綫	先頭車廂 23,030 其他車廂 21,600	3,120	3,698	2016	30	90	80
中車青島四方機車電動列車 Q-stock	中國	荃灣綫 觀塘綫 港島綫 將軍澳綫	先頭車廂 23,230 其他車廂 22,000	3,120	3,698	2022	744	90	80

九廣鐵路列車資料

車型	產地	服務路綫	全長（毫米）	全闊（毫米）	全高（毫米）	投入服務年份	車廂數目	設計最高時速	營運最高時速
都城嘉慕電動列車（交流電）MLR	英國	東鐵	23,750	3,100	3,910	1982-1992	348	130	110
近畿川崎電動列車	日本	屯馬綫（前東鐵）	先頭車廂 24,820 其他車廂 23,216	3,100	3,900	2001	96	130	110
		屯馬綫（前西鐵）	先頭車廂 24,820 其他車廂 23,216	3,100	3,900	2003、2008	196	130	130
		屯馬綫（前馬鐵）	先頭車廂 24,820 其他車廂 23,216	3,100	3,900	2004	64	130	100
		屯馬綫（前西鐵）	先頭車廂 24,820 其他車廂 23,216	3,100	3,900	2015-2017	36	130	130
中車長春客車電動列車	中國	馬鐵	先頭車廂 24,820 其他車廂 23,216	3,100	3,990	2017	136	160	130
Rotem電動列車 R-stock	韓國	東鐵	先頭車廂 25,000 其他車廂 24,136	3,220	4,180	2020	333	140	120

九廣鐵路輕便鐵路列車資料

車型	產地	服務路綫	全長（毫米）	全闊（毫米）	全高（毫米）	投入服務年份	車廂數目	設計最高時速	營運最高時速
Comeng 電動列車	澳洲	輕鐵	20,200	2,650	3,415	1988	70	80	70
川崎重工業 電動列車	日本	輕鐵	19,200	2,650	3,865	1992	30	80	70
Goninan 電動列車	澳洲	輕鐵	20,200	2,650	3,415	1997	20	80	70
南車浦鎮 澳洲 UGL Rail 電動列車	中國	輕鐵	20,200	2,650	3,415	2009	22	80	70
南車浦鎮 電動列車	中國	輕鐵	20,200	2,650	3,415	2021-2025	40	80	70

九廣鐵路城際客運服務列車資料

車型	產地	服務路綫	全長（毫米）	全闊（毫米）	全高（毫米）	投入服務年份	車廂數目	設計最高時速	營運最高時速
ADTranz-SLM 電動機車 Ktt	瑞士	城際客運服務	18,500	3,000	4,310	1998	2	240	160
近畿川崎 電動客車 Ktt	日本	城際客運服務	26,200	3,000	4,600	1998	12	160	160

香港鐵路高速電動列車資料

車型	產地	服務路綫	全長（毫米）	全闊（毫米）	全高（毫米）	投入服務年份	車廂數目	設計最高時速	營運最高時速
中車青島四方機車車輛 CRH380A-02	中國	廣深港高速鐵路	先頭車廂 26,500 其他車廂 25,000	3,380	3,700	2018	72	380	350

香港鐵路車站資料

東鐵綫 (East Rail Line, ERL)

中文名稱	英文名稱	車站縮寫	月台數目	車站色系	月台幕門	書法字	啟用日期
金鐘	Admiralty	ADM	2	白色 / 藍色	○	○	2022 年 5 月 15 日
會展	Exhibition Centre	EXC	2	淺蔥鼠色 / 暗灰色	○	○	2022 年 5 月 15 日
紅磡	Hung Hom	HUH	2	珊瑚紅色 / 胭脂紅色	○	○	2022 年 5 月 15 日
旺角東	Mong Kok East	MKK	3	綠色 / 蓮花	×	○	1969 年 2 月 12 日
九龍塘	Kowloon Tong	KOT	2	天藍色 / 百合	×	○	1982 年 5 月 4 日
大圍	Tai Wai	TAW	2	紫藍 / 鬱金香	○ (閘門)	○	1983 年 8 月 15 日
沙田	Sha Tin	SHT	4	紫色 / 蘭花	○ (閘門)	○	1910 年 10 月 1 日
火炭	Fo Tan	FOT	4	橙色 / 木棉花	×	○	1985 年 2 月 15 日
馬場	Racecourse	RAC	2	綠色 / 薰衣草	○ (閘門)	○	1985 年 10 月 1 日
大學	University	UNI	2	天藍色 / 牽牛花	×	○	1956 年 9 月 24 日
大埔墟	Tai Po Market	TAP	4	紫色 / 紫竹	○ (閘門)	○	1983 年 4 月 7 日
太和	Tai Wo	TWO	2	橙色 / 黃色 / 牡丹花	×	○	1989 年 5 月 9 日
粉嶺	Fanling	FAN	2	粉綠色 / 馬蹄蘭	×	○	1910 年 10 月 1 日
上水	Sheung Shui	SHS	2	橙色 / 向日葵	○ (閘門)	○	1930 年 5 月 16 日
羅湖	Lo Wu	LOW	4	淺綠色 / 白色	×	○	1949 年 10 月 1 日
落馬洲	Lok Ma Chau	LMC	2	綠松色	○	○	2007 年 8 月 15 日

觀塘綫 (Kwun Tong Line, KTL)

中文名稱	英文名稱	車站縮寫	月台數目	車站色系	月台幕門	書法字	啟用日期
調景嶺	Tiu Keng Leng	TIK	2	黃色 / 淡綠色	○	○	2002 年 8 月 18 日
油塘	Yau Tong	YAT	2	黃色	○	○	2002 年 8 月 4 日
藍田	Lam Tin	LAT	2	藍色	○	○	1989 年 8 月 9 日
觀塘	Kwun Tong	KWT	2	白色	○（閘門）	×	1979 年 10 月 1 日
牛頭角	Ngau Tau Kok	NTK	2	黑色	○（閘門）	×	1979 年 10 月 1 日
九龍灣	Kowloon Bay	KOB	2	紅色 / 黑色	○（閘門）	×	1979 年 10 月 1 日
彩虹	Choi Hung	CHH	4	彩虹條紋 / 灰藍色底	○	×	1979 年 10 月 1 日
鑽石山	Diamond Hill	DIH	2	黑色 / 銀色石粒	○	×	1979 年 10 月 1 日
黃大仙	Wong Tai Sin	WTS	2	黃色 / 棕啡色	○	×	1979 年 10 月 1 日
樂富	Lok Fu	LOF	2	綠色 / 紅色間條	○	×	1979 年 10 月 1 日
九龍塘	Kowloon Tong	KOT	2	天藍色	○	×	1979 年 10 月 1 日
石硤尾	Shek Kip Mei	SKM	2	綠色	○	×	1979 年 10 月 1 日
太子	Prince Edward	PRE	2	淺紫色	○	×	1982 年 5 月 10 日
旺角	Mong Kok	MOK	2	紅色 / 灰色	○	×	1979 年 10 月 1 日
油麻地	Yau Ma Tei	YMT	2	灰色	○	×	1979 年 12 月 22 日
何文田	Ho Man Tin	HOM	2	草綠色 / 灰色	○	○	2016 年 10 月 23 日
黃埔	Whampoa	WHA	1	湖水藍色	○	○	2016 年 10 月 23 日

荃灣綫 (Tsuen Wan Line, TWL)

中文名稱	英文名稱	車站縮寫	月台數目	車站色系	月台幕門	書法字	啟用日期
中環	Central	CEN	2	磚紅色	○	○	1980 年 2 月 12 日
金鐘	Admiralty	ADM	2	藍色 / 黃色	○	○	1980 年 2 月 12 日
尖沙咀	Tsim Sha Tsui	TST	2	深墨綠色	○	×	1979 年 12 月 16 日
佐敦	Jordan	JOR	2	翠綠色 / 青綠色	○	×	1979 年 12 月 16 日
油麻地	Yau Ma Tei	YMT	2	灰色	○	×	1979 年 12 月 22 日
旺角	Mong Kok	MOK	2	紅色 / 灰色	○	×	1982 年 5 月 10 日
太子	Prince Edward	PRE	2	淺紫色	○	×	1982 年 5 月 10 日
深水埗	Sham Shui Po	SSP	2	深綠色	○	×	1982 年 5 月 17 日
長沙灣	Cheung Sha Wan	CSW	2	黃啡色	○	×	1982 年 5 月 17 日
荔枝角	Lai Chi Kok	LCK	2	橙色	○	×	1982 年 5 月 17 日
美孚	Mei Foo	MEF	2	天藍色	○	×	1982 年 5 月 17 日
荔景	Lai King	LAK	2	紅色	○	×	1982 年 5 月 10 日
葵芳	Kwai Fong	KWF	2	綠色	○ (閘門)	×	1982 年 5 月 10 日
葵興	Kwai Hing	KWH	2	棕黃色	○ (閘門)	×	1982 年 5 月 10 日
大窩口	Tai Wo Hau	TWH	2	淺綠色 / 深綠色	○	×	1982 年 5 月 10 日
荃灣	Tsuen Wan	TSW	2	紅色	○ (閘門)	×	1982 年 5 月 10 日

港島綫 (Island Line, ISL)

中文名稱	英文名稱	車站縮寫	月台數目	車站色系	月台幕門	書法字	啟用日期
堅尼地城	Kennedy Town	KET	2	湖水藍色	○	○	2014 年 12 月 28 日
香港大學	HKU	HKU	2	嫩綠色	○	○	2014 年 12 月 28 日
西營盤	Sai Ying Pun	SYP	2	紫藤色	○	○	2015 年 3 月 29 日
上環	Sheung Wan	SHW	2	淺啡色	○	○	1986 年 5 月 23 日
中環	Central	CEN	2	磚紅色	○	○	1986 年 5 月 23 日
金鐘	Admiralty	ADM	2	藍色 / 黃色	○	○	1985 年 5 月 31 日
灣仔	Wan Chai	WAC	2	黃綠色	○	○	1985 年 5 月 31 日
銅鑼灣	Causeway Bay	CAB	2	紫色 / 粉紅色 / 白色	○	○	1985 年 5 月 31 日
天后	Tin Hau	TIH	2	橙色	○	○	1985 年 5 月 31 日
炮台山	Fortress Hill	FOH	2	深綠色	○	○	1985 年 5 月 31 日
北角	North Point	NOP	2	橙色	○	○	1985 年 5 月 31 日
鰂魚涌	Quarry Bay	QUB	2	藍綠色	○	○	1985 年 5 月 31 日
太古	Tai Koo	TAK	2	紅色	○	○	1985 年 5 月 31 日
西灣河	Sai Wan Ho	SWH	2	啡黃色	○	○	1985 年 5 月 31 日
筲箕灣	Shau Kei Wan	SKW	2	紫藍色	○	○	1985 年 5 月 31 日
杏花邨	Heng Fa Chuen	HFC	2	紅色 / 深灰色	○ (閘門)	×	1985 年 5 月 31 日
柴灣	Chai Wan	CHW	2	深綠色	○ (閘門)	×	1985 年 5 月 31 日

東涌綫 (Tung Chung Line, TCL)

中文名稱	英文名稱	車站縮寫	月台數目	車站色系	月台幕門	書法字	啟用日期
香港	Hong Kong	HOK	2	灰色 / 白色	○	×	1998 年 6 月 21 日
九龍	Kowloon	KOW	2	灰色	○	×	1998 年 6 月 21 日
奧運	Olympic	OLY	2	水藍色	○	×	1998 年 6 月 21 日
南昌	Nam Cheong	NAC	2	淡黃色	○	×	2003 年 12 月 16 日
荔景	Lai King	LAK	2	紅色	○	×	1998 年 6 月 21 日
青衣	Tsing Yi	TSY	2	藍綠色	○	×	1998 年 6 月 21 日
欣澳	Sunny Bay	SUN	2	灰色	○ (閘門)	×	2005 年 6 月 1 日
東涌	Tung Chung	TUC	2	紫色	○	×	1998 年 6 月 21 日

機場快綫 (Airport Express, AEL)

中文名稱	英文名稱	車站縮寫	月台數目	車站色系	月台幕門	書法字	啟用日期
香港	Hong Kong	HOK	1	灰色 / 白色	○	×	1998 年 7 月 6 日
九龍	Kowloon	KOW	2	灰色	○	×	1998 年 7 月 6 日
青衣	Tsing Yi	TSY	2	藍綠色	○	×	1998 年 7 月 6 日
機場	Airport	AIR	2	灰色	○	×	1998 年 7 月 6 日
博覽館	AsiaWorld-EXpo	AWE	1	白色	○	×	2005 年 12 月 21 日

將軍澳綫 (Tseung Kwan O Line, TKL)

中文名稱	英文名稱	車站縮寫	月台數目	車站色系	月台幕門	書法字	啟用日期
北角	North Point	NOP	2	橙色	○	○	2001 年 9 月 27 日
鰂魚涌	Quarry Bay	QUB	2	藍綠色	○	○	1989 年 8 月 6 日
油塘	Yau Tong	YAT	2	黃色	○	○	2002 年 8 月 4 日
調景嶺	Tiu Keng Leng	TIK	2	黃色 / 淡綠色	○	○	2002 年 8 月 18 日
將軍澳	Tseung Kwan O	TKO	2	紅色	○	○	2002 年 8 月 18 日
坑口	Hang Hau	HAH	2	淺藍色	○	○	2002 年 8 月 18 日
寶琳	Po Lam	POA	1	橙色	○	○	2002 年 8 月 18 日
康城	LOHAS Park	LHP	2	淺紫色	○	○	2009 年 7 月 26 日

南港島綫 (South Island Line, SIL)

中文名稱	英文名稱	車站縮寫	月台數目	車站色系	月台幕門	書法字	啟用日期
金鐘	Admiralty	ADM	2	藍色 / 黃色	○	○	2016 年 12 月 28 日
海洋公園	Ocean Park	OCP	2	海洋藍色	○（閘門）	✕	2016 年 12 月 28 日
黃竹坑	Wong Chuk Hang	WCH	2	黃色 / 橄欖綠色	○（閘門）	✕	2016 年 12 月 28 日
利東	Lei Tung	LET	2	橙色 / 白色	○	✕	2016 年 12 月 28 日
海怡半島	South Horizons	SOH	2	青檸色	○	✕	2016 年 12 月 28 日

屯馬綫 (Tuen Ma Line, TML)

中文名稱	英文名稱	車站縮寫	月台數目	車站色系	月台幕門	書法字	啟用日期
屯門	Tuen Mun	TUM	2	墨綠色	○	×	2003 年 12 月 20 日
兆康	Siu Hong	SIH	2	藍綠色	○	×	2003 年 12 月 20 日
天水圍	Tin Shui Wai	TIS	2	泥黃色	○	×	2003 年 12 月 20 日
朗屏	Long Ping	LOP	2	桃紅色	○	×	2003 年 12 月 20 日
元朗	Yuen Long	YUL	2	灰色 / 天藍色	○	×	2003 年 12 月 20 日
錦上路	Kam Sheung Road	KSR	2	磚紅色	○	×	2003 年 12 月 20 日
荃灣西	Tsuen Wan West	TWW	2	暗紅色	○	×	2003 年 12 月 20 日
美孚	Mei Foo	MEF	2	天藍色	○	×	2003 年 12 月 20 日
南昌	Nam Cheong	NAC	2	淺黃色	○	×	2003 年 12 月 20 日
柯士甸	Austin	AUS	2	橙紅色	○	×	2009 年 8 月 16 日
尖東	East Tsim Sha Tsui	ETS	2	米黃色 / 棕色	○	×	2004 年 10 月 24 日
紅磡	Hung Hom	HUH	2	粉紅 / 洋紫荊	○	○	2021 年 6 月 20 日
何文田	Ho Man Tin	HOM	2	草綠色 / 灰色	○	○	2021 年 6 月 27 日
土瓜灣	To Kwa Wan	TKW	2	淺藍色 / 白色	○	○	2021 年 6 月 27 日
宋皇臺	Sung Wong Toi	SUW	2	泥棕色 / 深藍色	○	○	2021 年 6 月 27 日
啟德	Kai Tak	KAT	2	橙黃色	○	○	2020 年 2 月 14 日
鑽石山	Diamond Hill	DIH	2	黑色 / 嫩綠色	○	○	2020 年 2 月 14 日
顯徑	Hin Keng	HIK	2	青翠色	○	×	2020 年 2 月 14 日

(續上表)

中文名稱	英文名稱	車站縮寫	月台數目	車站色系	月台幕門	書法字	啟用日期
大圍	Tai Wai	TAW	2	紫藍 / 鬱金香	○(閘門)	○	2004 年 12 月 21 日
車公廟	Che Kung Temple	CKT	2	淺啡色	○(閘門)	×	2004 年 12 月 21 日
沙田圍	Sha Tin Wai	STW	2	粉紅色	○(閘門)	×	2004 年 12 月 21 日
第一城	City One	CIO	2	橙色	○(閘門)	×	2004 年 12 月 21 日
石門	Shek Mun	SHM	2	淺黃色	○(閘門)	×	2004 年 12 月 21 日
大水坑	Tai Shui Hang	TSH	2	綠藍色	○(閘門)	×	2004 年 12 月 21 日
恆安	Heng On	HEO	2	淺藍色	○(閘門)	×	2004 年 12 月 21 日
馬鞍山	Ma On Shan	MOS	2	淺紫色	○(閘門)	×	2004 年 12 月 21 日
烏溪沙	Wu Kai Sha	WKS	2	白色	○(閘門)	×	2004 年 12 月 21 日

迪士尼綫 (Disney Resort Line, DRL)

中文名稱	英文名稱	車站縮寫	月台數目	車站色系	月台幕門	書法字	啟用日期
欣澳	Sunny Bay	SUN	1	灰色	○(閘門)	×	2005 年 8 月 1 日
迪士尼	Disneyland Resort	DIS	1	深綠色	○(閘門)	×	2005 年 8 月 1 日

廣深港高速鐵路
(Guangzhou-Shenzhen-Hong Kong EXpress Rail Link, XRL)

中文名稱	英文名稱	車站縮寫	月台數目	車站色系	月台幕門	書法字	啟用日期
香港西九龍	Hong Kong West Kowloon	WEK	14	灰色	○	×	2018 年 9 月 23 日

C.R. Coulson: *Development of The Initial System of The Hong Kong Mass Transit Railway from the Further Studies Proposals* (HK: C.R. Coulson, 1975)

Freeman Fox & Partners: *Hong Kong Mass Transit Further Studies - Final Report Volume 1, 2, 3A, 3B, 4* (HK: Government Printer, 1970)

Freeman, Fox, Wilbur Smith & Associates: *Hong Kong Mass Transport Study : Report* (HK: Government Printer, 1967)

Freeman, Fox, Wilbur Smith & Associates: *Hong Kong Mass Transport Study Supplementary Report* (HK: Government Printer, 1968)

G.T.P.: *P.W.D. Conference on Possible Future Extensions and Improvements to the K.C.R. Network in the New Territories* (HK: Government, 1975)

K.C.R.: *K.C.R. Programme Plan Steering Group - Agenda, Minutes & Papers* (HK: Government, 1975-1981)

New Territories Development Branch: *Tai Po Market Railway Station : A Study of Development Possibility* (HK: Government Records, 1975)

Robert J. Philips: *Kowloon-Canton Railway (British Section) : A History* (HK: The Urban Council, 1990)

Maunsell Consultants Asia Consulting Engineers: *Ma On Shan Transport Study Phase 1 Report* (HK: Government Printer, 1981)

Sir David J. Owen: *Future Control and Development of The Port of Hong Kong* (HK: Government Printer & Publishers, 1941)

Scott Wilson Kirkpatrick & Partners: *Tuen Mun New Town Transport Study : Final Report* (HK: Government Printer, 1979)

Transport and Housing Bureau: *Public Transport Strategy Study : Final Report* (HK: Government Printer, 2017)

Si-ming Li and Fiona C.L. Wong: *The effectiveness of differential pricing on route choice: the case of the Mass Transit Railway of Hong Kong* (HK: Centre of Urban Planning and Environmental Management, University of Hong Kong, 1993)

Wilbur Smith and Associates: *Hong Kong Comprehensive Transport Study* (HK: Wilbur Smith and Associates, 1976)

Wilbur Smith and Associates: *Hong Kong Second Comprehensive Transport Study: Final Report* (HK: Transport Department, Hong Kong Government, 1989)

《100鐵路百年：香港鐵路的蛻變》（香港：九廣鐵路公司、香港鐵路有限公司，2010）

《一九九三年四月二十七日地下鐵路意外事件調查報告》（香港：英國鐵路部副總監高可誠，1993）

《地下鐵路公司年報》（香港：地下鐵路公司，1976-2006）

《香港年報》（香港：香港政府，1946-2011）

《港鐵公司年報》（香港：香港鐵路有限公司，2007-2021）

《運輸及房屋局運輸科的施政綱領》（香港：香港特別行政區政府運輸及房屋局運輸科，2009）

《邁向二十一世紀：香港運輸政策綠皮書》（香港：香港布政司署運輸科，1989）

《鐵路發展研究公眾諮詢文件》（香港：香港政府運輸科，1993）

《鐵路發展策略》（香港：香港政府運輸科，1994）

《鐵路發展策略2000》（香港：香港特別行政區政府運輸局，2000）

《鐵路發展策略2014》（香港：香港特別行政區政府運輸局，2014）

九廣鐵路公司：《百載鐵道情》（香港：九廣鐵路公司，2006）

元建邦：《香港史略》（香港：中流出版社，1997）

巴圖：《別了‧港督》（香港：時事出版社，1996）

王賡武：《香港史新編》（香港：三聯書店，1997）

共和媒體交通系統製作組：《香港公共交通圖鑑》（香港：共和媒體，2007）

何佩然：《地換山移》（香港：商務印書館，2004）

何佩然：《城傳立新：香港城市規劃發展史（1841-2015）》（香港：中華書局，2016）

余繩武、劉存寬：《二十世紀的香港》（香港：中國大百科全書出版社，1995）

余繩武、劉存寬：《十九世紀的香港》（北京：中華書局，1994）

周家建：《建人‧建智 香港歷史建築解說》（香港：中華書局，2010）

林友蘭：《香港史話》（香港：香港上海印書館，1985）

韋爾雜著、王皖強譯：《香港史》（香港：新華書店，2007）

容偉釗：《二十世紀巴士路線發展史》（香港：BSI Hobbies，2001-2004 & 2010）

高家裕：《高家裕看世界》（香港：高行國際有限公司，2004）

高添強：《圖片香港今昔》（香港：三聯書店，1994）

馬冠堯：《車水馬龍：香港戰前陸上交通》（香港：三聯書店，2016）

梁炳華：《北區風物志》（香港：北區區議會，1994）

許錫揮、陳麗君、朱德新：《香港跨世紀的滄桑》（廣州：廣東人民出版社，1995）

陳志華、李健信：《香港巴士 90 年》（香港：中華書局，2011）

陳志華、李健信：《香港巴士百年蛻變》（香港：中華書局，2021）

陳志華、黃家樑：《漫談香港史》（香港：現代教育研究社，2001）

陳志華、黃家樑：《簡明香港史》（香港：明報出版社，1998）

陳昕、郭志坤：《香港全紀錄》（香港：中華書局，1997）

黃南翔：《香江歲月》（香港：奔馬出版社，1989）

黃棣才：《圖說香港歷史建築 1897-1919》（香港：中華書局，2011）

爾東、李健信：《漫遊港島離島屋邨》（香港：明報出版社，2012）

爾東、李健信：《漫遊香港居屋》（香港：明報出版社，2013）

爾東、李健信：《漫遊新界西屋邨》（香港：明報出版社，2011）

爾東、李健信：《漫遊新界東屋邨》（香港：明報出版社，2010）

爾東、李健信：《趣談香港街道（增訂版）》（香港：明報出版社，2010）

爾東、李健信：《漫遊九龍屋邨》（香港：明報出版社，2009）

爾東、李健信：《追尋新界古蹟》（香港：明報出版，2008）

爾東、李健信：《追尋香港古蹟》（香港：明報出版社有限公司，2007）

爾東、李健信：《追尋九龍古蹟》（香港：明報出版社有限公司，2007）

爾東、李健信：《趣談九龍街道（修訂本）》（香港：明報出版社，2006）

爾東、李健信：《趣談新界街道》（香港：明報出版社，2006）

爾東：《香港歷史之謎（修訂本）》（香港：明報出版社，2007）

劉蜀永：《香港史話》（香港：社會科學文獻出版社，2000）

劉蜀永：《香港的歷史》（香港：新華出版社，1996）

劉潤和：《新界簡史》（香港：三聯書店，1999）

歐陽若華：《港鐵動力：36 載情與事》（香港：南華早報，2011）

蔡德麟；《深港關係史話》（深圳：海天出版社，1997）

鄭寶鴻：《香江騁懷：香港的早期交通》（香港：香港大學美術博物館，2009）

鄭寶鴻：《新界街道百年》（香港：三聯書店，2002）

蕭國健：《油尖旺區風物志》（香港：油尖旺區議會，1999）

謝永光：《三年零八個月的苦難》（香港：明報出版社，1999）

羅伯·布雷克：《怡和洋行》（台北：時報文化，2001）

關禮雄：《日佔時期的香港》（香港：三聯書店，1995）

吳紀徹女士

李忠德先生

李家祺先生

李藹殷小姐

周烈明先生

高添強先生

陳艷芳小姐

蒙敏生先生

盧柊泠小姐

蘇佩琼女士

Fotoe

香港鐵路有限公司

九廣鐵路公司

香港政府檔案處

香港電車有限公司

（以上排名，不分先後）

香港鐵路 百年蛻變（第三版）

李健信 陳志華 著

責任編輯 黃懷訢
封面設計 霍明志
裝幀設計 黃希欣
排　　版 黃希欣　吳丹娜
印　　務 林佳年

出版
中華書局（香港）有限公司
香港北角英皇道四九九號北角工業大廈一樓 B
電話：（852）2137 2338
傳真：（852）2713 8202
電子郵件：info@chunghwabook.com.hk
網址：http://www.chunghwabook.com.hk

發行
香港聯合書刊物流有限公司
香港新界荃灣德士古道 220-248 號荃灣工業中心 16 樓
電話：（852）2150 2100
傳真：（852）2407 3062
電子郵件：info@suplogistics.com.hk

印刷
深圳市雅德印刷有限公司
深圳市龍崗區平湖輔城坳工業大道 83 號 A14 棟

版次
2020 年 7 月第 1 版第 1 次印刷
2022 年 7 月第 2 版第 1 次印刷
2024 年 7 月第 3 版第 1 次印刷
©2020 2022 2024 中華書局（香港）有限公司

規格
特 16 開（220 mm×150 mm）

ISBN
978-988-8862-21-4